lógica

COLEÇÃO CONCEITOS-CHAVE EM FILOSOFIA

Furrow, D. – Ética: Conceitos-Chave em Filosofia
Matthews, E. – Mente: Conceitos-Chave em Filosofia
Medina, J. – Linguagem: Conceitos-Chave em Filosofia
Norris, C. – Epistemologia: Conceitos-Chave em Filosofia

G624l Goldstein, Laurence
        Lógica : conceitos-chave em filosofia / Laurence Goldstein, Andrew Brennan, Max Deutsch, Joe Y. F. Lau. ; tradução Lia Levy. – Porto Alegre : Artmed, 2007.
        224 p. ; 23 cm.

        ISBN 978-85-363-0908-8

        1. Lógica: Filosofia. I. Brennan, Andrew. II. Deutsch, Max. III. Lau, Joe Y. F. IV. Título.

CDU 161.1

Catalogação na publicação: Juliana Lagôas Coelho – CRB 10/1798

lógica

CONCEITOS-CHAVE EM FILOSOFIA

LAURENCE GOLDSTEIN
Professor of Philosophy at the University of Kent at Canterbury

ANDREW BRENNAN
Professor of Philosophy at La Trobe University, Melbourne and
the University of Western Australia, Perth

MAX DEUTSCH
Lecturer in Philosophy at the University of Hong Kong

JOE Y. F. LAU
Head of the Department of Philosophy at the University of Hong Kong

Tradução:
Lia Levy

Consultoria, supervisão e revisão técnica desta edição:
Maria Carolina dos Santos Rocha
Professora e Doutora em Filosofia Contemporânea pela ESA/Paris e UFRGS/Brasil.
Mestre em Sociologia pela Escola de Altos Estudos em Ciências Sociais (EHESS)/Paris.

Reimpressão

2007

Obra originalmente publicada sob o título *Logic: Key Concepts in Philosophy Series*
ISBN 0-8264-7409-8

© Laurence Goldstein, Andrew Brennan, Max Deutsch and Joe Y.F. Lau, 2005

This translation is published by arrangement with The Continuum International Publishing Group.
All rights reserved

Capa
Paola Manica

Preparação do original
Maria Lucia de Souza Lima Maregelli

Supervisão editorial
Mônica Ballejo Canto

Projeto gráfico
Editoração eletrônica

Reservados todos os direitos de publicação, em língua portuguesa, à
ARTMED® EDITORA S.A.
Av. Jerônimo de Ornelas, 670 - Santana
90040-340 Porto Alegre RS
Fone (51) 3027-7000 Fax (51) 3027-7070

É proibida a duplicação ou reprodução deste volume, no todo ou em parte, sob quaisquer formas ou por quaisquer meios (eletrônico, mecânico, gravação, fotocópia, distribuição na Web e outros), sem permissão expressa da Editora.

SÃO PAULO
Av. Angélica, 1091 - Higienópolis
01227-100 São Paulo SP
Fone (11) 3665-1100 Fax (11) 3667-1333

SAC 0800 703-3444

IMPRESSO NO BRASIL
PRINTED IN BRAZIL
Impresso sob demanda na Meta Brasil a pedido de Grupo A Educação.

Dedicatória

Durante a redação deste texto, um dos autores (Andrew) se casou. O restante de nós já tinha a sorte de estar muito bem casado e, assim, dedicamos este texto às nossas quatro maravilhosas esposas: Ann Baldoni, Carol Goldstein, Lusina Ho e Norva Y. S. Lo.

Sumário

INTRODUÇÃO 9

    1. RAZÃO, DESRAZÃO E LÓGICA 15

    2. COMO PROVAR ALGO LOGICAMENTE 41

    3. A VERDADE 69

    4. A LÓGICA DAS PARTES DO DISCURSO 101

    5. A NECESSIDADE É REALMENTE NECESSÁRIA? 135

    6. A DERIVABILIDADE 159

    7. AS CRÍTICAS À LÓGICA 181

REFERÊNCIAS 207

ÍNDICE 217

Introdução

CAPÍTULO 1: RAZÃO, DESRAZÃO E LÓGICA

Raciocinar é uma atividade importante que contribui para a nossa complicada forma de vida. A maioria de nós raciocina mal, pelo menos em algumas ocasiões. É possível descrever a nossa atividade de raciocinar e identificar algumas das razões pelas quais erramos. Em algumas ocasiões, erramos por razões desinteressantes, mas, em outras, erramos por razões que valem a pena estudar, tal como acontece quando cometemos falácias sutis. Outra atividade valiosa, intimamente relacionada à primeira, consiste em formular os sistemas do bem raciocinar. Esta atividade é conhecida como 'lógica'. Como se poderia imaginar, a lógica, diferentemente de dar cambalhotas ou de se ocupar com a manutenção de motocicletas, não é uma empreitada simples e dá lugar, na realidade, a problemas filosóficos. Daí a 'filosofia da lógica', que é a investigação acerca desses problemas. O que é extraordinário em muitos dos problemas em filosofia da lógica é que pensar sobre eles conduz diretamente à contradição ou a alguma conclusão ultrajante ou desprezível.

Muitas das nossas discussões serão motivadas para ilustrar, primeiramente, como surgem tais paradoxos, o que nos fornecerá a motivação para enfrentá-los. Podemos mostrar que a aparência de contradição é uma ilusão, ou que as coisas não são tão ruins como pareceram à primeira vista, minimizando, dessa forma, a impressão de ultraje ou de desprezo. Algumas das questões que surgem na filosofia da lógica têm uma longa história: elas desafiaram os gregos antigos e os grandes lógicos medievais e algumas estão no cerne de obras clássicas da literatura hindu e budista.

CAPÍTULO 2: COMO PROVAR ALGO LOGICAMENTE

Como foi observado no Capítulo 1, parece haver normas do bem raciocinar e uma das funções da lógica consiste em elaborar procedimentos argumentativos que satisfaçam às mais rigorosas exigências. Aristóteles foi o primeiro a tentar fazê-lo, ordenando, ou sistematizando, tipos de raciocínios conhecidos como silogísticos. Os procedimentos de Aristóteles foram consideravelmente aperfeiçoados ao longo dos anos e hoje dispomos de métodos visuais, e mesmo táteis, para lidar com o raciocínio silogístico. Um dos recursos mais úteis para tornar os raciocínios claros e transparentes é o uso de símbolos – daí a expressão 'lógica simbólica'. Com uma notação clara e agradável, muitos raciocínios podem ser apresentados como provas, nas quais se mostra que uma conclusão segue-se das suposições ou premissas das quais se partiu. São as chamadas provas por dedução natural. Neste capítulo, introduziremos, brevemente, o simbolismo da lógica de primeira ordem e apresentaremos alguns exemplos das provas de dedução natural. Em seguida, colocaremos algumas questões simples, mas enigmáticas, sobre as regras de prova anteriormente introduzidas. Por exemplo, se supomos que é a prova, em que uma conclusão é deduzida de algumas premissas, que justifica a obtenção dessa conclusão, como, então, as próprias regras seriam justificadas? Consideraremos uma regra muito simples, chamada *modus ponens*,[a] que parece ser obviamente válida. Ainda assim, encontramos um estranho argumento que parece colocá-la em questão. Isso irá mostrar que se ainda não compreendemos as palavras e os conceitos que a lógica formal simboliza, então as regras de prova não irão nos ajudar a obter tal compreensão. Outras dificuldades relacionadas ao sentido de termos lógicos como 'se', 'e', 'ou' e 'não' serão, brevemente, discutidas, de maneira a mostrar que definir o sentido desses termos tão fundamentais não é, de modo algum, uma tarefa fácil.

CAPÍTULO 3: A VERDADE

A noção de *verdade* é tão básica que poderíamos ser tentados a pensar que temos uma compreensão intuitiva do que é a verdade. Mas o que ela é? Diferentes considerações levam a dois tipos completamente diferentes de resposta. Uma linha de pensamento toma como ponto de partida que, em muitas ocasiões nas quais usamos a frase 'É verdade que', esta frase pode ser

---

[a] N. de T. Expressão em latim no original. Como será dito mais adiante no texto, esta expressão é a formulação reduzida da expressão completa '*modus ponendo ponens*', que significa, literalmente, 'modo que, afirmando, afirma', ou seja, o modo argumentativo que extrai uma conclusão afirmativa a partir de uma premissa condicional e de uma premissa afirmativa. Ela foi mantida por ser tradicionalmente utilizada em sua forma latina nos livros, artigos e cursos de lógica.

eliminada praticamente sem perdas. Assim, o enunciado 'Se é verdade que existem cisnes negros na Austrália, eu comerei meu chapéu' tem praticamente o mesmo significado que o enunciado 'Se existem cisnes negros na Austrália, eu comerei meu chapéu'. Se a palavra 'verdade' é utilizada apenas com propósitos estilísticos, então ela não designa uma noção filosoficamente profunda, nem é uma propriedade real – a palavra 'verdade' seria mais próxima de alguns recursos textuais usados para enfatizar, como sublinhar ou colocar em itálico. Por razões óbvias, essa atitude em relação à noção de verdade é chamada de 'deflacionária'.[a] A atitude oposta – a de que a verdade é algo importante – pode ser compreendida quando nos apercebemos de que buscar a verdade é uma ocupação respeitável, trabalhosa e instrutiva. Mesmo em um caso simples, quando consideramos, por exemplo, o enunciado 'Há sete carneiros no campo', estamos inclinados a dizer que a verdade deste enunciado (no caso dele ser efetivamente verdadeiro) reside no fato de que há carneiros nas redondezas, exatamente sete deles, nem mais nem menos, e eles estão em um campo, este mesmo para o qual o falante está dirigindo a nossa atenção. Nesta visão, um enunciado é verdadeiro quando, como no exemplo anterior, corresponde a algum estado de coisas e a verdade é uma propriedade de afirmações (ou proposições, sentenças ou crenças – o que são os portadores da verdade e da falsidade é uma questão em si mesma interessante). Esta é, no essencial, a teoria da verdade como correspondência e uma das diferentes teorias *substantivas* da verdade que serão examinadas neste capítulo.

CAPÍTULO 4: A LÓGICA DAS PARTES DO DISCURSO

A linguagem é composta de vários tipos de palavras ou frases, tais como nomes, conectivos, quantificadores, predicados e frases descritivas. Cada um destes componentes coloca seu próprio desafio ou paradoxo e, neste capítulo, serão feitas tentativas de resolver alguns deles. Suponha que a função de um termo singular (um nome, uma descrição definida ou um pronome demonstrativo singular) seja simplesmente a de discriminar algum objeto. Então, em toda sentença em que figure um termo singular deveria ser possível substituí-lo por uma expressão que discrimine o mesmo objeto sem alterar a verdade ou o sentido da sentença. Mas nem sempre isso é possível. Portanto, uma suposição perfeitamente natural torna-se contaminada pela dúvida. Tal suposição é

---

[a] N. de T. No original: *'deflationary'*. Optamos por uma tradução literal, seguindo o uso relativamente consagrado deste conceito nas discussões em português sobre filosofia da lógica, embora a ocorrência deste termo neste debate possa surpreender um leitor iniciante, por ser comumente utilizado em português no contexto de discussões sobre economia.

incorreta ou a dúvida pode ser dissipada? Este problema remonta à antiguidade. Sua versão antiga pode ser reconstruída da seguinte maneira: suponha que seja verdade dizer que 'Este homem encapuzado não é meu conhecido'. Suponha agora que este homem encapuzado é, de fato, meu irmão – fato que eu desconheço. Em outras palavras, 'este homem encapuzado' e 'meu irmão' são expressões que discriminam exatamente a mesma pessoa, mas, substituir o sujeito do enunciado original por 'meu irmão', produz o enunciado *falso*: 'Meu irmão não é meu conhecido'. Uma versão moderna clássica do problema ocorre no artigo de Frege intitulado *"On sense and reference"*.[a] No exemplo de Frege, a sentença 'A estrela da manhã é a estrela da tarde' traz uma informação para aqueles que não sabem que o mesmo planeta, Vênus, é claramente visível tanto no oeste, ao amanhecer, quanto no leste, ao entardecer. Por contraste, 'A estrela da manhã é a estrela da manhã' não parece ser informativa em nenhum sentido. Um fenômeno similar parece ocorrer em muitos outros contextos. Por exemplo, a sentença 'Lois Lane acredita que o Super-Homem voa' é verdadeira e, ainda assim, a sentença 'Lois Lane acredita que Clark Kent voa' é falsa, pois Lois Lane não sabe que Clark Kent parece mais hábil, age mais corajosamente e é totalmente menos terráqueo quando veste a super-roupa. A diversão, neste capítulo, não se restringe aos problemas com nomes. Desafios igualmente fascinantes sobre as outras partes do discurso que desempenham funções importantes em nossos raciocínios serão explorados, assim como, naturalmente, as maneiras de resolvê-los.

CAPÍTULO 5: A NECESSIDADE É REALMENTE NECESSÁRIA?

A ciência investiga como o mundo realmente é. No mundo real, os metais se dilatam quando aquecidos. Mas podemos facilmente conceber um mundo possível no qual as coisas fossem totalmente diferentes, no qual, por exemplo, os metais se contraíssem quando aquecidos, ou mesmo no qual os elementos químicos fossem diferentes daqueles que compõem nosso universo. As leis científicas de tal mundo seriam muito diferentes das leis científicas que descrevem o nosso próprio mundo. Assim, a ciência procura descobrir a verdade sobre o que realmente é, mas que poderia ter sido diferente. Dizendo de outra maneira, as verdades da ciência são verdades contingentes. Se a ciência lida com a região da contingência, poderia ser dito que a lógica lida com o reino da necessidade – que as leis da lógica seriam as mesmas em

---

[a] N. de T. Título original: *Sinn und bedeutung*. Ao menos duas edições brasileiras desta obra estão disponíveis: *"Sentido e referência"*. In: Frege, G. (1978) *Lógica e filosofia da linguagem*. São Paulo: Ed. Cultrix. Frege, G. (1980). *Frege* (Col. Os Pensadores). São Paulo: Ed. Abril Cultural.

qualquer mundo possível. Este capítulo introduz o ramo da lógica que lida com a necessidade e a possibilidade. Ao explorá-lo, iremos nos deparar com algumas questões intrigantes: por exemplo, é mais estranho dizer que Dick, sendo não casado, é necessariamente solteiro, do que dizer que o enunciado 'Todos os solteiros são não casados' é uma verdade necessária? E o que dizer da água? Sim, da água! Ela é necessariamente ou apenas contingentemente composta de moléculas de H_2O? Por que alguns filósofos consideram estranha – senão totalmente incoerente – a noção de que a água seja necessariamente H_2O? Porém, se o que é necessário é o que não pode ser mudado, então o fato de que uma sentença sobre o amanhã era verdadeira ontem significa que o que acontecerá amanhã está destinado a ocorrer? Mostraremos como esta questão está associada à questão de saber se o enunciado 'P ou não P' expressa uma verdade inegável, e mesmo necessária.

CAPÍTULO 6: A DERIVABILIDADE[a]

Se alguém chega a uma conclusão que você considera ter sido obtida erroneamente, você pode dizer 'Esta conclusão não se segue'. A noção de uma conclusão seguindo-se logicamente de premissas é, colocando as coisas de modo inverso, a mesma que a noção de que de premissas *deriva-se* a conclusão. Mas o que é a *derivabilidade*? A resposta "clássica" – em termos da lógica introduzida nos capítulos anteriores – é que de premissas deriva-se uma conclusão se nunca for o caso que estas premissas sejam verdadeiras quando a conclusão for falsa. O problema com esta resposta é que há muitos casos em que temos boas razões para supor que uma dada conclusão não se deriva de certas premissas e, ainda assim, de acordo com o critério clássico, tais derivações são genuínas. Várias tentativas têm sido feitas para aperfeiçoar, "reforçar" o critério clássico, e iremos considerar algumas delas. Veremos que a questão da *derivabilidade* está intimamente relacionada a uma série de problemas sobre necessidade, consequência lógica e – de modo não surpreendente – dificuldades acerca de afirmações condicionais (tais como 'Se Laurence contar uma piada, nós vamos rir'). Algumas das ambiguidades das afirmações condicionais na linguagem natural serão exploradas e a conclusão será a de que a lógica apenas fornece rigor e *insights* parciais acerca de coisas que já sabemos. Então, concluiremos que seria um erro considerar

---

[a] N. de T. No original: '*entailment*'. Este termo é algumas vezes também traduzido por 'acarretamento', recorrendo-se a uma expressão menos técnica, cuja vantagem consiste em designar, de modo genérico, a relação lógica, importante, mas em certo sentido problemática, como o texto irá mostrar, que há entre uma(s) premissa(s) o que dela(s) se segue(m), ou seja, uma conclusão.

as codificações rigorosas da lógica formal como um ideal que a linguagem natural, e sua própria lógica tão rica, não consegue alcançar.

CAPÍTULO 7: AS CRÍTICAS À LÓGICA

Normalmente, chamar alguém de "lógico" é um elogio e, de modo geral, ter uma mente lógica é considerado algo valioso. Apesar disso, a própria atividade da lógica enquanto tal, tem sido alvo de críticas vindas de várias frentes. Este capítulo irá examinar três fontes que têm suscitado críticas da lógica. A primeira crítica é a de que o raciocínio lógico é muito rígido e isso pode ser pernicioso para a criatividade. A segunda crítica é a de que a lógica não dá conta de certos *insights* religiosos que, de algum modo, transcendem a lógica. Por exemplo, para certas doutrinas religiosas, acusá-las de contradição seria uma crítica apropriada ou algo a ser adotado na busca da iluminação? Uma terceira crítica da lógica vem de certos escritores que trabalham com o feminismo e com a história cultural. Alguns autores sugerem que a lógica formal tem sido um instrumento de opressão e dominação masculina e que, portanto, essa lógica deveria ser descartada ou talvez radicalmente reformulada. Nós nos perguntaremos se a lógica formal é marcadamente 'favorável ao gênero masculino'[a] ou se tem um papel significativo no apoio de valores políticos opressivos de sociedades patriarcais. Argumentaremos que a rejeição integral da lógica é injustificável. Ainda que a lógica não tenha todas as respostas aos problemas que enfrentamos, abandoná-la não irá melhorar nossa habilidade de enfrentá-los.

---

[a] N. de T. No original *'male friendly'*. Expressão cunhada no contexto político do *political correctness* ('politicamente correto'), cuja influência se faz sentir em todo o livro.

1
Razão, desrazão e lógica

1.1 INTRODUÇÃO: GRACE, DICK E BERT

Grace está andando pela rua com Dick e lhe aponta uma casa, parcialmente escondida por árvores, com um grande lago no jardim da frente, dizendo: 'O homem que vive nessa casa deve ser heterossexual'. Intrigado, Dick pergunta como ela sabe disso. 'Bem', diz Grace, ' se essa casa tem um grande lago, então tem uma grande fachada. Se a casa tem uma grande fachada, então deve ter muitos cômodos. Mas todas as casas nesta parte da cidade têm uma cozinha e, no máximo, dois banheiros; assim, essa casa em particular possui muitos quartos. Se a casa possui muitos quartos, então deve haver muitas crianças morando aqui. Portanto, o homem que mora nessa casa deve ser o pai de muitas crianças, assim, deve ser heterossexual'. Dick fica impressionado por esse encadeamento de raciocínio. No dia seguinte, ele sai a passear com Bert e lhe aponta uma casa diferente, cujo jardim da frente é ocultado por uma cerca. 'O homem que mora nessa casa não pode ser hetero', diz Dick. 'Por quê?' pergunta Bert. Fazendo um sinal para que Bert o acompanhasse e olhasse por cima da cerca, Dick responde: 'Veja, não há nenhum lago'.

O divertido desta (velha) piada é que Dick, como seu nome o indica,[a] é um tolo em termos de lógica e tamanha estupidez acaba por ser engraçada. É verdade que o encadeamento do raciocínio de Grace tem alguns elos fracos, mas não é de todo implausível. Inicialmente, ela busca estabelecer, à maneira de Sherlock Holmes, a proposição condicional: 'Se esta casa tem um grande lago no jardim da frente, então um homem heterossexual mora aqui'. Chamemos esta proposição de 'Afirmação 1'. Ao acrescentarmos, a esta proposição, a observação 'Esta casa tem um grande lago no jardim da frente' (Afirmação 2), poderemos inferir, de modo válido, a conclusão 'Um homem heterossexual vive nesta casa'.

---

[a] N. de T. Referência ao sentido jocoso que se atribui popularmente ao nome próprio 'Dick' por derivação de sua homonímia como um outro termo da gíria da língua inglesa, que designa o órgão sexual masculino. Referência, pois, muito contextualizada que não pode ser propriamente traduzida.

Caixa de texto 1: Validade e Legitimidade[a]

Um argumento *válido* é aquele cuja conclusão segue-se logicamente das premissas. Um argumento legítimo é aquele que é não apenas válido, mas também possui premissas verdadeiras. Por exemplo, o argumento 'Todos os gansos são camelos; todos os camelos são animais; logo (conclusão), todos os gansos são animais' é válido, mas não legítimo. Um argumento válido não pode conduzi-lo de premissas verdadeiras a uma conclusão falsa. Assim sendo, a conclusão de um argumento legítimo deve ser verdadeira. Um argumento válido com ao menos uma premissa falsa pode ter uma conclusão falsa, mas note que (como no exemplo acima) um argumento válido pode ter uma premissa falsa, mas uma conclusão verdadeira. Um argumento válido pode até ter todas as premissas falsas e, ainda assim, ter uma conclusão verdadeira. Por exemplo: 'Einstein viveu mais de 100 anos; qualquer pessoa que viva mais de cem anos é um gênio. Portanto, Einstein era um gênio'. A conclusão segue-se logicamente das premissas ou, o que é equivalente, das premissas deriva-se a conclusão.[1] (Você sabe – de modo genérico – o que significa a expressão 'segue-se logicamente de'. A importante questão acerca do sentido *exato* desta expressão será discutida no Capítulo 5.)

Assim, o ponto alto do raciocínio de Grace, seu argumento final, o *coup de grace*,[b] pode ser representado da seguinte maneira:

1. Se tra-la-la, então tro-lo-lo. (condicional)
2. Tra-la-la.
Então 3. Tro-lo-lo.

Os lógicos chamariam isso de a *forma* do argumento final de Grace, porque não contém as sentenças que Grace usou, embora possamos reconstruir o argumento efetivamente usado por Grace fazendo as substituições apropriadas: 'Esta casa tem um grande lago no jardim da frente' é substituída por 'Tra-la-la' em ambas as circunstâncias em que esta última ocorre e, da mesma forma, 'Um homem heterossexual vive nesta casa' é substituída por 'Tro-lo-lo'.

Os lógicos preferem 'p's e 'q's em vez de 'Tra-la-la' e 'Tro-lo-lo'; portanto, se adotamos a notação deles, podemos apresentar a forma do argumento final de Grace de maneira muito econômica:

1. Se p, então q
2. p
Então 3. q

---

[a]N. de T. No original: '*soundness*'. Algumas vezes, este termo, que designa um conceito fundamental em lógica, é também traduzido por 'correção'.

[b]N. de T. Expressão em francês no original, que significa 'golpe de misericórdia'.

Lógica 17

Caixa de Texto 2: Formalização

O primeiro passo é tomar uma sentença, por exemplo, 'Se uma casa qualquer tem um grande lago no jardim da frente, então um homem heterossexual mora aqui' e transcrevê-la recorrendo-se a uma mistura grosseira de lógica e português: Para todo x, se x é uma casa, então x tem um lago grande no jardim da frente, então existe um y tal que y é um homem e é heterossexual e y mora em x.' O passo final é parafrasear isso usando símbolos lógicos. O resultado é a seguinte fórmula bem formada, mais agradável à vista:

(x)(Hx ⊃ (Fx ⊃ (∃y)(My & Sy & Lyx))

'Para todo...' é conhecido como o quantificador universal e, como foi mostrado, 'Para todo x' é simbolizado por '(x)'. 'Existe um...' é o quantificador existencial e é simbolizado por '∃'. Nesse caso, foi usada a letra 'H' para ocupar a posição do predicado de um lugar '... é uma casa','F' a posição de 'tem um grande lago no jardim da frente', 'M' de '... é um homem', 'S' de '... é heterossexual (ou '...é hetero') e 'L' é a abreviação do predicado de dois lugares '... mora em...'. O signo em forma de ferradura, '⊃', é frequentemente usado para representar a expressão portuguesa 'Se... então' e o e comercial, '&', representa o termo 'e'. Tanto '⊃' quanto '&' são conhecidos como conectivos lógicos, assim como '~' ('não'), 'v' ('ou'), '≡' ('se e somente se'). Estes conectivos conectam sentenças de modo a produzir sentenças mais longas. Os conectivos lógicos são verifuncionais. Isto significa que o valor de verdade (verdade ou falsidade) de toda sentença complexa formada mediante o uso de conectivos lógicos pode ser calculado se o valor de verdade das sentenças componentes for conhecido. Um exemplo simples: seja 'R' a abreviatura de 'O atual campeão olímpico dos 100m espera poder correr 100m em menos de 5 segundos'. Se soubermos se esta sentença é verdadeira ou falsa, então, apenas por conhecermos o sentido de 'Não é o caso que', saberemos se '~R' é verdadeira ou falsa. Assim, '~' é verifuncional. Por contraste, apesar de sabermos o sentido da palavra 'espera', e de sabermos o valor de verdade de R, este conhecimento apenas não é suficiente para descobrirmos se 'O atual campeão olímpico dos 100m espera que R' é verdadeira ou falsa – para tanto, seria preciso perguntar-lhe ou submetê-lo à psicanálise.

Esta forma de argumento válido é tão básica, que temos um nome para ela. O nome é *Modus Ponendo Ponens*,[a] ou, de modo mais curto, *Modus Ponens* ou, ainda mais curto, MP. Agora, compare o caráter prolixo do argumento final de Grace e a sua forma tal como acabamos de apresentá-la. Alcançamos uma beleza simples e austera pelo uso de símbolos; e como lógicos são manipuladores de símbolos, este tema é frequentemente chamado de "lógica simbólica". (É também chamado de 'lógica formal' porque, como no caso que acabamos de discutir, não perdemos tempo "sujando as mãos" com o argumento expresso em linguagem natural, mas, em vez disso, estudamos sua forma – seu esqueleto ou estrutura – que é elegantemente revelado pelo uso dos símbolos.)

---

[a] N. de T. Ver nota na p.10.

Voltando a Dick e à casa (esqueci de mencionar que seu nome é '*Green Gables*') que foi mostrada a Bert. Como nós, Dick ficou impressionado pelo raciocínio de Grace e procurou tirar proveito dele. Grace derivou uma conclusão (Afirmação 1) sobre uma casa particular, mas o que ela realmente estabeleceu foi um ponto geral: 'Se uma casa qualquer tem um grande lago no jardim da frente, então um homem heterossexual a habita'. Não é particularmente fácil traduzir esta sentença na linguagem da lógica (ver Caixa de Texto 2), mas, mesmo sem uma prova lógica, podemos facilmente ver que esse é um enunciado geral sobre todas as casas e, assim, uma das coisas que ele acarreta é; 'Se *Green Gables* tem um grande lago no jardim da frente, então um homem heterossexual mora em *Green Gables*'. Dick aceita essa proposição – vamos chamá-la de Afirmação 1 de Dick. Mas, como ele e Bert notam, quando olham através dos arbustos, *Green Gables* não possui um grande lago. Assim, a Afirmação 2 de Dick é: 'não é o caso que *Green Gables* tenha um grande lago'. Agora, a conclusão que Dick retira dessas duas afirmações é que não é o caso que um homem heterossexual more em *Green Gables*. Portanto (escrevendo 'não' em vez da estranha expressão não é o caso que'), podemos dar a seguinte forma ao argumento de Dick:

1. Se p então q
2. Não p
Então (3) não q

Mas a conclusão de Dick (3) certamente não se segue de suas premissas. Suas premissas podem ser verdadeiras e sua conclusão, falsa (um sinal seguro da sua não validade). A premissa condicional 'Se *Green Gables* tem um grande lago no jardim da frente, então um homem heterossexual mora em *Green Gables*' nos diz o que seria o caso se *Green Gables* tivesse um grande lago, mas não nos diz nada sobre o que seria o caso se, como a premissa 2 nos assegura, não fosse o caso que *Green Gables* tivesse um grande lago – talvez um homen heterossexual nela morasse e nem tivesse filhos ou, se tivesse, não teria dado a eles muito espaço. O caráter inválido do argumento de Dick é tão flagrante,[2] que faz rir. Seu argumento é falacioso e a falácia particular que ele comete é chamada de *negação do antecedente*.

O que há de interessante nas falácias é que, em muitas circunstâncias, nós as cometemos sem nos darmos conta. Rimos imediatamente quando ouvimos o final da piada do lago, portanto, reconhecemos espontaneamente o caráter *inválido* do argumento de Dick. Mas um argumento pode conter muitas premissas ou as premissas podem ser bastante complexas. Com tais argumentos complicados, usualmente não conseguimos dizer, rápida e simplesmente, se eles são bons ou ruins e são nesses casos que o método da lógica revelam sua utilidade.

1.2 LÓGICA E RACIOCÍNIO

A estória de Grace, Dik e Bert introduz, embora de modo surpreendente, todos os temas deste capítulo. Acompanhamos dois diálogos; em um deles, Grace estava envolvida no que parecia um raciocínio razoavelmente bom, no outro, o raciocínio de Dick parecia seriamente defeituoso. Raciocinar é algo que os seres humanos fazem na maior parte das horas em que estão acordados. Em geral, o fazem sem nenhum acompanhamento verbal – se estamos tentando decidir se devemos nos barbear, muitas considerações entram em jogo, tais como, quando foi a última vez que nos barbeamos, se temos algum encontro importante durante o dia e quem deverá estar presente, se irão preferir nos ver barbeados e se damos importância a isso, e, mesmo que seja provável que barbear-se cause boa impressão, se esse benefício compensa a economia de dez minutos que teremos por não fazer a barba e assim por diante – mas, habitualmente, não damos voz a considerações como essas ou a deliberações mais longas que culminam na decisão de fazer ou não a barba. No entanto, é claro que quando *damos* razões, quase sempre o fazemos verbalmente ou por escrito. Algumas vezes, ampliamos a capacidade de nossa mente, usando, como uma ajuda para o raciocínio, o auxílio da escrita, de diagramas e outros artefatos e, mesmo, de nossos dedos.[3]

Há questões profundas a serem feitas sobre este processo de raciocínio. Como vimos, em um trecho de raciocínio típico, mesmo sobre um assunto corriqueiro como se devemos ou não fazer a barba, somos levados a fazer algumas considerações; como, porém, as selecionamos? Como atribuímos a cada uma um peso quando se trata de considerar a extensão com que devem nos influenciar? Como essas atribuições alimentam o processo de tomada de decisão? Qual é a conexão entre um lampejo de raciocínio e a série de sentenças que usamos quando o expressamos? E assim por diante. Esses problemas precisam ser resolvidos por uma combinação de pesquisa empírica e sofisticação filosófica.[4] No entanto, enquanto filósofos da lógica, nossas preocupações estão associadas com temas diferentes, tais como 'O que distingue o bom do mau raciocínio?', Podemos identificar exemplos paradigmáticos de maus raciocínios (por exemplo, o de Dick) e podemos dizer por que são ruins?', 'Podemos estabelecer um código de como devemos raciocinar (por oposição a um catálogo dos modos pelos quais efetivamente raciocinamos, visto que a leitura do mesmo seria bastante deprimente, na medida em que as pessoas frequentemente raciocinam mal)?'. Em nossa discussão sobre a piada do lago, avançamos na direção do estabelecimento deste código. Começamos a usar símbolos para ilustrar a forma de um argumento e indicamos que as formas de certos argumentos são boas – são 'válidas', para usar um termo técnico, enquanto outras não o são. Este é o começo da lógica.

Algumas vezes se diz que a lógica é a ciência do raciocínio, mas esta afirmação é um tanto enganadora. A lógica não é uma investigação empírica acerca dos processos de raciocínio das pessoas, nem dos produtos de tais processos. Se fosse o caso de ser chamada uma ciência, seria uma ciência *normativa* – ela nos diz o que *devemos* fazer, não o que fazemos. Se Dick somasse 17 e 19 e obtivesse o resultado 35, poderíamos, pacientemente, praticar um pouco de aritmética com ele e mostrar-lhe que a resposta *correta* é 36. De modo similar, se alguém raciocina mal, então, em certos casos, podemos nos dispor a praticar um pouco de lógica com essa pessoa e mostrar-lhe que seu raciocínio estava errado. Este é o significado de 'normativo'. A lógica dá embasamento às normas – padrões de correção[5] – do raciocínio certo, de modo que podemos dizer que alguém está errado quando as desrespeita; podemos dizer que ele ou ela deve fazer de outro modo. Gottlob Frege, amplamente aclamado como o pai da lógica moderna, colocava isso nos seguintes termos: "as leis da lógica são (...) as leis mais gerais, que prescrevem de modo universal o modo pelo qual se deve pensar quando é o caso de pensar".[a]

Pode parecer que há certa *arrogância* nesta reivindicação de que a lógica seja uma disciplina normativa. A física investiga como as coisas são no mundo físico e os físicos produzem explicações e leis. O físico tenta nos dizer como as coisas são. Mas o lógico não tenta nos dizer como as coisas são – não tenta nos dizer como as pessoas efetivamente raciocinam – mas como elas *devem* raciocinar. Como o lógico conquista o direito de fazer isso? Suponha que um lógico indique o que ele considera como sendo os princípios mais fundamentais de como devemos raciocinar. Podemos pedir-lhe que justifique esta seleção de princípios. Mas ele parece estar logicamente impedido de fazer isso! Porque a justificação de um princípio parece requerer a produção de um bom argumento em favor deste princípio. Se este argumento incorporar qualquer um dos princípios fundamentais escolhidos pelo lógico, então este argumento apoia-se em um princípio cuja aceitabilidade o argumento

---

[a] N. de T. No original: "*... the laws of logic are (...) the most general laws, which prescribe universally the way in which one ought to think if one is to think at all*" (Frege, 1964, p.12).

deveria estar estabelecendo! Isso não é bom – o argumento gira em círculos, simplesmente tomando com se estivesse resolvido exatamente o que está em questão. Mas o argumento não pode apoiar-se em princípios mais fundamentais porque, *ex hipothesi*,[a] o lógico enumerou os princípios mais fundamentais. Este é um problema interessante ao qual iremos retornar. Mas, enquanto isso, faça a você mesmo a seguinte pergunta: 'Pode um princípio lógico ser justificado somente pelo fornecimento de um argumento lógico que o fundamente?'

1.3 MAU RACIOCÍNIO E RACIOCÍNIO INSANO

Há por aí muita irracionalidade, mas, em certo sentido, nenhum falante pode ser inteiramente irracional.[6] Imagine alguém que aceitou que:

> K: Todos os porcos são animais

e aceitou também que:

> L: Porky é um porco

mas simplesmente não consegue ver que isso o compromete a aceitar que:

> Z: Porky é um animal.

Um caminho pelo qual você NÃO conseguiria fazê-lo aceitar a inferência seria dizer a ele que:

> M: Se 'K' é verdadeira e 'L' é verdadeira, então 'Z' deve ser verdadeira.

Pois essa pessoa insensata iria, muito provavelmente, responder que aceita 'K', 'L' e 'M', mas não é capaz de ver que isso o compromete a aceitar 'Z'. Frustrado, você lhe diz:

> N: Se 'K' é verdadeira e 'L' é verdadeira e 'M' é verdadeira, então 'Z' deve ser verdadeira.

Mas ele apenas replica que também aceita 'N', mas ainda não vê que isso o compromete a...

---

[a] N. de T. Expressão em latim no original, que significa 'segundo a hipótese proposta'. Ela foi mantida por ser tradicionalmente utilizada em sua forma latina nos livros, artigos e cursos de lógica.

> **Caixa de Texto 3: Nota sobre notação**[a]
>
> É importante distinguir entre letras usadas como abreviações, letras usadas por variáveis (letras esquemáticas) e letras usadas para metavariáveis. As letras que usamos aqui – 'K', 'L', etc... são abreviações para sentenças particulares. Anteriormente, usamos letras minúsculas 'p', 'q' como variáveis – estas devem ser pensadas como letras que podem ser substituídas por sentenças simples, mas que não são, por elas mesmas, nem sentenças simples particulares, nem suas abreviações. Fórmulas-complexas-bem-formadas (fbf[b]) são construídas a partir de expressões simples pelo emprego de conectivos lógicos e outros sinais. Assim, por exemplo, 'p~(q & r) é uma fbf complexa; Usamos metavariáveis, convencionalmente as letras maiúsculas do início do alfabeto ('A', 'B', 'C', etc.), como ocupando posições que podem ser preenchidas por fbfs, simples ou complexas. Assim, a maneira mais geral de representar o *Modus Ponens* é: De 'A ⊃ B' e 'A', infere-se 'B'. Usualmente, não nos preocupamos com as aspas quando não há a possibilidade que isso cause confusão.

Como você pode ver, o processo de persuasão poderia continuar *ad infinitum*[c] sem nenhuma esperança de sucesso.[7] Não há nenhuma maneira de convencer racionalmente essa pessoa e estamos certos em dizer que, se ela realmente não pode inferir que 'Z' deve ser verdadeira se 'K' e 'L' o são, então, ela simplesmente não entende o que quer dizer 'deve' e 'todos', ou não sabe o que significam muitas das palavras dessas sentenças. Se uma pessoa não sabe o significado de palavras como 'e', 'ou', 'se' e 'não', ela mal pode ser considerada um falante da língua portuguesa. E para ter compreendido o sentido de 'e' é preciso, no mínimo, ter suficiente capacidade de raciocínio para inferir 'A' de 'A e B'. Portanto, alguém que tenha uma compreensão, mesmo que rudimentar, da linguagem não pode ser totalmente irracional.

Se Bert é capaz de realizar a inferência de (Z) a partir de (K) e (L), mas também infere, quando se vê no espelho, que ele é Napoleão, então ele é tão louco quanto o chapeleiro louco,[d] mas não *totalmente* irracional. Isso diz apenas que algumas, ou muitas, de suas inferências estão seriamente equivocadas. Erros de raciocínios variam desde aqueles que são obviamente eviden-

---

[a]N. de T. Há uma certa variação nas notações utilizadas em livros de lógica e de filosofia da lógica. Além dos símbolos que compõem a notação indicada nesta Caixa de Texto, é ainda possível encontrar as seguintes variantes: '⌐' para a negação, '∧' ou '.' ou '' ∩ para a conjunção, '+' ou '∪' para a disjunção, '⊛' para a implicação material e '↔' para a bicondicional (ou dupla implicação).

[b]N. de T. No original: '*well formed fomula (wff)*'. Esta expressão pode ser encontrada em alguns textos de lógica ou de filosofia da lógica.

[c]N. de T. Expressão em latim no original, que significa 'ao infinito'. Ela foi mantida por ser tradicionalmente utilizada em sua forma latina nos livros, artigos e cursos de lógica.

[d]N. de T. Nessa passagem, o autor faz referência ao personagem criado por Lewis Carroll, em *Alice no país das maravilhas*. Existem diversas traduções para a língua portuguesa, brasileiras e portuguesas, desta célebre obra.

tes àqueles tão sutis que mais de 200 anos de pesquisa fracassaram em detectar suas raízes. O Santo Graal dos lógicos é uma notação para formular os pensamentos de modo claro e sem ambiguidades e uma máquina de fazer inferências que tenha a garantia de raciocinar de modo preciso. Esse era o projeto de Leibniz: a *characteristica universalis*[a] e um *calculus ratiocinator*.[8]

Comecemos pelos erros de raciocínios obviamente evidentes. Este é o reino das ilusões cognitivas grosseiras. Por exemplo, muitas mulheres de origem filipina que, por necessidade econômica, trabalham no estrangeiro como domésticas, são enganadas por vigaristas que se tornam seus namorados e se fazem passar por ricos empresários. Há pouco tempo, um jornal divulgou a história da mais recente vítima que, para preservar seu anonimato, chamaremos de 'Imelda'. Dado que a mesma coisa aconteceu com muitas de suas amigas, Imelda deveria estar prevenida. Estavam à sua disposição numerosas premissas da forma "O Homem X enganou minha amiga Y'. É comum X dizer que ama Y, falar em casamento, passar algum tempo com ela e então pedir algum dinheiro para ajudar a financiar um projeto de negócios; Y abre mão das economias de uma vida inteira, X rouba o dinheiro e nunca mais é visto. X torna-se seu ex-namorado e Y é abandonada perguntado-se o por quê. Com todas as evidências sobre tal desonestidade e infidelidade que estavam à sua disposição, o raciocínio probabilístico de Imelda funcionou muito mal. Ela concluiu que, muito provavelmente, seu amigo empresário iria casar-se com ela e que iram continuar juntos até que a morte os separasse. Um cálculo estritamente bayesiano,[9] ou mesmo algo menos sofisticado (por exemplo, o senso comum) deveria tê-la persuadido de que ele não o faria. O que a desviou do caminho da razão pode ter sido a avareza, mas pode ter sido piedade e gentileza. Pode ter havido um elemento de autoengano ou de

---

[a] N. de T. Esta expressão e a seguinte encontram-se em latim no original e podem ser traduzidas por algo como 'linguagem universal' e 'cálculo para raciocinar'. Frequentemente associadas, estas expressões designam conceitos introduzidos por Gottfried Leibniz no século XVII como componentes fundamentais de sua compreensão da natureza do conhecimento humano. Em sua concepção, nossas ideias são compostas de um número muito pequeno de ideias simples que formam o alfabeto de pensamento humano. As ideias complexas, por sua vez, procederiam destas ideias simples por combinações sistemáticas e simétricas, análogas às operações aritméticas. Seria, então, possível a construção de uma espécie de linguagem universal, formal, capaz de expressar adequadamente este conhecimento na medida em que sua estrutura simbólica refletiria perfeitamente a estrutura do pensamento humano. Esta *characteristica universalis* ou *lingua characteristica* tornaria possível o desenvolvimento de um sistema de regras combinatórias, de um cálculo, que permitiria operar, a exemplo da aritmética, de modo preciso com as nossas ideias e, assim, fazer avançar o conhecimento mediante a aplicação deste cálculo na resolução de problemas. Contemporaneamente, muitos autores que trabalham com lógica e filosofia da lógica aproximam este projeto leibniziano de uma linguagem universal dos projetos de formalização e simbolização da lógica formal.

pensamentos baseados unicamente em seus desejos.[a] Seria, evidentemente, um equívoco supor que há um único tipo de dificuldade psicológica na base de *todos* os exemplos de raciocínios errados.

Um erro menos óbvio em um raciocínio probabilístico é conhecido como a falácia 'da taxa básica'. Casscells e colaboradores(1978) colocou o seguinte problema para um grupo de indivíduos constituído de professores e estudantes do quarto ano da Escola de Medicina, de Harvard:

> Se um teste para detectar uma doença cuja ocorrência é de 1/1000 tem uma taxa cinco por cento de falso-positivos, qual é a chance (em percentagem) de uma pessoa que tenha tido um resultado positivo ter, efetivamente, a doença, supondo que você não sabe nada sobre os sintomas ou sinais dessa pessoa?

A resposta correta é 2 por cento, mas menos de um quinto dos indivíduos de Harvard deram uma resposta próxima a esta. A maioria respondeu 95 por cento. Eles ponderaram que, se 5 por cento dos positivos são falsos, os 95 por cento restantes deveriam ser verdadeiros – isto é, 95 por cento dos que tiveram resultado positivo deveriam realmente ter a doença. Um modo de perceber que isto está errado é imaginar-se *a si mesmo* nas ruas, aplicando este teste. Se você testar 1000 pessoas, você saberá que quase todas elas (digamos 999) não terão a doença. Mas 5 por cento delas (isto é, por volta de 50) terão um resultado positivo ao passo que, normalmente, apenas uma pessoa terá, efetivamente, a doença. Portanto, apenas uma, aproximadamente, de cada grupo de 50 pessoas que têm resultado positivo, terá realmente a doença. A margem de erro do típico estudante de medicina de Harvard é de 47, aproximadamente.

Naturalmente, seria errado concluir que as pessoas de Harvard que erraram a resposta eram tão irracionais quanto Imelda. Apesar de serem da área médica e o problema versar sobre um procedimento médico, ele foi colocado em termos estatísticos bastante técnicos e isso pode ter inibido de alguma forma seu raciocínio. Quando a questão é colocada em termos mais acessíveis, a maioria das pessoas com boa formação dá a resposta correta (Cosmides e Tooby, 1996; Koehler, 1996). Portanto, não devemos menosprezar a Escola de Medicina de Harvard. Errar é humano e cometer, algumas vezes, falácias não é sinal de uma total falta de razão.

Copi e Cohen definem uma falácia como "uma forma de raciocínio que parece correto, mas que, quando examinada cuidadosamente, não o é".[b] Há

---

[a]N. de T. No original: '*wishful thinking*'.

[b]N. de T. No original: "... *a type of argument that may seem to be correct, but that proves, on examination, no to be so*" (1998, p. 69). Foi utilizada a tradução feita por Álvaro Cabral para a edição brasileira da obra: Copi, I. M. (1978) *Introdução à lógica*, São Paulo: Ed. Mestre Jou, p. 73.

muitos tipos de falácias. A que é cometida por Dick (*Negação do Antecedente*) é um exemplo de falácia lógica, assim chamada porque exemplifica a forma de um argumento inválido que pode ser ilustrada (como o fizemos) por símbolos. Falácias informais são mais difíceis de serem caracterizadas, mas parecem ocorrer quando as premissas de um argumento não são tão relevantes para a conclusão, ou quando somos vítimas de uma ilusão originada na linguagem. O caso mais óbvio deste último ocorre quando não nos damos conta de que uma palavra está sendo usada em um argumento com dois sentidos bastante diferentes. Assim, se alguém alegasse que o fim da vida é levar a felicidade aos outros e que a morte é o fim da vida, então, se esta pessoa concluísse que a morte é levar a felicidade aos outros, poderíamos imediatamente identificar o seu erro: ela cometeu a Falácia da Equivocação, pois, na primeira parte de seu argumento, a palavra 'fim' está sendo usada no sentido de 'propósito' e, na segunda parte, no sentido de 'término'.

Esse exemplo é, obviamente, infantil e artificial, mas a Falácia da Equivocação é, algumas vezes, cometida mesmo em textos filosóficos sérios. É possível para um ser humano ser do sexo feminino. Eu sou humano. Mas daí não se segue logicamente que seja possível que eu (o autor de sexo masculino que está escrevendo esta seção do livro) seja do sexo feminino. De acordo com G. E. Moore, há aí um equívoco em relação ao termo 'possível' e é o mesmo equívoco que contamina o argumento de um cético em filosofia que chega à conclusão de que é possível, por exemplo, que ele não tenha dois progenitores.[10]

Existe uma enorme variedade de tipos de falácias e, algumas vezes, as cometemos por falta de perspicácia ou deliberadamente, com propósitos de subversão intelectual.[11] Elas podem, porém, ser detectadas com maior ou menor facilidade. Por contraste, existem erros argumentativos que são extremamente difíceis de se descobrir – tão difíceis que, de fato, por centenas de anos, a simples identificação de onde está o erro em alguns destes raciocínios desafiou os melhores esforços das pessoas mais inteligentes. Tais erros ocorrem nos chamados 'paradoxos'. Autores medievais os chamaram de 'insolúveis'. Como você pode ver nas próximas caixas de texto, em uma versão do Paradoxo dos Sorites,[a] um raciocínio aparentemente impecável conduz à conclusão de que o azul é verde; no Paradoxo do Mentiroso, à conclusão de que alguns enunciados são tanto verdadeiros quanto falsos; no Paradoxo do Exame Surpresa, à conclusão de que nenhum exame deste tipo pode ser

---

[a] N. de T. Palavra de origem grega, incorporada inicialmente à língua latina e, mais tarde, ao português. Pode ser traduzida literalmente por algo como 'silogismo amontoado'.

aplicado, e assim por diante. Evidentemente, erros de raciocínio ocorrem em todos esses casos, ainda assim, até o momento, não há acordo sobre a localização de suas origens.

Caixa de Texto 4: O Paradoxo dos Sorites

Pegue uma grande lata de tinta azul e pinte um cartão com ela. O cartão passou a ser azul. Acrescente uma pitada de tinta amarela à lata de tinta azul, misture bem e pinte um segundo cartão. A cor deste cartão é indistinguível da cor do primeiro, logo, o segundo cartão também é azul. Coloque mais um pouco de amarelo na lata, misture bem e pinte um terceiro cartão; este cartão é visualmente indistinguível do segundo, portanto, o terceiro cartão também é azul. Você pode ver para onde isso está nos levando: cada cartão é visualmente indistinguível do anterior, de modo que você não pode, logicamente, dizer que eles têm cores diferentes. Quando você acrescentar a centésima porção de amarelo e usá-la para pintar um cartão, o raciocínio lhe diz que ele é da mesma cor que o cartão de número 999, que por sua vez é da mesma cor que o cartão 998... O qual tem a mesma cor que o primeiro cartão, a saber, azul. Mas é claro que a essa altura a cor da tinta na lata é verde! Logo, o cartão de número 1000 é verde, mas a lógica nos diz que ela deve ser azul!!??

Caixa de Texto 5: O Paradoxo do Mentiroso

Considere o enunciado 'Este enunciado é falso'. Se ele é verdadeiro, então o que ele diz é verdade, a saber: que ele é falso. Se ele é falso, então, uma vez que isso é exatamente o que ele declara a respeito de si mesmo, ele é verdadeiro. Logo, quer seja verdadeiro, quer falso, ele é tanto verdadeiro quanto falso!

Caixa de Texto 6: O Paradoxo do Exame Surpresa

O professor diz na sexta-feira: 'Haverá um exame surpresa em um dia qualquer da próxima semana'. Uma vez que a semana escolar se encerra na sexta-feira, sexta não pode ser o dia do exame surpresa (pois, como os alunos podem ver desde já, se nenhum exame tiver sido aplicado até quinta à noite, sexta será o único dia restante para o exame e, então, sua aplicação será esperada e deixará de ser uma surpresa). Mas a sexta-feira tendo sido eliminada, a quinta-feira torna-se o último dia possível para o exame e, assim, a quinta-feira é eliminada por um raciocínio similar – você pode ver, desde já, que se nenhum exame tiver sido aplicado até quarta à noite, então, com a sexta-feira tendo sido eliminada como um dia possível para o exame, a quinta-feira seria o único dia disponível e, portanto, a aplicação do exame seria esperado e deixaria de ser uma surpresa. Por um raciocínio similar, quarta, terça e segunda-feira são, um a um, eliminados. Em outras palavras, nenhum exame surpresa pode ser aplicado em nenhum dos dias da semana. Chega a semana seguinte, e o professor entra na sala, digamos na terça-feira, e distribui as folhas do exame. Surpresa!

1.4 A AFIRMAÇÃO DE QUE A LÓGICA NÃO ESTÁ RELACIONADA AO RACIOCÍNIO

Vimos algumas das formas em que o erro tem origem em falhas do raciocínio. Ainda assim, raciocinar corretamente é algo bastante desejável. Pessoas inocentes poderiam ser consideradas culpadas por causa de um raciocínio jurídico deficiente. Um raciocínio científico descuidado pode conduzir à propagação de teorias falsas. Seria, portanto, valioso ter um sistema de raciocínio que fosse matematicamente preciso. O que é amplamente considerado como o primeiro grande tratado de lógica moderna, o *Begriffschrif*[a] (1879) de Frege, aposta na exposição desse sistema e de seus fundamentos de modo bastante claro. A primeira coisa que é necessária, segundo Frege, é uma linguagem em que nenhum de seus símbolos constituintes seja ambíguo e cuja sintaxe (gramática) seja construída de tal forma que as sentenças não sejam passíveis de múltiplas interpretações (diferentemente das sentenças da linguagem ordinária – compare: 'Você acha que Woody é um dedo-duro?',[b] 'Não fiz nada para merecer um encontro com o Presidente Bush', 'O que é essa coisa a que chamamos de amor?'). Em seguida, é preciso um conjunto de regras simples de deduções autorizadas. Por exemplo, dada uma premissa A, deveríamos estar autorizados a inferir a negação da negação de A. Em símbolos: de A infere-se $\sim\sim A$ – Regra da Dupla Negação. *Modus Ponens*, com o qual já nos deparamos, é uma outra regra elementar de inferência. Chama-se de *sistema formal de lógica* o conjunto que contém vocabulário, gramática e regras de inferência. Poderia parecer que, armados de tal sistema, seria possível realizar tantos raciocínios dedutivos quanto desejássemos, com a segurança dada pelo conhecimento de que construímos nosso aparato dedutivo de tal forma que, se começamos com premissas verdadeiras, estaremos aptos, enquanto nos ativermos às regras, a inferir apenas conclusões verdadeiras. Segundo essa concepção, a lógica é, fundamentalmente, um instrumento para raciocinar e para preservar a consistência.

Dado o que acaba de ser dito, pode parecer estranho que um filósofo, Gilbert Harman, tenha afirmado que 'não há nenhuma maneira significativa em que a lógica seja especialmente relevante para o raciocínio' (Harman, 1986a, p. 20). O ponto central de Harman é que o raciocínio é o processo psicológico pelo qual alguém revisa suas crenças, talvez modificando umas,

---

[a] N. de T. Infelizmente, ainda não está disponível uma tradução desta obra publicada em língua portuguesa, cujo título pode ser traduzido por 'Conceitografia'.

[b] N. de T. No original: *"Do you think that Woody´s a plant?"*. A tradução não é literal, pois não havia como preservar o duplo sentido que o termo *'plant'* possui na língua inglesa, que é um aspecto fundamental para que a frase funcione como um exemplo do que está sendo tratado. A tradução proposta pretende, pois, preservar este aspecto.

ampliando algumas, renunciando a outras, ao passo que a lógica apenas nos diz algo a respeito da inferência de proposições fundada em um conjunto de regras. Harman parece identificar incorretamente a lógica com um certo sistema de lógica – conhecido como lógica clássica – e não apreciar inteiramente que uma das tarefas do lógico seja criar sistemas de lógica fiéis à melhor prática de raciocinar. Mas ele está correto em enfatizar que o processo psicológico de raciocinar é diferente de construir provas no interior de um sistema formal de lógica. Para perceber isso, considere um suposto contraexemplo do *modus ponens*, inventado por Vann McGee:

> Pesquisas de opinião realizadas pouco antes da eleição de 1980 mostraram o republicano Ronald Reagan como estando decisivamente à frente do democrata Jimmy Carter, com o outro republicano participante da disputa, John Anderson, em um distante terceiro lugar. Os que foram informados dos resultados das pesquisas acreditaram, baseados em boas razões, que:
>
> (1) Se um republicano vencer a eleição, então, se não for Reagan, Anderson será o vencedor.
> (2) Um republicano irá vencer a eleição.
>
> Ainda assim, eles não tinham razão de acreditar que:
>
> (3) Se não for Reagan, Anderson será o vencedor.

Uma vez que, neste exemplo, há apenas dois candidatos republicanos, podemos ler a sentença 'Um republicano irá vencer a eleição' como significando 'Reagan irá vencer ou Anderson irá vencer'. Portanto, a premissa (1) é vista como trivial e a premissa (2), que é uma premissa aceitável, tem as mesmas condições de verdade que a conclusão (3). Temos, então, um argumento válido em termos da lógica clássica – se você olhar com cuidado, verá que se trata de uma outra instância do *modus ponens*: substitua 'Um republicano irá vencer a eleição' por 'A' e 'Se não for Reagan, Anderson será o vencedor' por 'B'. Ainda assim, está claro que seria insensato, partindo da crença na verdade das premissas, acreditar na conclusão de que se não for Reagan, Anderson será o vencedor.

David Over (1987) mostrou que o exemplo de McGee não é, efetivamente, um contraexemplo ao *modus ponens*, pois o *modus ponens* é uma regra que nos permite inferir uma conclusão de certas *suposições* e, de fato, (3) segue-se de modo válido se supomos (1) e (2). Mas McGee não se refere ao que supomos, mas ao que devemos *acreditar*. Portanto, a falácia que o exemplo de McGee ressalta é a falácia do *raciocínio*, na qual raciocinar é o processo psicológico do qual temos falado e que pode resultar na modificação de nossas crenças. Como dissemos, embora haja uma íntima conexão entre ambos, deve-se distinguir lógica e raciocínio.

A lógica moderna é comumente compreendida como abarcando dedução (o estudo das conclusões que podem ser obtidas de premissas[12]), indução (o estudo da obtenção de conclusões que, estritamente falando, vão além das premissas), teoria de modelos (na qual os elementos das fórmulas lógicas são associados a objetos em mundos de faz de conta), metateoria (provas a respeito de provas), etc.; e este é o tipo de material que encontramos nos manuais de lógica. Raciocinar é o que seres humanos fazem quando estão ocupados com o processo de compreender, revisar ou reforçar suas crenças. Está bastante claro que as regras da lógica não são coextensivas aos princípios do raciocínio (princípios de como devemos raciocinar). Pois – é importante observar – crenças, diferentemente de enunciados, admitem graus de intensidade e, quando revisamos uma crença, normalmente o fazemos em contraste com outras crenças relevantes. Uma crença pode se tornar mais forte ou mais fraca quando novas evidências vêm à luz. Um conjunto de princípios que regula as crenças irá determinar o reajuste da intensidade das crenças existentes quando uma nova evidência (observação, reconhecimento de um preconceito, confrontação com uma consideração importante, etc.) torna-se disponível para um agente.

Falácias constituem um desvio em relação ao bem raciocinar, portanto, uma vez que tenhamos compreendido uma certa falácia, podemos tentar dizer que princípio foi violado. O erro sobre o "lago", cometido por Dick, era um erro simples de lógica, mas, no caso do exemplo de McGee, o princípio relevante era:

> Não devemos crer que uma conclusão seja verdadeira se a intensidade com que acreditamos em alguma das premissas sobre as quais a conclusão está fundada é menor do que a intensidade com que acreditamos em uma proposição concorrente.

Este é um dos princípios do raciocínio. Duas proposições são concorrentes (para um agente) se elas são respostas genuinamente diferentes a uma questão e o agente prefere uma em detrimento da outra. A noção de uma 'resposta genuinamente diferente' pode ser difícil de definir com precisão, porém, intuitivamente, o tipo de sugestão que queremos excluir é que 'Reagan irá vencer a eleição ou $2+2=4$' concorre genuinamente com 'Reagan irá vencer a eleição' como uma resposta à questão 'Quem irá vencer a eleição?' Pessoas sensatas que tivessem sido informadas pela pesquisa teriam acreditado mais fortemente em:

(4) Reagan irá vencer ou Carter irá vencer.

do que teriam acreditado em (2). Isto significa que, caso lhes fosse pedido que escolhessem entre elas, teriam optado por (4); assim, de acordo com nosso princípio, elas não deveriam ter acreditado em (3). Duas afirmações, ambas aceitáveis, podem ser concorrentes. A Afirmação (2) é aceitável para alguém que esteja convencido que, até onde se saiba, Reagan irá vencer – estando, tanto Carter quanto Anderson, fora da disputa. Contudo, se forçado a ser mais prudente, digamos por lhe serem oferecidas as mesmas vantagens para apostar em (2) ou em (4), sabemos onde teria colocado seu dinheiro.[13]

O exemplo que estamos considerando diz respeito a razões *teóricas* – argumento a respeito do que acreditar. Não é surpreendente que exista uma estreita conexão entre a lógica e o processo psicológico de raciocinar *teoricamente*, se a lógica é a tentativa de representar, sistematizar e elucidar as normas de tal raciocínio. A contrapartida psicológica ao princípio lógico do *modus ponens* é: pessoas sensatas que acreditam em A e também acreditam que (Se A então B) estão comprometidas a acreditar em B. Todavia, no reino do raciocínio *prático*, no qual tentamos descobrir não em que acreditar, mas o que *fazer*, esta estreita conexão parece não se manter. Como assinala John Searle, uma pessoa que deseja A, e acredita que (Se A então B), não está comprometida a desejar B. Eis o exemplo de Searle: "Não há nada *logicamente* errado com um casal que quer ter relações sexuais, que acredita que, se isso for feito, ela irá engravidar, mas que não quer que ela engravide".[a] O raciocínio prático envolve valores e desejos (muitas vezes conflitantes). Poderíamos concluir, como Searle o faz, que não pode haver lógica dedutiva de razões práticas. Ora, menos dramaticamente, poderíamos concluir que podemos realizar deduções sobre fazer ou não a barba, sobre fazer ou não sexo, sobre os meios a adotar para alcançar certos fins, mas a lógica subjacente deverá acomodar *desejos* inconsistentes.[14]

1.5 JUSTIFICANDO OS PRINCÍPIOS LÓGICOS

Apesar de, como vimos, haver regras do raciocínio que são diferentes – de fato, de tipos diferentes – das regras da lógica, não estamos dispostos a endossar a visão de Harman, segundo a qual a lógica não é particularmente relevante para o raciocínio. A relevância particular é que o raciocínio teórico, no qual se infere a conclusão de certas crenças, é frequentemente expresso por uma prova que mostra que uma conclusão é implicada por certas pre-

---

[a] N. de T. No original: "*[T]here is nothing logically wrong with a couple who want to have sexual intercourse and who believe that if they do, she will get pregnant, but who do not want her to get pregnant*" (Searle 2001, p. 254-255).

missas. Mais ainda, um bom sistema de lógica nos fornece um código de como devemos raciocinar, ao menos em uma certa área restrita do discurso. Mas que sistema de lógica usar? Dissemos que as provas lógicas no interior do sistema não devem sempre imitar o raciocínio que usamos no dia a dia, pois, como indicado anteriormente, nosso raciocínio é frequentemente errôneo e contaminado por falácias. Dissemos que o sistema de lógica a ser escolhido deve ser fiel às melhores práticas argumentativas. Parece, porém, que esta é uma situação do tipo "Quem vem primeiro? O ovo ou a galinha?", dado que nossas melhores práticas argumentativas são, presumivelmente, as que são lógicas.

Este era o problema encontrado no final da Seção 1: como justificar a adoção de um determinado sistema lógico? No interior da lógica dedutiva, por exemplo, há muitos sistemas concorrentes no mercado. Você pode pensar que a resposta é simples: sabemos o que significam conectivos lógicos tais como 'não', 'ou' e 'se... então', portanto, devemos simplesmente aceitar, como regras do raciocínio correto, as regras que resumem fielmente estes significados. Por exemplo, devemos aceitar a regra segundo a qual de 'A' podemos validamente inferir 'A ou B' (Se é verdade que Dick está no canil, segue-se logicamente daí que Dick está no canil ou Grace está no jardim). O problema com esta sugestão é que ela pressupõe que sabemos o significado de um conectivo antes de conhecer as regras de seu uso. Você pode, porém, começar a ensinar o significado de 'árvore' a uma criança apontando para árvores e dizendo 'árvore'. No entanto, você não pode apontar para aquilo que seria designado por 'ou'. Parece, então, que o sentido de 'ou' não é aprendido mediante a exibição de algum objeto associado a esta palavra, mas mediante a aquisição das regras de seu uso. Mais uma vez, deparamo-nos com a situação do tipo "o ovo ou a galinha?".[15]

Você pode pensar que as regras de uso de um conectivo lógico, tal como 'ou', são tão óbvias que é uma perda de tempo dar-se ao trabalho de justificá-las. Considere, porém, estas duas regras aparentemente óbvias:

(i) de A deriva-se (A ou B)

Esta é a regra que estamos discutindo. Não há nenhum estado de coisas possível no qual, ao mesmo tempo, a premissa A possa ser verdadeira e a conclusão (A ou B), falsa; portanto, o critério padrão da derivabilidade (para uma conclusão seguir-se logicamente das premissas) está satisfeito.

(ii) Das premissas (A ou B), (Não é o caso que A) deriva-se B

Esta é a regra que governa os conectivos lógicos 'ou' e 'não'. Mais uma vez, eis uma regra que parece ser totalmente aceitável. Mas, agora, tome a premissa 'Lance Armstrong foi o único ciclista a vencer o *Tour de France*[a] depois de se recuperar de um câncer de testículos'. Pela Regra (i), desta premissa deriva-se: 'Lance Armstrong foi o único ciclista a vencer o *Tour de France* depois de se recuperar de um câncer de testículos ou Shakespeare escreveu a canção *Jailhouse Rock*'.[b] Ora, desta última sentença, tomada em conjunto com uma nova premissa, 'Não é o caso que Lance Armstrong foi o único ciclista a vencer o *Tour de France* depois de se recuperar de um câncer de testículos', deriva-se, pela Regra (ii): 'Shakespeare escreveu a canção *Jailhouse Rock*'. Portanto, um encadeamento simples de raciocínios, envolvendo apenas as regras (i) e (ii), conduz, a partir de duas premissas acerca de Lance Armstrong (sendo uma a negação da outra), à conclusão de que Shakespeare escreveu a canção *Jailhouse Rock*! Ao generalizarmos (uma vez que poderíamos ter usado exemplos completamente diferentes de sentenças no argumento acima), parece surgir a regra segundo a qual de qualquer proposição e de sua negação, *qualquer conclusão, qualquer que ela seja*, segue-se logicamente! Isto é difícil de aceitar; portanto, a lição parece ser que precisamos voltar ao básico e examinar se as regras (i) e (ii) podem ser adequadamente justificadas.[16] Um exame mais atento poderá mostrar que as regras às quais se conformam o comportamento de alguns de nossos conectivos lógicos não são tão simples quanto pensávamos inicialmente.

Muita coisa tem sido escrita recentemente sobre este problema da justificação da dedução e da justificação da escolha de um determinado sistema de lógica dedutiva (Pinto, 2001), mas um bom começo foi feito há uns 2350 anos. A regra fundamental que Aristóteles preocupou-se em justificar foi o Princípio da Não Contradição (PNC), segundo o qual não é possível que uma proposição e sua negação sejam ambas verdadeiras ao mesmo tempo. Isto pode ser visto como uma regra proibitiva: de A não se pode inferir validamente não A. Aristóteles estava atento à dificuldade observada anteriormente: os métodos normais para defender um princípio, por exemplo, dar uma demonstração ou uma prova, não se aplicam aqui, pois iriam nos colocar na posição capciosa de justificar um princípio *básico* apelando para princípios menos básicos. A solução de Aristóteles consistiu em mostrar que, apesar de não podermos provar o PNC, é possível estabelecer que quem se recusa a aceitar o princípio não pode propriamente falar (note a relação com o argu-

---

[a] N. de T. Expressão em francês no original. Ela designa o famoso campeonato de ciclismo francês, no qual os ciclistas competem por todo o território da França.

[b] N. de T. Canção composta por Jerry Leiber e Mike Stoller; tornou-se um sucesso nos Estados Unidos com a gravação de Elvis Presley e com o lançamento do filme de mesmo nome em 1957. Desde então, tem sido gravada por vários intérpretes.

mento de Lewis Carrol mencionado anteriormente). Pois, para falar, é preciso dispor de termos que discriminem objetos; portanto, é preciso compreender limites – o limite, digamos, entre uma maçã e o que a rodeia e não é maçã. Para falar sobre maçãs é preciso saber que nada pode ser ao mesmo tempo maçã e não maçã. Alguém que seja incapaz de fazer isso, não é, sugere Aristóteles, melhor do que um vegetal (Aristóteles, *Metafísica*, 1008b11[a]).

Wittgenstein pensa, da mesma forma, que não podemos dar nenhuma *explicação* para o caráter inaceitável das contradições e, correlativamente, para a aceitabilidade do PNC. Obviamente, não é uma explicação dizer que excluímos conclusões mutuamente contraditórias *porque* são contraditórias (Wittgenstein, 1980, vol.1, §1132[b]); na visão de Wittgenstein, nenhuma justificação para esta exclusão pode ir além da afirmação de que não temos nenhum uso para ela (1980, vol.1, §44, vol.2, §290). Mas, ainda que seja perfeitamente verdadeiro que a justificação deva terminar em algum ponto, o limite traçado por Wittgenstein é o correto? Possivelmente não. Por que a afirmação de que não aceitamos contradições por causa do sentido da palavra 'não' não poderia ser uma explicação perfeitamente razoável? (O sentido da palavra 'e' poderia também ser incluído na explicação, mas por ora, concentremo-nos na palavra 'não').

O próprio fato de que podemos reconhecer os casos em que uma palavra é usada de modo anormal – como Wittgenstein reconhece que podemos (1953, §141,142[c]) – indica que existe um uso *normal* dessa palavra. Se pudermos dizer qual é o uso normal de 'não', então deveremos ser capazes de ver por que razão não podemos asserir (reconhecer como verdadeira) uma contradição, a menos que condições especiais o impeçam. Uma maneira proveitosa de estabelecer o uso normal de 'não' é perguntar por que temos essa palavra na linguagem ordinária – para *que* serve esta palavra, qual é a sua função? Quando a palavra desempenha esta função, então está sendo usada normalmente.

---

[a]N. de T. A passagem a que se refere o autor encontra-se no livro 4, Cap. 4. Para uma edição contendo todo o texto, veja Aristóteles (2002) *Metafísica*, Ed. Bilíngue. São Paulo: Ed. Loyola. Existe ainda uma outra tradução para o português, mas apenas dos livros I e II desta obra: Aristóteles (1980). *Metafísica*, Livros I e II. In: Aristóteles. Col. "Os Pensadores", São Paulo: Ed. Abril Cultural.

[b]N. de T. Infelizmente, ainda não está disponível uma tradução desta obra publicada em língua portuguesa. Contudo, acaba de ser editada uma tradução para o espanhol: Wittgenstein, L. (2006). *Observaciones sobre la filosofía de la psicología*. México: Universidad Nacional Autonoma de Mexico. 2 v.

[c]N. de T. Para uma edição em português da obra citada, ver: Wittgenstein (1975). *Investigações filosóficas*. In: Wittgenstein. Col. Os Pensadores. São Paulo: Ed. Abril Cultural, ou Wittgenstein (1987). *Investigações filosóficas*. Lisboa: Fundação Calouste Gulbenkian.

Aristóteles, mais uma vez, fornece um ponto de partida útil. Em uma observação digressiva, em *Categorias* 12b5-12b15, ele argumenta que há oposições na natureza que, na ordem do ser, precedem nossos enunciados e que são expressas por eles:

> Porque a afirmação é discurso afirmativo e a negação é um discurso negativo. Mas aquilo sobre o que recai a afirmação ou a negação não é discurso, é um fato. Contudo, diz-se que estes fatos se opõem entre si, assim como a afirmação e a negação, porque também aqui se verifica que o modo da oposição é o mesmo. Assim como a afirmação se opõe à negação, por exemplo, estar sentado se opõe a não estar sentado, do mesmo modo se opõe o estar alguma determinada pessoa sentada a não estar sentada.[a]

(Há uma elaboração mais detalhada na *Metafísica*:[b] 1004a31-1004b10, 1018a20-1018a38, 1051a5-1051a13, 1061a7-1061a14.)

Aristóteles está aqui contrastando o mundo das coisas (*ta onta*[c]) e o mundo das palavras (*ta legomena*[d]). Mas há um nível intermediário entre esses dois. O *reconhecimento* de uma oposição na natureza é pré-linguístico. Aceitar uma de duas opções percebidas como opostas envolve o reconhecimento de que a outra deve ser rejeitada. Aceitar e rejeitar são também, ontologicamente, mais fundamentais do que a produção de enunciados. Enunciados são usados como meios de expressar, indicar ou transmitir nossas aceitações ou rejeições. Como explica Huw Price (1990), existe uma consciência primitiva da incompatibilidade; é ela que nos leva a rejeitar e, assim, com o desenvolvimento da linguagem, a usar a palavra 'não'. Ele escreve:

> Para sinalizar significativamente, é preciso ser capaz de discriminar. É preciso sinalizar em algumas circunstâncias e permanecer em silêncio, em outras. É preciso perceber que essas são possibilidades mutuamente excludentes (...)

---

[a]N. de T. No original: *"Nor is what underlies an affirmation or negation itself an affirmation or negation. For an affirmation is an affirmative statement and a negation is a negative statement, whereas none of the things underlying an affirmation and a negation is a statement. These are, however, said to be opposed to one another as affirmation and negation are, for in these cases too, the manner of opposition is the same. For in the way an affirmation is opposed to a negation, for example, 'he is sitting' – 'he is not sitting', so are opposed the actual things underlying each, his sitting – his not sitting"*. Ainda que ligeiramente diferente da tradução utilizada pelos autores, usamos a tradução feita por Silvestre Pinheiro Ferreira (1982) *Categorias*. Lisboa: Guimarães & Co. Editores, 1982, p.101.

[b]N. de T. Essas referências dizem respeito às seguintes passagens dos seguintes capítulos da *Metafísica*, respectivamente: Livro 4 (□), 2;. Livro 5 (□), 10; Livro 9 (Θ) e Livro 11 (K), 3. Ver N. de T. na p.33, para uma edição desta obra em português.

[c]N. de T. Expressão em grego no original, que pode ser traduzida literalmente por 'as coisas'.

[d]N. de T. Expressão em grego no original, que pode ser traduzida literalmente por 'as palavras' ou 'as proposições'.

Algumas vezes, a natureza nos oferece uma oportunidade e nossa escolha consiste simplesmente em aceitar ou declinar. Perceber que há uma decisão a ser tomada em tais casos, parece já ser perceber a incompatibilidade das opções. Uma vez a linguagem tendo sido associada às atividades dos agentes, há, assim, a necessidade da negação para formular, oferecer e expressar escolhas.[a]

Usar a linguagem é uma das atividades próprias aos seres humanos enquanto agentes normais. Apenas por um processo de abstração, a linguagem pode ser *dissociada* dos agentes, das atividades que envolvem a linguagem (Wittgenstein as chama de 'jogos de linguagem'), que é o seu habitat natural. Como estabelecido por Price, os agentes precisam fazer escolhas, frequentemente escolhas entre opções mutuamente excludentes. Reconhecemos a incompatibilidade entre tais opções e usamos a palavra 'não' como um marcador linguístico deste reconhecimento. Sócrates sentado exclui Sócrates não sentado. Minha aceitação de que ele esteja sentado exclui minha rejeição desta mesma proposição; portanto, não posso asserir que ele está sentado e que não está sentado. Não podemos asserir uma contradição porque a aceitação exclui a rejeição, e o uso da palavra 'não' registra este fato básico.[17] Chegamos, assim, à proibição quanto a inferir ~A de A. Uma proibição é uma regra sobre o que não fazer, mas podemos facilmente convertê-la em uma permissão, uma regra sobre o que fazer. De forma simples, seria: 'De A infira que não é o caso que ~A'. Isso soa como uma instrução a alguém, mas podemos dizê-lo de modo impessoal: A ⊢ ~~A. Note, por favor, que não mostramos que a inferência no sentido oposto é válida. É matéria para uma discussão mais longa saber se ~~A ⊢ A é uma regra da lógica.

Um outro ato básico realizado por seres humanos e outros animais consiste em agrupar unidades de informações. O leão ataca sua presa apenas quando uma *conjunção* de circunstâncias lhe dá uma boa chance de matar – o cervo está fraco *e* se separou da manada *e* ... A contrapartida linguística da compilação de unidades de informação são sentenças conjuntivas. Portanto, mais uma vez, é natural que agentes humanos tenham uma palavra para a conjunção e a palavra mais comum, em português, que usamos para coordenar sentenças é a palavra 'e'. Se duas sentenças são verdadeiras, então a conjunção entre elas também é verdadeira, mas se uma delas ou ambas

---

[a]N. de T. No original: "*To signal significantly, one needs to be capable of discrimination. One needs to signal in some circumstances and to remain silent in others. One needs a sense that these are mutually exclusive possibilities (...) [A]t (...) times nature offers us an opportunity, and our choice is simply to accept or to decline. To have a sense that there is a decision to be made in such a case seems already to have a sense of the incompatibility of the options. Once language comes to be associated with the activity of agents, there is thus a need for negation in formulating, offering and expressing choices*".

as sentenças originais são falsas, então a conjunção é falsa. A regra de inferência que expressa esse comportamento lógico do 'e' é: de uma premissa A e de uma premissa B pode-se validamente inferir a conclusão (A & B). A validade dedutiva é uma questão de *preservação de verdade* – se as premissas de um argumento dedutivo são verdadeiras, então o argumento é válido apenas se a conclusão for verdadeira. Observe que a regra de inferência para o 'e' satisfaz este critério: se uma das duas premissas, A ou B, for falsa, então a conclusão (A & B) é falsa; mas isso não é problemático, porque erramos em um raciocínio dedutivo, isto é, argumentamos de modo inválido, quando começamos com premissas *verdadeiras* e terminamos com uma conclusão falsa. A questão de saber se argumentos são inválidos *apenas se* não passarem no teste de que as premissas não podem ser verdadeiras enquanto a conclusão é falsa é uma boa questão e será tratada no Capítulo 5. No argumento relativo a Lance Armstrong, acima mencionado, as premissas não podiam ser verdadeiras simplesmente porque se contradiziam uma à outra. Portanto, o argumento relativo a Lance atende a esta exigência. Ainda assim, muitos de nós relutamos a considerá-lo um argumento válido.

O ataque do leão que está à espreita foi descrito em termos nos quais ele era desencadeado pela conjunção das circunstâncias adequadas. Em outras palavras, *se* estas circunstâncias ocorrem, *então* o leão ataca. Assim, uma vez mais, encontramo-nos na situação de usar um conectivo lógico ('se...então') para descrever um tipo muito comum de circunstância – o desencadeamento de uma ação ou evento. Essa pequena palavra 'se' mostrou-se bastante traiçoeira para os lógicos e muitos livros foram escritos sobre ela. Já encontramos uma regra que ilustra o comportamento lógico de 'se', a saber, o *modus ponens*: da premissa (Se A então B) e da premissa A, infere-se B. De modo impessoal e aperfeiçoado: a $A \supset B$, $A \vdash B$. Outra regra, dessa vez envolvendo tanto '$\supset$' quanto '~' é o *modus tollendo tollens*: a $A \supset B$, $\sim B \vdash \sim A$. A maioria dos lógicos concorda que estes dois princípios refletem efetivamente como 'se... então' funciona (apesar do aparente contraexemplo para o *modus ponens* proposto por Van McGee). Mas a questão de que *outras* regras descrevem com exatidão o comportamento lógico de 'se...então' envolve uma imensa discussão.

---

[a]N. de T. Expressão em latim no original, que significa 'modo que, negando, nega', ou seja, o modo argumentativo que extrai uma conclusão negativa a partir de uma premissa condicional e de uma premissa negativa. Esta expressão, bem como sua forma reduzida (*'modus tollens'*), foi mantida também por ser tradicionalmente utilizada em sua forma latina nos livros, artigos e cursos de lógica.

1.6 RESUMO

Alguns lógicos adotam a visão de que o assunto evoluiu de tal modo que, hoje em dia, não tem mais nada a ver com o raciocínio humano, mas é, de certo modo, um ramo da matemática pura. Sem dúvida, parte da lógica moderna pode ser vista exatamente desta forma. Mas Aristóteles, o pai da matéria, considerava a lógica como dizendo respeito não à derivação de verdades, mas à determinação dos princípios do raciocínio correto, e essa é a relação entre lógica e raciocínio que enfatizamos aqui. Em um raciocínio, fazemos uma transição abrindo nosso caminho de algum ponto de partida para uma conclusão, e tomamos a lógica, aqui, como dizendo respeito às regras das transições válidas de proposições a proposições.[18]

Enfrentamos uma dificuldade. As pessoas habitualmente raciocinam mal, logo as regras da lógica não podem apenas registrar nossas transições de proposições para proposições; elas devem fornecer certos padrões de correção. Estas regras, supostamente, nos orientam quanto ao funcionamento lógico de palavras tais como 'não', 'e', 'ou', 'se...então'. Mas estas são palavras da linguagem ordinária: cada uma delas não tem apenas um único sentido, há divergências quanto ao que significam e sentidos mudam com o tempo. Como, então, podemos discernir as regras do uso *correto* dessas palavras? Procuramos sair desse embaraço tentando descobrir explicações naturalistas, ao menos para o sentido nuclear de algumas dessas palavras, mediante a busca dos propósitos centrais a que elas servem e, assim, obter e, portanto, justificar algumas das regras de seu comportamento lógico.

SUGESTÕES PARA LEITURAS ADICIONAIS

Neste capítulo, tentamos dizer o que é a lógica considerando a relação entre lógica e raciocínio e você pode agora desejar continuar estudando esse tema de forma mais aprofundada com Engel (1991, Capítulos 12 e 13). Mencionamos que o livro de Gilbert Harman, *Change in view* (Harman, 1986) examina essa relação e conclui que a lógica não tem relevância especial para o raciocínio. Apesar de termos argumentado que Harman está errado a esse respeito, não pretendemos dizer que aprender lógica nos fornece uma imunização segura contra o mau raciocínio ou uma garantia do bom raciocínio. Mas ela ajuda, assim como o faz o desenvolvimento de um faro filosófico para detectar erros argumentativos. Uma discussão clássica sobre experiências relativas a erros de argumentação cometidos por seres humanos encontra-se em Kahneman, Slovic e Tversky (1982). Há uma discussão sobre falácias e o modo de detectá-las em http://www.jfk-online.com/exploring.html. Um excelente livro que explora a questão de saber o que torna um sistema de processos cognitivos melhor do que outros (p. 74) e que apresenta interseções com vários pontos deste capítulo é o de Stich (1990).

NOTAS DOS AUTORES

1. Seja, por favor, cuidadoso com a diferença entre derivabilidade (as premissas de um argumento podem implicar sua conclusão) e inferência. A inferência é uma ação realizada por um agente. Você, ou qualquer outra pessoa, pode, se for suficientemente astuto, inferir que todos os gansos são animais se lhe for dada as premissas (1) Todo os gansos são camelos; (2) Todos os camelos são animais. A proposição segundo a qual todos os gansos são animais é derivada das proposições (1) e (2). Portanto, a derivabilidade é uma relação entre proposições.
2. Existe uma vasta literatura sobre a razão pela qual, em situações 'concretas' como essas (andando por uma rua, apontar uma casa para alguém) apenas um idiota como Dick faria este tipo de erro ao raciocinar, enquanto no caso de argumentos com a mesma forma, mas mais abstratos em seu conteúdo, a maioria das pessoas comete tais erros. Psicólogos evolutivos associam isso ao fato de que nossas habilidades de raciocínio evoluíram no máximo para dar conta de situações práticas em que nossa sobrevivência (ou mais grave, nossa possibilidade de acasalamento) está ameaçada, especialmente por trapaceiros.
3. Em um manuscrito de 1848, George Boole (um dos grandes personagens da história da lógica matemática) escreveu: "Raciocinar é, para a maior parte das pessoas, uma atividade realizada com o auxílio de sinais... é universalmente aceito que o uso de sinais é a ajuda mais importante e aquela sem a qual nenhum processo extenso de raciocínio pode ser levado a cabo. Os sinais com os quais conduzimos processos ordinários de raciocínio são as palavras de nossa própria língua, tanto falada quanto escrita. Tem sido observado que aqueles que estão impedidos de usar palavras são levados, se capazes de raciocínio, a inventar um substituto. Laura Bridgman, uma jovem americana que nasceu surda e muda, mas detentora de uma considerável capacidade intelectual, acostumou-se a mover rapidamente seus dedos quando estava ocupada em pensar.' Este manuscrito, chamado, "*The nature of logic*", é reproduzido em Grattan-Guinness e Bornet (1997); ver p. 1, 14. Boole não diz por que pensa que os movimentos dos dedos de Laura eram auxiliares do pensamento, mais do que meros subprodutos de seu pensar. Será que sua capacidade de raciocínio seria prejudicada se ela se sentasse sobre seus dedos?
4. Por exemplo, considerações sobre raciocínios práticos (do tipo exemplificado em nosso exemplo sobre a decisão de fazer a barba) podem levar a concluir que a mente deve ter uma estrutura modular, com diferentes módulos dedicados a tipos diferentes de tarefas. Ver Carruthers (2004).
5. Para uma discussão especializada sobre etimologia destes termos e sobre o que significam, ver Railton (2000), particularmente p. 179-188.

Lógica 39

6. A extensão da irracionalidade em todos os aspectos da vida é bastante assustadora. Ver Sutherland (1992) e Wheen (2004). Tipos de irracionalidade incluem pensamentos que se baseiam unicamente nos desejos que se têm, agir contrariamente ao que se julga ser o melhor a fazer, autoengano, e crer em algo que se acredita ter sido posto em descrédito pelas evidências. Para uma discussão filosófica excelente sobre isso, e que, de um modo geral, defende a explicação de Freud, ver os quatro ensaios de Donald Davidson (2004, p. 169-230). Uma grande questão, que envolve tanto psicólogos quanto filósofos, é se experimentos sobre a racionalidade humana tendem ou não a mostrar que seres humanos são frequente e sistematicamente irracionais. Para um tratamento detalhado do debate, ver Stanovich (1999) e, ainda, Samuels e colaboradores. (2004).
7. Esta é uma adaptação do argumento do pequeno clássico de Lewis Carroll (Carroll, 1895).
8. Para uma explicação maravilhosamente clara e concisa da contribuição de Leibniz à Lógica, ver Kneale e Kneale (1962, p. 320-345). [N. de T.: Esta obra foi traduzida para o português e editada em 1962 pela Fundação Calouste Gulbenkian, de Lisboa. Para a referência dada pelo autor, ver as p. 325-350 dessa edição.]
9. Um cálculo bayesiano usa a teoria matemática da probabilidade para provar o grau de plausibilidade de uma crença. Ver Joyce (2004). Há dois capítulos (11 e 12, p. 78-93) sobre os elementos da teoria da probabilidade em Priest (2000)
10. (Moore 1959, p. 219-221). Para uma discussão sobre isso, ver Stroll (1994, p. 42-45). Uma outra ambiguidade, desta vez da frase 'uma natureza tal que nenhuma maior possa ser pensada', está na base da célebre prova ontológica de Santo Anselmo em favor da existência de Deus. É o que defende Peter Milican (2004) em um artigo difícil, mas que vale a pena ler.
11. (Pirie 1985). Como você verá neste livro, estudar falácias pode ser muito divertido.
12. Isso pode parecer uma atividade bastante desproposital - a conclusão de um argumento contém nada mais do que já está contido nas premissas. Mas pense nas impressionantes, maravilhosas, surpreendentes conclusões que podem ser deduzidas dos axiomas simples de Euclides. A dedução pode ser algo imensamente proveitoso.
13. Compare as regras da racionalidade enunciadas por Robert Nozik (1993, p. 75-93), em especial a Regra 4, na p. 89. O enigma proposto por McGee é bom e não devemos supor que a abordagem feita aqui seja a última palavra sobre o tema. Você pode pensar que McGee tenha efetivamente construído um exemplo que mostra que o *modus ponens* não é válido (ele fornece outros exemplos em seu artigo). Ou você pode pensar que o *modus ponens* é válido, mas alguma outra falácia foi cometida nos exemplos de McGee.
14. Você pode pensar que o que é inconsistente não pode ser lógico, que a ideia de uma lógica que contenha desejos inconsistentes é um oximoro. Mas há atualmente no mercado lógicas *dialeteístas* construídas a partir da suposição –

aparentemente muito mais ultrajante - de que algumas *proposições* são simultaneamente verdadeiras e falsas. Ver Priest (1987).
15. Este problema é o tema de um famoso pequeno artigo de Arthur Prior (1960). Para uma discussão a esse respeito, ver Read (1988), mas saiba que a discussão de Read desenrola-se em pelo menos um nível acima da discussão deste texto.
16. Você encontrará uma discussão breve, mas detalhada deste exemplo em Priest (2000, Cap. 2, p. 7-16).
17. É por essa mesma razão que, apesar de podermos proferir as palavras 'S não é verdadeiro', não podemos usar estas palavras de modo autorreferente para asserir S. Em outras palavras, 'S' não pode ser o nome do enunciado 'S não é verdadeiro' pois, se assim fosse, ao asserir S deveríamos, ao mesmo tempo, rejeitá-lo (ao dizer que ele não é verdadeiro). Compreender isto é estar bem-encaminhado para uma solução ao paradoxo do Mentiroso, mencionado anteriormente.
18. Seguimos aqui Michael Dummett (1981, p. 432-433); ver também Hacking (1979).

2

Como provar algo logicamente

2.1 O COMEÇO

Os sistemas modernos de lógica são baseados em duas descobertas feitas na antiga Grécia, quatro séculos antes do nascimento de Cristo. Um grupo de pensadores, os Estoicos, eram liderados por um indivíduo excêntrico, Zenão de Citium (nascido por volta de 386 a.C.), tendo o brilhante Crísipo como seu segundo-em-comando. Aparentemente, Crísipo foi um perspicaz observador de cães, defendendo que se você vir um cão perseguindo uma pista ao longo de uma estrada, o comportamento do animal irá revelar sua compreensão de lógica elementar. Suponha que a estrada que ele está percorrendo divida-se em três: o cão irá farejar em um dos caminhos e, se a pista desaparecer, irá retornar ao entroncamento. Ele, então, irá farejar no segundo caminho e, se a pista aí desaparecer também, irá retornar ao entroncamento e irá seguir o terceiro caminho *sem mesmo se dar ao trabalho de farejar o chão!* Essa observação mostra – defendeu Crísipo, que o cão segue o seguinte princípio:

> Ou bem o Primeiro, o Segundo ou o Terceiro.
> Não o Primeiro.
> Não o Segundo.
> Portanto, o Terceiro.

O uso que os estoicos fazem de 'o Primeiro', 'o Segundo', etc., é um exemplo de uma das primeiras tentativas de simbolizar – obtendo o mesmo efeito alcançamos hoje com o uso de 'p's e 'q's. Havia uma escola de lógica ainda mais antiga – os Megáricos – que serviram de inspiração para os Estoicos e é a estas escolas que devemos uma versão primitiva da notação e dos princípios da lógica *verifuncional*.

Caixa de Texto 1: Funções de Verdade

Quando sentenças ou fórmulas complexas são construídas a partir de sentenças simples mediante o uso de 'não', 'e', 'ou' e 'se... então', a verdade ou falsidade das sentenças complexas é determinada pela verdade ou falsidade de seus componentes. Considere 'p & q', onde 'p' é verdadeira e 'q' é verdadeira. Neste caso, 'p & q' é também verdadeira. Considere agora o que dizer se uma delas, ou tanto 'p' quanto 'q' forem falsas. Nestes casos, a sentença complexa 'p & q' é falsa. Quando a verdade ou a falsidade de uma sentença ou fórmula complexa é determinada pela verdade ou falsidade de seus componentes, os conectivos com os quais elas são construídas são chamados '*verifuncionais*'. 'Porque', 'até', 'é estúpido dizer que...' não são conectivos verifuncionais. Os compêndios costumam usar tabelas de verdade para resumir os fatos sobre a verifuncionalidade:

p	~p
V	F
F	V

A tabela de verdade de 'não' mostra que negar ou recusar 'p' simplesmente inverte seu valor de verdade. Se 'p' for verdadeiro, sua negação será falsa; se for falso, sua negação será verdadeira.

p	q	p&q
V	V	V
F	V	F
V	F	F
F	F	F

Esta tabela de verdade especifica as condições sob as quais uma sentença com 'e' (uma conjunção) é verdadeira ou falsa. Quando ambos os componentes da conjunção são verdadeiros, o todo é verdadeiro, mas em todos os outros casos o enunciado ou fórmula com 'e' é falsa.

p	q	p v q
V	V	V
F	V	V
V	F	V
F	F	F

Enunciados construídos com 'ou' são verdadeiros quando ao menos um de seus componentes for verdadeiro e falso apenas quando ambos forem falsos. Se esta leitura *inclusiva* do 'ou' (do operador disjuntivo) parece um pouco estranha para você, pense no operador como representando a expressão "ou *um ou outro*", e esta leitura, então, provavelmente fará um pouco mais de sentido. Em algumas linguagens, há um termo para a disjunção exclusiva, isto é, essas linguagens têm um termo que significa 'um ou outro... mas não ambos'. Quando, este sentido de 'ou' é facilmente expresso ao se escrever '(p v q) & ~(p & q)'.

(Continua)

Continuação

p	q	p ⊃ q
V	V	V
F	V	V
V	F	F
F	F	V

O operador em gancho '⊃', que representa 'se...então' é muito conveniente e, ao mesmo tempo, fonte de muitos problemas. Sentenças condicionais ('se... então') não são comumente propostas em nosso discurso cotidiano a menos que suas orações que contenham a palavra 'se' (seus *antecedentes*) sejam consideradas verdadeiros. O lógico, no entanto, deve considerar todas as possibilidades. Os embaraços relativos ao caso em que o antecedente é falso e a sentença ou expressão como um todo é verdadeira serão discutidos no texto principal.

p	q	p ≡ q
V	V	V
F	V	F
V	F	F
F	F	V

O conectivo bicondicional, '≡', é frequentemente representado em português por 'Sse', abreviação de 'se e somente se'. Ele expressa a equivalência em valores de verdade das fórmulas em ambos os lados da construção. Quando dois enunciados são equivalentes em valores de verdade, a verdade de cada um é, algumas vezes, dita ser *necessária e suficiente* para a verdade do outro.

Um pensador que estava em cena ainda antes de Zenão recebe, atualmente, o título de ser o fundador da lógica formal. Seu nome é Aristóteles (nascido em 384 a.C.) e a extensão de sua influência, desde esses tempos até hoje, pode ser medida pelo termo honorífico sob o qual ele era amplamente conhecido na Europa medieval: 'O Filósofo'. Sua teoria dos silogismos proporcionou, de modo pioneiro, a primeira notação para representar o que é hoje conhecido como a *lógica dos quantificadores*. Quando a lógica verifuncional é combinada à lógica dos quantificadores, o sistema formal resultante é conhecido como a lógica de primeira ordem. Já vimos exemplos de expressões de primeira ordem no Capítulo 1, que usavam quantificadores, variáveis e conectivos.

Enquanto Aristóteles e os Estoicos forneceram os fundamentos para a lógica de primeira ordem, foram necessários mais de dois mil anos até que um sistema de lógica de primeira ordem fosse formulado de modo abrangente. No decorrer desses dois milênios, muitas questões intrincadas foram discutidas, de modo sofisticado, por brilhantes pensadores europeus, hindus e chineses. Mas, no que diz respeito aos pensadores europeus, em sua maioria influenciados pela Igreja Católica Romana, a silogística de Aristóteles era a melhor técnica formal de que dispunham para representar argumentos. Somente depois do trabalho de George Boole, Gottlob Frege e Charles Sanders Peirce no século XIX foram, efetivamente, apresentadas as primeiras linguagens completas de lógica de primeira ordem e, apenas em 1928, com a publicação das aulas de David Hilbert,[1] versões sistemáticas da lógica de primeira ordem tornaram-se disponíveis de forma que pudessem ser ensinadas a estudantes e a leitores em geral.

A busca pela sistematização formal das 'leis do pensamento' ou 'princípios do raciocínio correto' pode conter alguns riscos. Como vimos no Capítulo 1, os estudantes de medicina de Harvard provavelmente dariam a resposta errada em uma questão de estatística caso ela fosse colocada em termos abstratos, técnicos. Quando formulada em termos menos abstratos, contudo, havia uma probabilidade maior de que eles dessem a resposta certa. Como Crísipo talvez pudesse ter assinalado, aprender lógica verifuncional não teria ajudado em nada os cães, pois eles já raciocinavam bastante bem sem ela. De fato, parece que, na China antiga, raciocínios abstratos eram deliberadamente evitados nos trabalhos matemáticos, tais como o clássico *Nine Chapters on the Mathematical Art*[a] de Han e no comentário dessa obra, escrito mais tarde, no século III, por Liu Hui. Alguns escritores, hoje em dia, defendem que os matemáticos clássicos concentraram-se em problemas práticos da prática cotidiana para proteger seus leitores da confusão a que poderiam ser levados pela abstração simbólica. Como argumentou Karine Chemla, os antigos matemáticos chineses estavam bastante conscientes de que um problema poderia 'representar' um conjunto de problemas, mas deliberadamente, evitaram abstrair o núcleo comum de um conjunto de problemas, preferindo tratar cada um individualmente.[2]

Nenhum escrúpulo semelhante em relação à abstração generalizante parece ter afetado os gregos antigos, nem aqueles que desenvolveram os sistemas de lógica apresentados nos séculos XIX e XX. Ao contrário, vários códigos, ou microlinguagens, foram inventados de acordo com regras aparentemente simples e claras. Na base dessas linguagens estavam símbolos especiais, alguns dos quais responsáveis por realizar tarefas semelhantes às que são realizadas pelas palavras da linguagem natural. Cada um desses símbolos era uma coisa que simbolizava muitas coisas. Enquanto os conectivos verifuncionais (algumas vezes chamados de *constantes lógicas*), como 'e', 'não',

---

[a] N. de T. Título original: *Chui Chang Suan Shu* (*Nove capítulos sobre a arte da matemática*), escrito por volta de 1200 a. C. Uma das obras mais antigas e importantes da matemática chinesa. Foi utilizada como manual de ensino na China e nas regiões vizinhas por mais de 2 mil anos.

'se... então', integram expressões significativas mais curtas, formando expressões significativas mais longas, outros símbolos lógicos simbolizam, representam ou referem-se a coisas que estão fora da própria linguagem – objetos, verdade, falsidade, propriedades, conjuntos de coisas, etc. Uma vantagem das linguagens lógicas é que elas parecem fornecer exemplos claros de como expressões complexas podem ser construídas a partir de partes elementares mediante regras simples. Não poderiam, então, nos fazer compreender como o sentido da verdade de um conjunto de sentenças pode ser função da verdade de suas partes? Como raios X, formas lógicas parecem mostrar-nos a estrutura profunda – o mais essencial – da linguagem. Ainda assim, sua própria simplicidade e clareza coloca graves problemas que nos conduzem até os limites mesmos do próprio pensar, problemas cujas meras formulações encobrem os fascinantes embaraços aos quais nos induzem.

2.2 CONSEQUÊNCIA

Os gregos antigos estavam interessados na questão fundamental do bom raciocínio: o que se segue logicamente do quê? Um argumento – na compreensão dos lógicos – é uma série de sentenças, enunciados ou proposições[3] na qual uma das sentenças é apresentada como seguindo-se logicamente das outras. Quando digo: 'O sol está brilhando hoje', e, em seguida, um momento depois, suspiro e digo: 'Bert está com meus óculos de sol', meu segundo enunciado seguiu-se ao primeiro. Mas não seguiu-se *do* primeiro em nenhum sentido lógico. Sem dúvida, houve alguma associação de ideias que fez com que meus pensamentos passassem do brilho do sol à questão de saber onde meus óculos de sol estavam e, então, à lembrança de tê-los deixado instalados no nariz de Bert. Mas o enunciado de que Bert está com meus óculos de sol não é uma consequência lógica do sol estar brilhando hoje. Por que não? Porque uma consequência lógica deve transportar a verdade do que é dito ao que se segue logicamente disso. Que o sol esteja brilhando hoje não exige que Bert esteja com meus óculos de sol. Por contraste, a proposição de que Bert esteja com meus óculos de sol' exige que Bert esteja com algo que me pertence, o que, por sua vez, exige que alguém esteja com algo que me pertence. Colocando de outro modo, o ponto é o seguinte: que alguém esteja com algo que me pertence é uma consequência lógica da proposição de que Bert esteja com meus óculos de sol.

Ainda que o conceito de *seguir-se logicamente* seja ele mesmo ambíguo, como será examinado no Capítulo 6, podemos agora fazer uma primeira tentativa para definir 'seguir-se logicamente de', ou 'consequência lógica'. Usemos letras gregas em honra aos antigos pioneiros do simbolismo abstrato e digamos que uma sentença, ϕ, segue-se logicamente de, ou é uma consequência lógica de, um conjunto de sentenças Γ, quando e apenas quando a seguinte condição é satisfeita: se todas as sentenças em Γ são verdadeiras, então φ é igualmente verdadeira. Observe que pode haver tantas sentenças em Γ quanto se queira e, mesmo, absolutamente nenhuma! No caso especial em que Γ é vazio, então φ tem a característica autossuficiente de ser uma verdade lógica (como é o caso de 'tanto Mcgee está certo, como não está certo', 'se p então q' e assim por diante). Voltaremos às verdades lógicas e a outros casos especiais mais tarde, no decorrer deste capítulo.

Os silogismos de Aristóteles consistiam, normalmente, de duas premissas das quais uma conclusão seguia-se logicamente; por exemplo:

> Todos os seres humanos podem contar até cem. Todos os espanhóis são seres humanos.
>
> Logo, todos os espanhóis podem contar até cem.

Nesse caso, Γ contém as duas primeiras sentenças como seus membros e a conclusão, de que todos os espanhóis podem contar até cem, segue-se logicamente delas. Naturalmente, nem todos os seres humanos podem realmente contar até cem, mas isso não importa. O ponto no que diz respeito à consequência lógica é que *se* é verdade que todos os humanos podem contar até cem e é verdade que os espanhóis são seres humanos, então também é verdade que todos os espanhóis podem contar até cem. De maneira mais abstrata, o esquema do argumento acima é:

> Todos Fs são Gs. Todos Ks são Fs. Então todos os Ks são Gs.

E isto foi reconhecido com o esquema básico de argumento válido – válido no sentido de que, para quaisquer três nomes que escolhamos para substituir 'F', 'G' e 'K', o que resulta não será nunca um argumento que conduza de premissas verdadeiras a uma conclusão falsa. Um outro esquema básico de argumento silogístico válido é:

> Nenhum F é G. Alguns Ks são Gs. Então alguns Ks não são Fs.

Argumentos mais complexos, com mais de duas premissas poderiam ser tratados pela teoria do silogismo, desde que pudessem ser representados como uma cadeia de argumentos, na qual cada elo possui duas premissas das quais uma conclusão pudesse ser derivada usando um esquema básico de silogismo. Esta conclusão, então, tornar-se-ia uma premissa para o próximo elo da cadeia, e assim por diante, até que a conclusão final fosse alcançada. Uma vez que todos os argumentos complexos, supostamente, se reduzem a argumentos que atendem aos esquemas básicos, a teoria do raciocínio silogístico, desenvolvida em detalhe pelos lógicos medievais, foi, por algum tempo, o melhor exemplo disponível de um sistema de lógica.

Os estoicos também buscaram esquemas que nunca falhassem em prover conclusões que fossem consequências lógicas de suas premissas. Eles ficaram fascinados pelos esquemas resultantes da combinação de sentenças mediante o uso de termos verifuncionais como 'se', 'e', 'ou' e 'não' como elemento de ligação. Considere:

Se a flecha está voando, então ela está em movimento. A flecha não está em movimento.

>Logo, a flecha não está voando.

Os estoicos argumentaram que o esquema exemplificado pelo argumento acima não levaria nunca de premissas verdadeiras a uma falsa conclusão. Usando a sua própria notação especial para exibir a estrutura básica da sentença, eles simbolizaram a forma geral da qual o argumento acima representa um caso particular:

>Se o Primeiro, então o Segundo. Não o Segundo.
>Logo, não o Primeiro.

Esta forma também é chamada de *modus tollendus tollens*, ou apenas, abreviando, *modus tollens*.[a] A notação dos estoicos, 'Primeiro', 'Segundo', parece ser uma tentativa de introduzir variáveis. Seria possível reescrever a mesma forma de argumento da seguinte maneira:

>p ⊃ q, ~q. Logo ~p

Nossas variáveis não representam nenhuma sentença particular do português; logo, o mesmo esquema formal poderia perfeitamente ser atendido pelo seguinte argumento:

>Se a porta estava trancada, então Grace usou sua chave para abri-la. Ela não usou sua chave para abri-la.
>Logo, a porta não estava trancada.

Variáveis são sempre usadas de acordo com uma regra de consistência: qualquer sentença que é inicialmente colocada em uma posição ocupada por

---

[a] N. de T. Sobre essa expressão, ver nota na p. 36.

uma variável, por exemplo, 'p', deve ser usada para substituir 'p' onde quer que ela ocorra na sentença ou no argumento.

Ao prestar atenção apenas nos 'p's e nos 'q's, podemos especificar a forma do argumento, que revelam o essencial de que dependem as inferências válidas. Empregando as variáveis metalógicas introduzidas no Capítulo 1, Caixa de Texto 3, podemos formalizar assim o *modus ponens* e o *modus tollens*:

(MP) A ⊃ B, A. Logo, B

(MT) A ⊃ B, ~B. Logo, ~A

Lembre-se, porém, que estas regras de simbolização não significam que teremos uma adequação perfeita entre nossos símbolos e seus 'equivalentes' em português. O sinal '⊃' não captura exatamente o sentido de 'se... então...' em português, tanto quanto o sinal '&' não captura exatamente o sentido da de 'e'. Em sistemas lógicos, a conjunção 'A&B' é verdadeira desde que tanto 'A' quanto 'B' sejam ambas verdadeiras. Nada, além disso, importa. Mas, em português, a ordem das sentenças, incluindo as que são unidas por 'e', frequentemente indicam uma ordem cronológica. Considere o fato de que Charles Darwin casou-se com Emma Wedgwood e que tenham tido dez filhos. Os falantes de português usualmente consideram a sentença precedente como indicando que o casamento ocorreu antes do nascimento das crianças (como se 'e' pudesse ser lido como 'e, então,'). Sob o ponto de vista da lógica, essa sentença não diz nada de diferente do que seria dito caso tivéssemos escrito que Charles Darwin e Emma Wedgwood tiveram dez filhos e se casaram.

Podemos fixar o sentido de '&', ao menos para fins lógicos? Esta é uma pergunta mais traiçoeira do que parece à primeira vista: as questões sobre o sentido dos conectivos são realmente difíceis de se determinar, como veremos mais tarde neste capítulo. Por enquanto, iremos considerar apenas as tabelas de verdade (ver Caixa de Texto 1 deste capítulo) como o que estabelece o modo como usamos os conectivos com o propósito de definir o que seja consequência lógica. De acordo com as tabelas, 'A ⊃ B' segue-se logicamente de '~A v B' e '~A v B' segue-se logicamente de 'A ⊃ B'. Por quê? Porque cada uma dessas expressões é verdadeira ou falsa exatamente sob as mesmas condições. Tome 'A ⊃ B' e suponha, por exemplo, que 'A' é falsa. De acordo com a tabela para '⊃', nesse caso 'A ⊃ B' será verdadeira. Agora pense em '~A v B' no que diz respeito ao mesmo caso (em que 'A' é falsa). Ora, '~A' será verdadeira (a negação inverte o valor de verdade) e, portanto, '~A v B' será igualmente verdadeira (confira as tabelas, se você não acredita). Você pode examinar os outros casos por conta própria. A maneira pela qual definimos os conectivos garante, de modo claro, que '~A v B' seja consequência lógica de 'A ⊃ B' e vice-versa. Do mesmo modo, dadas nossas definições das condições sob as quais as expressões construídas com '&' são verdadeiras ou falsas, 'B' é uma consequência lógica de 'A & B', na medida em que a verdade deste último garante a verdade do primeiro.

Quem quer que se recuse a aceitar que um dos componentes da conjunção é verdadeiro depois de ter aceito que a conjunção é verdadeira estaria falando uma versão muito atípica do português e usando 'e' em um sentido estranho. Naturalmente, as pessoas algumas vezes usam 'e' para significar 'e, então,'. Quando fazem isso, acrescentam algo extra à concepção lógica do 'e'. Elas não estão, de modo algum, duvidando do fato de que de 'A & B' segue-se que 'A' seja verdadeiro e que 'B' seja verdadeiro. Para visualizar o problema de buscar o sentido lógico fundamental da conjunção, imagine Dick tentando apresentar a revolucionária concepção segundo a qual a verdade da conjunção não garante a verdade de cada um dos componentes da conjunção. Como essa nova concepção poderia ser formulada? Dick propõe: 'quando "A&B" é verdadeira, não se segue logicamente que tanto "A" quanto "B" sejam, separadamente, verdadeiras'. Ora, a tentativa não funciona. Dick acaba de usar 'e' ao construir sua suposta concepção revolucionária e a versão de 'e' que usou é a versão verifuncional!

Sem se deixar abater facilmente, Dick tenta mais uma vez. Desta vez, ele diz: 'O que quero dizer é que é possível para "A&B" ser verdadeira enquanto "A" é falsa". Isto parece uma sugestão mais inteligente até que perguntemos o que significa 'enquanto'. Em situações normais, se lhe dizem que Samantha esperou enquanto John fazia compras, isso significa que Samantha esperou e que John fez compras e, mais ainda, que o esperar ocorreu ao mesmo tempo que o fazer compras. Expressões como 'enquanto' e 'ao mesmo tempo' são normalmente usadas em contextos nos quais não há nenhuma possibilidade de se referir ao tempo. Os objetos matemáticos, por exemplo, não possuem relações causais ou temporais com nada. Números não ficam esperando enquanto seus parceiros fazem compras. Ainda assim, um professor pode dizer à sua turma: 'Dois é um número par e, ao mesmo tempo, um número primo', onde o uso de 'ao mesmo tempo' visa a chamar a atenção para a conjunção dos dois fatos: que dois seja tanto par quanto primo. Mesmo nesse caso, não há escapatória para o 'e' em seu sentido conjuntivo. Portanto, isso mostra que a lógica não ensina, ao iniciante, o sentido ou o conteúdo de palavras como 'e', 'se', 'ou' e 'não' em outros termos que possam ser definidos independentemente dessas palavras. Ao contrário, parece que o aprendiz já deve compreender o sentido de 'e', etc., para poder fazer lógica![4]

2.3 DEDUÇÕES

Uma das ambições dos sistemas da lógica de primeira ordem consiste em encontrar regras ou esquemas, cujo uso repetido permitirá derivar uma fórmula lógica de outra ou de muitas outras e derivar estas de outras mais e assim por diante. Em cada caso, a fórmula derivada ou deduzida precisa ser uma consequência lógica das fórmulas das quais é derivada. Essa é uma coisa fácil de fazer. Pense mais uma vez sobre:

(MP) A ⊃ B, A ⊢ B

Usamos '⊢' como um símbolo para mostrar que qualquer fórmula situada à direita do símbolo segue-se de qualquer fórmula ou fórmulas situadas à sua esquerda. Sendo dado 'p ⊃ q' e sendo dado 'p', a regra do MP nos permite deduzir 'q'. Ou, sendo dado '(r & p) ⊃ (s v q)' e sendo dado 'r & p', deduzir 's v q'. Ora, usando repetidas vezes a regra do MP, é fácil provar que:

r ⊃ s, s ⊃ t, r ⊢ t

Tentemos apresentar a prova de maneira sistemática. Primeiramente, listamos as suposições na ordem dada no argumento.

(1) r ⊃ s
(2) s ⊃ t
(3) r

Efetivamente, uma vez que a intenção de um sistema de provas é pôr no papel o que é autorizado pelas regras do sistema, devemos ter uma regra que diga que podemos fazer suposições sempre que quisermos. Em sua forma mais liberal, tal regra pode ser enunciada assim: *suponha qualquer fórmula bem formada a qualquer momento no decorrer de uma prova*. Estamos dando as premissas de um argumento, portanto podemos 'supô-las', e podemos precisar fazer algumas suposições adicionais para deduzir a conclusão. Isso é perfeitamente correto, desde que mantenhamos seu rastro, para que, no final da prova, possamos visualizar exatamente que proposições foram necessárias para a dedução da conclusão. Se chamarmos a regra das suposições de 'A', então podemos usar esta regra e anotar as premissas supostas da seguinte maneira:

(1) r ⊃ s   A
(2) s ⊃ t   A
(3) r   A

O que fazer em seguida? Das linhas (1) e (3), utilizando a regra do MP, podemos deduzir algo, a saber 's'. Portanto, anotemos isso:

(1) r ⊃ s   A
(2) s ⊃ t   A
(3) r   A
(4) s   1, 3 MP

Ao escrever a prova desta maneira, apenas indicamos, do lado direito, que estamos tomando as fórmulas já introduzidas nas linhas (1) e (3) como instâncias das premissas que devem ser dadas para poder derivar 's' como resultado. Mas, agora, temos 's ⊃ t' na linha (2) e o próprio 's' na linha (4), portanto, podemos repetir o uso do MP, desta vez tomando estas premissas como ponto de partida para aplicação da regra.

(1) r ⊃ s   A
(2) s ⊃ t   A
(3) r   A
(4) s   1, 3 MP
(5) t   2, 4 MP

Agora, temos quase a prova de 't' a partir das premissas iniciais introduzidas nas linhas (1) e (2). Quase, por quê? Em um caso simples como este, está claro que o MP foi aplicado duas vezes seguidas para que obtivéssemos a conclusão a partir das premissas. Em casos mais complexos, como foi mencionado, é essencial dispor de um procedimento para rastrear as suposições empregadas em cada estágio de uma prova. Deste modo, o leitor pode facilmente verificar o que é provado por cada linha da prova, isto é, o que está sendo deduzido do quê. Em sistema de prova completamente simbolizado, então, um método de rastreamento de suposições precisa ser elaborado: isso é, sob o ponto de vista lógico, mais importante que as anotações feitas do lado direito, que são, em geral, dispensadas depois que as regras do sistema foram aprendidas.

Uma convenção padrão consiste em escrever, à esquerda no número da linha, o número de todas as suposições das quais depende a fórmula que ocorre naquela linha. Se a fórmula que ocorre na linha é uma suposição, então aparecerá que ela depende apenas de si mesma. Aqui está a mesma prova com o número das suposições inserido em negrito:

1   (1)   r ⊃ s   A
2   (2)   s ⊃ t   A
3   (3)   r   A
1,3   (4)   s   1, 3 MP
1,2,3   (5)   t   2, 4 MP

Cada uma das três primeiras fórmulas aparece como dependendo apenas de si mesmas. A fórmula escrita na linha (4) é derivada das fórmulas das linhas (1) e (3) a partir da regra do MP, portanto, as dependências dessa linha mostram as fórmulas (1) e (3). Por fim, a fórmula na linha (5) é derivada, a partir da regra do MP, das fórmulas das linhas (2) e (4). Uma vez que a fórmula da linha (4), por sua vez, depende das fórmulas das linhas (1) e (3), a fórmula da linha (5) depende, portanto, das fórmulas das linhas (1), (2) e (3) – em particular, as três premissas a partir das quais a conclusão deve ser provada.

Uma prova, neste tipo de sistema de dedução natural, é uma sequência de fórmulas, na qual cada fórmula segue-se, por uma regra, das anteriores. Mais precisamente, uma prova de uma fórmula qualquer ϕ a partir de um número [qualquer] de premissas, A_1, A_2, A_3,... e assim por diante, é uma sequência finita de fórmulas, em que ϕ é o último item desta sequência e cada item que o precede na sequência ou é uma suposição ou segue-se de itens precedentes na sequência por intermédio de uma das regras da dedução natural. Considere a linha (4) da prova acima:

1,3   (4) s   1,3 MP

Ela afirma que 's' é derivável das fórmulas (1) e (3). Do lado direito, mostramos que a regra em questão é o MP, mas esta "peça de administração doméstica" é logicamente dispensável. Uma vez que 's' segue-se efetivamente das fórmulas (1) e (3) pela regra do MP, este é um caso em que temos uma prova de 's' de acordo com a definição que acabamos de apresentar. Provas consistem em provas: escrever uma prova significa começar com uma prova e, então, trabalhar sobre ela para construir uma outra prova, que deve servir para construir uma outra prova, até que o resultado desejado seja alcançado.

Suponha agora que ϕ é uma única fórmula que é uma consequência lógica das fórmulas A_1, A_2, A_3,... Existe um conjunto simples de regras tal que, se o aplicamos repetidamente, podemos provar ϕ de A_1, A_2, A_3,...? A resposta é 'sim'. Todos os sistemas padrão de dedução natural, efetivamente, especificam um pequeno conjunto de regras básicas que possui esta extraordinária característica: em todos os casos em que uma fórmula é consequência lógica de algum grupo (talvez vazio) de fórmulas, existe uma prova desta fórmula a partir deste grupo que usa apenas as regras do conjunto básico do sistema. É fácil de ver por que esta característica é chamada de *completude*. Quando provamos que um sistema de lógica é completo neste sentido, estamos provando algo *a respeito do* sistema lógico e, por conseguinte, estamos fazendo *metalógica*.

Pode também ser estabelecido, por uma prova metalógica, que as fórmulas que podem ser provadas pelas regras básicas de um sistema padrão de dedução natural são *apenas* as que são consequências lógicas das suposições a partir das quais são deduzidas. Este segundo resultado, a consistência dos sistemas de dedução natural, quando combinado ao resultado da completude, proporciona uma recompensa muito satisfatória. Sempre que uma fórmula ϕ puder ser provada pelas regras de um sistema de dedução natural a partir de um grupo de fórmulas A_1, A_2, A_3,..., ϕ será uma consequência lógica de A_1, A_2, A_3,... e vice-versa.

2.4 O *MODUS PONENS* PROVA ALGUMA COISA?

Anteriormente, encontramos um elegante sistema de prova que utilizamos para tratar de um problema em certo sentido semelhante àquele sobre o conteúdo de 'e'. Parece que as regras lógicas não nos dão uma compreensão independente do sentido das regras de inferência tais como o MP; em vez disso, você precisa já estar disposto a aceitar a validade de certas inferências que são casos do MP, antes de poder dizer que compreendeu a própria regra do MP. Colocado de maneira mais dramática, a regra do MP não é apenas uma convenção sobre a inferência, uma entre muitas das quais diferentes argumentadores poderiam legitimamente discordar. Ao contrário, ela formaliza nossa compreensão preexistente de consequência lógica.

Para perceber isso, pergunte-se a si mesmo se seria possível convencer alguém que duvida a aceitar o MP. A exploração mais simpática desta questão foi levada a cabo no final do século XIX, por Lewis Carroll, e já foi mencionada no Capítulo 1.[5] Carroll imagina uma conversa entre Aquiles e a tartaruga – duas personagens de um dos paradoxos de Zenão.[6] A tartaruga começa citando apenas dois passos de um raciocínio elaborado, por Euclides, na primeira proposição dos *The elements of geometry*:[a]

(A) Coisas que são iguais ao mesmo são iguais entre si.
(B) Os dois lados deste triângulo são coisas que são iguais ao mesmo
(Z) Os dois lados deste triângulo são iguais entre si

"Os leitores de Euclides irão garantir", diz a tartaruga, "que Z segue-se logicamente de A e B, de modo que quem aceitar que A e B são verdadeiras, *deve* aceitar que Z é verdadeira". Aquiles concorda. Em seguida, a tartaruga, maliciosamente, chama a atenção para o fato de que algumas pessoas poderiam dizer que aceitam que Z segue-se logicamente de A e B, mas têm algumas dúvidas quanto a aceitar A e B. Mais ainda, algumas pessoas – as que

---

[a] N. de T. Obra fundamental da Geometria, produzida pelo matemático, Euclides de Alexandria (360 a.C. – 295 a.C.). Para uma edição em português, ver Euclides (1945). *Elementos de geometria*. São Paulo: Cultura.

não são muito boas em raciocínios lógicos nem matemáticos – poderiam aceitar que A e B são verdadeiras, mas duvidar de que a transição de A e B, como premissas, a Z, como conclusão.

O segundo caso é enganador e, por não questioná-lo, o pobre guerreiro cai na armadilha da tartaruga. De acordo com a tartaruga, alguém poderia aceitar A e B, mas não:

(C) Se A e B são verdadeiras, então Z deve ser verdadeira.

Aquiles, nesse momento, está confuso quanto à razão pela qual o enunciado (Z) não está rotulado como '(D)'. "Se você aceita A e B e C", ele exclama, "você *deve* aceitar Z!" Mas a tartaruga hesita: "Se A e B e C são verdadeiras, Z *deve* ser verdadeira", ela murmura pensativa. "Esta é uma *outra* hipótese, não é?", ela pergunta. "E, se não consegui ver sua verdade, eu poderia aceitar A e B e C e *ainda* não aceitar Z, não poderia?" Diante deste disparate, o que diz Aquiles? Ele confirma que a tartaruga poderia hesitar dessa maneira e, por conseguinte, ele precisa acrescentar outra premissa ao argumento, a saber:

(D) Se A e B e C são verdadeiras, então Z deve ser verdadeira.

Aquiles não é muito brilhante e o que, provavelmente, é óbvio para você ainda não foi percebido por ele, a saber, que demos início a um regresso ao infinito. Mais ainda, neste regresso, uma versão do MP irá aparecer repetidas vezes. Se existem pessoas que realmente não entendem o MP e não estão dispostas a raciocinar de acordo com ele, nenhuma repetição, por mais longa que seja, irá explicar-lhes a validade do MP em uma inferência.[7]

Podemos, agora, apresentar um modo de escapar ao regresso gerado pelo enigma de Carroll. Como se isso fosse reforçar o argumento que conduz de A e de B a Z, a tartaruga consegue que Aquiles escreva o seguinte:

(C) Se A e B são verdadeiras, então Z deve ser verdadeira.

Ao fazer isso, a tartaruga dá a entender que o argumento original tem uma premissa que falta, a saber C. Se ela está certa, então o argumento que conduz de A, de B e de C a Z será um argumento melhor do que o argumento que conduz de A e de B à conclusão Z. Por conseguinte, podemos nos perguntar agora se acrescentar C daria, a uma pessoa competente em lógica, uma boa razão para crer em Z, dado que esta pessoa já acredita em A e em B. Uma vez colocada a questão, é fácil ver que a tartaruga não está acrescentando absolutamente nada a mais.[8] Pois as premissas existentes já fornecem, a uma pessoa competente em lógica, boas razões para acreditar em Z com base na crença em A e em B. Acrescentar C não dá, a uma pessoa competente em lógica, nenhuma razão melhor para acreditar em Z. O truque da tartaruga consistia em fazer a própria regra da inferência aparecer como uma razão suplementar para a aceitação da conclusão e Aquiles, por não ter percebido esta manobra, foi condenado a adicionar infinitamente cada vez mais "premissas" do mesmo tipo ao argumento.

Já vimos, no caso do argumento de McGee no Capítulo 1, que podem existir falácias do raciocin*ar* mesmo diante de argumentos perfeitamente válidos. O que a tartaruga fez foi enganar Aquiles para que ele não pudesse defender uma inferência perfeitamente apropriada, e ela o fez insistindo que algumas pessoas poderiam não ser capazes de raciocinar (isto é, fazer a inferência) a partir das premissas à conclusão. Claro que existem tais pessoas, mas, antes de mais nada, não serão pessoas competentes em lógica. Não é surpreendente que estas pessoas a quem falta competência lógica não considerem que acreditar nas premissas de um argumento válido seja uma boa razão para acreditar na conclusão. A tartaruga não pôs em dúvida a validade da inferência original, mas, em vez disso, mostrou algo diferente: que algum grau de competência em lógica é necessário antes de começarmos a formar inferências. Estudar lógica pode, naturalmente, aperfeiçoar a competência inicial de alguém, mas não pode ajudar em nada aqueles que, de início, são logicamente incompetentes.[9]

A competência em lógica, como acaba de ser definida, não resolve todos os problemas. Não nos ajuda, por exemplo, a escapar do embaraçoso argumento de McGee, que foi discutido no Capítulo 1:

>(1) Se um republicano vencer a eleição, então, se não for Reagan, Anderson será o vencedor.
>(2) Um republicano irá vencer a eleição.
>(3) Se não for Reagan, Anderson será o vencedor.

Este argumento parece ter a seguinte forma:

$R \supset (\sim G \supset A), R \vdash \sim G \supset A$

Assim formalizado, a informação extra que dá lugar ao embaraço não está presente no argumento: Reagan estava na frente tanto de Carter quanto de Anderson e Anderson estava tão fora da disputa que, se Reagan não vencesse, então Carter – e não Anderson – teria vencido. Mas Reagan e Anderson eram candidatos republicanos, ao passo que Carter era um democrata. Completando o argumento com algumas das informações que estavam faltando – como foi feito no Capítulo 1, ele fica assim:

(1) Se Reagan ou Anderson vencer a eleição, então, se não for Reagan, Anderson será o vencedor.
(2) Reagan ou Anderson irá vencer a eleição.
(3) Se não for Reagan, Anderson será o vencedor.

Este novo argumento é realmente estranho. A primeira premissa, de fato, não acrescenta nada ao argumento, pois ela é simbolizada assim:

(1) $(R \lor A) \supset (\sim R \supset A)$

Assim como cada um dos passos que a tartaruga impingiu a Aquiles como supostamente faltantes, essa premissa não tem serventia, pois ela simplesmente enuncia uma verdade lógica. (Para perceber isso, observe que '$\sim R \supset A$' é uma verifuncionalmente equivalente a '$R \lor A$', por conseguinte, a premissa não diz nada além de: '$(R \lor A) \supset (\sim R \lor A)$'.) Quando removemos a primeira premissa, o argumento se reduz a:

$R \lor A \vdash \sim R \supset A$

Este argumento é certamente válido, pois a premissa e a conclusão são equivalentes uma à outra. Mas o senso comum não concorda. Se Reagan não tivesse vencido, teria sido Carter e não Anderson que teria vencido. Como a lógica pode legitimar uma conclusão tão evidentemente equivocada?

A dificuldade consiste em que o que torna verdadeiro dizer que Reagan ou Anderson teriam vencido é que Reagan estava muito à frente nas pesquisas e ia, de fato, vencer a eleição. Efetivamente, sempre que 'A' for verdadeira, será verdadeiro que 'A v B', tendo em vista, apenas, a tabela de verdade de 'v'. Portanto, 'A v B' é uma consequência lógica de 'A'. Paralelamente a este fato relativo à consequência, há uma regra encontrada em todos os sistemas de lógica clássica que autoriza a inferência de 'A' à 'A v B'. Mas, agora, como foi visto no exemplo anterior sobre Lance Armstrong, se 'A' é tomada como uma premissa e, então, supomos que 'A' é falsa, então disso seguir-se-á B. O argumento é simples:

1	(1)	A	Suposição
1	(2)	A v B	2, RI v (comumente chamada de 'Regra de Introdução da Disjunção')
3	(3)	~A	Suposição
1,3	(4)	B	2,3 SD (regra chamada de 'Silogismo Disjuntivo' ou, algumas vezes, de *MPT* – '*modus ponendo tollens*',[a] seu nome medieval)

---

[a] N. de T. Expressão em latim no original, que significa 'modo que, afirmando, nega', ou seja, o modo argumentativo que extrai uma conclusão negativa a partir de uma premissa condicional e de uma premissa negativa. Esta expressão foi mantida também por ser tradicionalmente utilizada em sua forma latina nos livros, artigos e cursos de lógica.

Observe que não há nenhuma suposição que introduza o 'novo' elemento, 'B', no argumento acima. A única suposição feita no argumento é que tanto 'A' quanto '~A' são ambas verdadeiras. É desta contradição que, aparentemente, segue-se que 'B' seja verdadeira, sem importar qual seja a fórmula ou sentença simbolizada por 'B'. Portanto, podemos ver agora como a lógica assegura que Anderson esteja envolvido na conclusão do argumento de McGee sem que jamais tenha estado envolvido na disputa.

Como este resultado surpreendente adequa-se à noção de que uma inferência válida preserva a verdade – que a verdade da premissa ou das premissas garantem a verdade da conclusão? Parece que temos um caso muito especial – no qual a falsidade garantida das premissas (elas se contradizem uma à outra) garante a verdade da conclusão. Este resultado preocupou os lógicos por séculos, e o examinaremos com mais detalhe no Capítulo 6. Dentre os teóricos contemporâneos, alguns lógicos – os *intuicionistas* – rejeitaram a regra clássica da Introdução da Disjunção, enquanto outros – os defensores da *lógica relevante* – proíbem sentenças ou fórmulas que ocorram na conclusão do argumento a menos que ocorram em uma ou mais suposições (em outras palavras, a conclusão deve serguir-se de modo relevante das premissas). Para a lógica clássica, no entanto, uma vez que ϕ é uma consequência lógica da sequência $A_1, A_2, A_3,...$ desde que não haja nenhum caso em que $A_1, A_2, A_3,...$ sejam todas verdadeiras e ϕ falsa, podemos sempre estar certos de termos um argumento válido tornando contraditórias suas premissas. Pois, então, não há nenhuma chance da(s) premissa(s) ser(em) verdadeira(s) quando a conclusão for falsa.

Tendo em vista o modo como o conectivo em gancho, '⊃', foi definido, é sempre o caso que, quando o seguinte argumento é válido:

A ⊦ B

então a condicional

A ⊃ B

expressa uma verdade lógica (e vice-versa). O que corresponde à extravagante inferência de 'A' e '~A' a 'B' é a estranha verdade lógica '(A & ~A) ⊃ B'.

Uma definição satisfatória de uma verdade lógica – como vimos anteriormente – pode ser dada em termos da relação de consequência lógica: as fórmulas e sentenças que são consequências lógicas de absolutamente nenhuma suposição são verdades lógicas. A notação mais clara para evidenciar isso consiste em escrever:

⊦ A ⊃ B

para mostrar que 'A ⊃ B' é uma verdade lógica. No entanto, os modos de notar[a] verdades lógicas não são tão fascinantes quanto os enigmas relacionados à questão de saber o que conta como uma verdade lógica e se devem ser consideradas fórmulas e sentenças que são verdadeiras em função do sentido das constantes lógicas. Voltaremos a este tópico no final do capítulo, mas antes iremos esboçar brevemente alguns detalhes suplementares relativos a como se apresenta um sistema de lógica de primeira ordem.

2.5 NOMES, QUANTIFICADORES E VARIÁVEIS

Quando examinamos mais profundamente a estrutura das sentenças, o poder da lógica em revelar inferências válidas e proposições verdadeiras amplia-se muito. Bert é solteiro e nenhum homem solteiro tem uma esposa. Portanto, Bert não tem uma esposa. Por mais simples que seja este argumento, sua estrutura e sua validade não podem ser reveladas pela notação desenvolvida até aqui. Precisamos trazer à tona aspectos mais estruturais da linguagem. Mais especificamente, precisamos da habilidade de representar coisas particulares e suas propriedades por intermédio de nossas notações lógicas. Podemos nos referir a Bert dando-lhe um nome – um que funcione precisamente como o nome 'Bert' na língua à qual pertence. Desse modo, podemos começar a simbolizar o argumento acima escrevendo:

b é solteiro
Nenhum homem solteiro tem uma esposa.
Logo, *b* não tem uma esposa.

Aqui, estamos usando o símbolo '*b*' para desempenhar precisamente o mesmo papel que o nome 'Bert', ou seja, para nos referirmos especificamente a uma pessoa, a saber Bert. Se dispuséssemos de uma maneira de representar as propriedades de ser solteiro e de ter uma esposa – digamos, usando as letras maiúsculas 'F' e 'G' para representar, respectivamente, a propriedade de ser solteiro e a propriedade de ter uma esposa – ainda assim não conseguiríamos simbolizar formalmente a totalidade do argumento, pois teríamos:

F*b*
Nenhuma pessoa que é F é também G.
Logo, ~G*b*

---

[a] N. de T. Embora o verbo 'notar' possua em português mais de um sentido, é mais comumente usado com o sentido de 'observar', 'ver'. No entanto, no contexto da lógica formal é utilizado com o sentido de 'escrever', 'anotar'.

Observe que invertemos a ordem normal das palavras em português na primeira premissa. 'Bert é solteiro' converteu-se, em sua versão lógica, em 'É solteiro Bert'. A maioria das notações em lógica clássica opera essa inversão e estamos apenas fazendo o mesmo; contudo, não há nada em particular que dependa da ordem dos símbolos.

Para compreender como a segunda premissa é normalmente simbolizada, duas novas ideias são úteis: a noção de *sentença aberta* e uma notação referente a *quantificadores* e *variáveis*. A primeira é uma ideia realmente simples. Pense em uma sentença que contenha um nome próprio e que seja ou verdadeira ou falsa; por exemplo, 'Laurence escreveu parte deste livro'. Agora, retire o nome próprio 'Laurence' e o substitua por uma letra que marque a lacuna onde estava o nome: 'x escreveu parte deste livro'. Apesar da sentença sobre Laurence ser verdadeira, a sentença aberta 'x escreveu parte deste livro' é verdadeira em relação a algumas pessoas e falsa em relação a outras. É verdade, em relação a Max, que ele escreveu parte deste livro e também é verdade, em relação a Joe, que ele escreveu parte deste livro. Portanto, se substituirmos a letra 'x' pelo nome 'Max', ou pelo nome 'Joe', obtemos uma sentença fechada verdadeira, ao passo que, se substituirmos a letra 'x' pelo nome 'Chad', obtemos uma sentença fechada falsa. Uma sentença aberta pode ser verdadeira ou falsa sobre algumas coisas, ou mesmo não ser verdadeira em relação a absolutamente nada (como a sentença 'x é completamente redondo e quadrado ao mesmo tempo').

Realizar a substituição da variável 'x' por um nome é somente uma das possibilidades de fechar uma sentença aberta. Considere a seguinte sentença fechada verdadeira: 'Uma coisa escreveu uma parte deste livro'. Utilizando um símbolo especial para representar um quantificador cujo sentido é 'existe ao menos uma coisa, x, tal que...' e é abreviado por '∃x', podemos escrevê-la assim:

(∃x) (x escreveu uma parte deste livro)

Lemos isto da seguinte forma: 'há ao menos uma coisa x tal que x escreveu uma parte deste livro'; ou, de modo mais breve: 'para algum x, x escreveu uma parte deste livro.' Se a sentença aberta 'x escreveu uma parte deste livro' for verdadeira em relação a pelo menos uma coisa no universo,[a] então a sentença fechada (∃x) (x escreveu uma parte deste livro) será verdadeira.

Max, Joe e Laurence não são apenas coisas, são também pessoas. Se considerarmos a seguinte conjunção de duas sentenças abertas:

---

[a] N. de T. O termo 'universo' está sendo utilizado aqui em um sentido bastante preciso e algo distinto do que usualmente lhe atribuímos. Tal como usado nessa passagem, e como é recorrente em lógica moderna, este termo designa o conjunto das coisas a serem representadas pelas variáveis.

> x é uma pessoa & x escreveu uma parte deste livro

então, poderemos fechá-la da mesmo maneira:

> (∃x) (x é uma pessoa & x escreveu uma parte deste livro)

Se a sentença aberta que expressa uma conjunção for verdadeira em relação a pelo menos uma coisa, então esta última sentença será verdadeira. Os parênteses têm sido usados para indicar que a mesma variável 'x' é ligada ao quantificador '∃' em todos os lugares em que ela ocorre na sentença. A sentença simbolizada acima é lida do seguinte modo: 'para algum x, x é uma pessoa e x (exatamente a mesma coisa) escreveu uma parte deste livro'. Diferentemente, a seguinte sentença:

> (∃x) (x é uma pessoa) & x escreveu uma parte deste livro

é aberta e, portanto, não é verdadeira nem falsa. Esta última sentença é lida assim em português:

> Há pelo menos uma pessoa e x escreveu uma parte deste livro.

Ou, de forma mais literal:

> (Em relação a pelo menos uma coisa qualquer x, x é uma pessoa) e x escreveu uma parte deste livro.

Aqui, os parênteses mostram que o quantificador 'pelo menos uma' não incide sobre a ocorrência final da variável 'x'. Há uma maneira mais eficiente de falar sobre isso. Chamemos a sentença mais curta, que vem depois da expressão composta pelo quantificador + variável, de *escopo* desta expressão. A variável que está acoplada ao quantificador apenas incide sobre – ou *liga* – as instâncias desta variável que ocorrem no interior do escopo da expressão original composta pelo quantificador + variável.

Nosso quantificador '∃' é muito eloquente quando associado à negação. Considere 'F' e 'G' como representando, respectivamente, as propriedades de ser um sapo e de ser verde. Para representar 'alguns sapos são verdes', ou 'ao menos um sapo é verde', escrevemos apenas:

> (∃x) (Fx & Gx)

Agora, você percebe o que significa a sentença abaixo?

> (∃x) (Fx & ~Gx)

Ela afirma que há ao menos uma coisa que é sapo e que não é verde; em outras palavras: que alguns sapos não são verdes. No entanto, se quisermos expressar a afirmação de que nenhum sapo é verde, podemos simplesmente colocar a negação onde ela possui um escopo maior, a saber:

~(∃x) (Fx & Gx)

Esta sentença afirma que é falso que haja pelo menos um sapo verde; em outras palavras, ela expressa o pensamento: nenhum sapo é verde.

Isso posto, estamos em posição de simbolizar o argumento sobre Bert da seguinte maneira, lembrando, desta vez, de ler 'F' como significando 'é solteiro' e 'G' como 'ter uma esposa':

Fb
~(∃x) (Fx & Gx)
~Gb

A formulação da segunda premissa diz que nenhuma coisa é solteira e tem uma esposa. Para exprimir a afirmação de que nenhum homem é solteiro e tem uma esposa, precisamos especificar um pouco mais, escrevendo:

~(∃x) (Mx & Fx & Gx)

onde 'Mx' é lido como 'x é um homem'.

Por conveniência, os textos de lógica usualmente introduzem um quantificador adicional, ' ∀ ...' para representar 'Todas as coisas... são tais que...', ou ainda, 'Cada... é tal que...', ou apenas 'Para todo. .'. O materialismo é a filosofia que afirma que todas as coisas são materiais. Utilizando 'Mx' para representar 'x é material', podemos simbolizar a afirmação central dos materialistas da seguinte maneira:

(∀x) (Mx)

Enquanto o quantificador '∃' é normalmente utilizado à frente de sentenças complexas que contêm '&' como seu principal conectivo, o quantificador universal ' ∀ ' possui uma afinidade com o conectivo '⊃'. A afirmação de que todos os sapos são verdes, seria simbolizada assim:

(∀x) (Fx ⊃ Gx)

E por que não usar '(∀x) (Fx & Gx)'? '(∀ x) (Fx & Gx)' é verdadeira desde que a sentença aberta '(Fx & Gx)' seja verdadeira em relação a todas as coisas no universo. Mas é totalmente falso que todas as coisas no universo sejam, tanto sapos quanto verdes! Por contraste, pense na sentença 'se x é um sapo, então x é verde'. Ela é satisfeita por uma coisa desde que esta coisa seja verde se for um sapo. O fechamento universal desta sentença é lido assim: 'Para qualquer coisa, x, se x é um sapo, então x é verde'. Não se trata de uma tradução perfeita, mas é muito mais plausível do que a interpretação que recorre à conjunção. Suponha agora que, infelizmente, o universo não contenha nenhum sapo. Em tal universo, desde que contenha alguma coisa, seria verdadeiro em relação a todas as coisas e de cada uma delas que, se ela é um sapo, então é verde (lembre-se que a tabela de verdade de 'A ⊃ B' confere à condicional o valor verdadeiro todas as vezes que o antecedente for falso). Em um universo desprovido de sapos, nossa afirmação universal de que todos os sapos são verdes revela-se verdadeira (e também é verdadeira em um universo no qual todos os sapos sejam cinza, sejam marrom e no qual todos sejam também trens de metrô). Esta tese estranha será melhor discutida mais adiante, juntamente com outros problemas sobre o sentido do operador '⊃' (ver Capítulo 6)

No universo em que habitamos, existem sapos. Portanto, a forma da condicional universal parece dar uma explicação bastante boa do que queremos dizer quando afirmamos que todos os sapos são verdes: para refutar esta afirmação, precisamos apenas encontrar ao menos uma coisa que seja um sapo e não seja verde. Com efeito, a afirmação formalizada '(∃x) (Fx & ~Gx)' contradiz explicitamente a afirmação '(∀x) (Fx ⊃ Gx)'. Portanto, escrever '~(∃x) (Fx & ~Gx)' é somente uma outra maneira de dizer a mesma coisa que '(∀x) (Fx ⊃ Gx)', ao passo que escrever '~(∀x) (Fx ⊃ Gx)' é somente uma outra maneira de exprimir a mesma coisa que '(∃x) (Fx & ~Gx)'. Você perceberá agora por que razão dispor tanto do quantificador universal, quanto do quantificador existencial é uma extravagância: em teoria, se dispomos da negação e de outros conectivos verifuncionais, podemos expressar todas as verdades universais e particulares que quisermos simplesmente recorrendo a um dos quantificadores. Diga-se de passagem que é uma extravagância termos tantos conectivos verifuncionais, pois não precisamos de todos. Por exemplo, poderíamos, se quiséssemos, dispensar o '⊃', porque '~A v B' tem exatamente as mesmas condições de verdade que 'A ⊃ B'.

2.6 IDENTIDADE

Um sistema completo de lógica elementar possui comumente um outro componente além dos dispositivos notacionais introduzidos até agora. Para formalizar afirmações numéricas e expressar outros trechos de raciocínios válidos cotidianos, é útil contar com um símbolo para a identidade. Suponha que Max é mais bonito do que qualquer outro homem. Podemos expressar isto dizendo que Max é mais bonito do que qualquer homem que não seja idêntico a Max. A identidade, neste sentido, é mais do que similaridade. Em nosso discurso cotidiano, falamos de 'gêmeos idênticos' para nos referirmos a gêmeos que são geneticamente os mesmos, embora sejam pessoas diferentes, ainda que extremamente similares. Para tais gêmeos, o que é *idêntico*, em sentido lógico, é a estrutura de seu DNA e não seus corpos, seus rostos ou sua localização. No sentido estrito de identidade, a expressão '4 + 5' nomeia exatamente o mesmo número que aquele nomeado pela expressão '12 - 3', a saber, o número 9. Do mesmo modo, depois que se descobriu que a "estrela" que vemos no oeste ao entardecer é o mesmo planeta (no caso, Vênus) que vemos frequentemente no leste ao amanhecer, tornou-se claro que a estrela da tarde é idêntica à estrela da manhã. Se usarmos 'e' como um nome para a estrela da tarde e 'm' como um nome para a estrela da manhã, esta identidade pode ser simbolizada por 'e = m'.

É muito fácil acrescentar as regras para a identidade a um sistema de lógica formal, pois existem somente dois princípios a considerar. Um deles é que cada coisa é idêntica a si mesma (em símbolos: $\forall x (x = x)$). O outro princípio é que se 'a = b', então qualquer predicado que seja verdadeiro de a, também é verdadeiro de b. Suponha que 'Max' e 'Dr. Deutsch' sejam nomes de uma só e mesma pessoa. Então, uma vez que é verdade que 'Max = Dr. Deutsch' e que também é verdade que Max escreveu o Capítulo 4 deste livro, segue-se que o Dr. Deutsch escreveu o Capítulo 4 deste livro. Como será visto no Capítulo 4, a identidade está associada a uma série de enigmas relacionados aos nomes e, como será visto no Capítulo 5, estes enigmas estão também ligados a uma série de problemas relacionados à modalidade, isto é, às noções de necessidade e de possibilidade. As últimas duas ou três décadas de trabalhos sobre a identidade, os nomes, a necessidade e a verdade revolucionaram muitos aspectos da filosofia muito além do campo da lógica formal. As ideias de mundos possíveis e de necessidade,[a] que serão introduzidas nos próximos dois capítulos, têm – como veremos – implicações até mesmo para aquilo que os pensadores contemporâneos acreditam ser a natureza da própria filosofia e do estatuto das afirmações filosóficas.

2.7 INFERÊNCIA E SENTIDO

Ao longo deste capítulo, concentramo-nos em duas maneiras de pensar a relação de consequência: uma, em termos de verdade, e outra, em termos

---

[a] N. de T. Embora as noções de mundos possíveis e de necessidade tenham sido introduzidas no debate filosófico muito antes deste século, os autores referem-se nessa passagem a uma certa concepção destas noções, e dos problemas a que estão associadas, que foi elaborada no contexto de sua retomada ocorrida nas últimas décadas e inserida no interior do debate acerca da possibilidade de formalização dos conceitos modais. A este respeito, ver o Capítulo 5, seção 5.1.

de prova. Introduzimos, primeiramente, a noção de consequência lógica em termos da preservação de verdade na passagem da(s) premissa(s) à conclusão. Algumas vezes, esta concepção é considerada como uma noção semântica de consequência. A prova, ou a dedução, concebida como a manipulação de símbolos de acordo com regras forneceu uma segunda explicação para a noção de consequência: se ϕ pode ser derivado por dedução de A_1, A_2, A_3... e assim por diante, então ϕ é uma consequência lógica de A_1, A_2, A_3... etc. Esta concepção é algumas vezes chamada de noção sintática de consequência.[10] A consistência e a completude da lógica de primeira ordem garantem que ambas as formas de consequência coincidam.

Esta conexão estreita entre consequência semântica e consequência sintática significa que problemas e enigmas frequentemente aparecem duas vezes: como problemas semânticos, expressos em termos de verdade e, uma vez mais, como problemas sintáticos, expressos em termos de prova. Existem, contudo, também alguns benefícios. Poder-se-ia pensar que, uma vez que os lógicos estipularam tanto a maneira semântica de definir os conectivos (por tabelas de verdade), quanto suas regras de prova, não deveria haver muito a escolher entre diferentes modos de especificar o que significam as próprias constantes lógicas. Assim como muitos dos enigmas que vimos até aqui têm dois aspectos, um semântico e outro sintático, assim também o significado das constantes lógicas poderia ter dois aspectos. As verdades lógicas (e as deduções válidas) são verdadeiras (e válidas) em virtude do sentido das constantes lógicas. Portanto, talvez possamos especificar o sentido das constantes lógicas tanto por referência à sua função semântica, quanto à sua função sintática. Tendo em vista que ambas as funções são, até certo ponto, estipuladas por pessoas que pensaram por muito tempo e muito seriamente a respeito da lógica, não pareceria difícil levar a cabo as especificações requeridas.

Toda esperança nesse sentido, por mais viva que seja, é demasiadamente otimista. Um modo fácil, embora impreciso, de dizer o que são as constantes lógicas consiste em listá-las juntamente com uma breve explicação, tanto em termos semânticos, quanto sintáticos, da função que desempenham. Isto é o que tem sido feito neste capítulo até aqui. Para além disso, estaremos ameaçados de afundar em areia movediça. A história da lógica no século XX é a história de reiteradas confusões sobre o modo de lidar com a definição das constantes. Rudolph Carnap, de maneira bastante corajosa, arriscou a seguinte reflexão:

> Até agora, ao construir uma linguagem, o procedimento tem sido, primeiramente, atribuir um significado aos símbolos lógico-matemáticos fundamentais e, então, considerar quais as sentenças e inferências parecem corretas de acordo com este significado. (...) A conexão somente tornar-se-á clara quando

abordada em sentido contrário: deixe que quaisquer postulados e regras de inferência sejam escolhidos arbitrariamente e, então, esta escolha, qualquer que ela seja, irá determinar que significado deve ser atribuído aos símbolos lógicos fundamentais.[a11]

O que Carnap designa pela expressão "símbolos lógico-matemáticos fundamentais" são exatamente as constantes lógicas. Pense nas regras do tipo do MP como sendo, elas mesmas, uma parte da definição de prova: para que uma linha, ou sequência de linhas, seja uma prova, a fórmula que ocorre na linha deve seguir-se – por uma das regras de prova – das fórmulas listadas como suposições nesta linha. Em alguns sistemas padrão de dedução, existem apenas duas regras para cada conectivo lógico: aquela que o introduz e aquela que o elimina. Para introduzir o operador da conjunção, '&', por exemplo, existe uma regra segundo a qual de 'A' e de 'B' tomados separadamente segue-se logicamente 'A & B'. De acordo com a Regra de Eliminação da Conjunção, da conjunção 'A & B' segue-se logicamente 'A' e segue-se logicamente também 'B'. Sob o ponto de vista de um sistema de prova, estas duas regras nos dizem tudo o que o sistema exige do operador '&'. (Algumas pessoas, David Hilbert, por exemplo, argumentaram que somente as regras de introdução definem o sentido do operador '&'.) Para Carnap, tais regras – mesmo se escolhidas arbitrariamente – especificariam o sentido da conjunção no interior de um sistema dedutivo particular.

Um argumento muito simples mostra, aparentemente, que Carnap está errado a esse respeito. Existem dúzias (na realidade, uma infinidade) de maneiras de formular sentenças que são equivalentes a conjunções, condicionais e disjunções. Antes de mais nada, 'A ⊃ B' é equivalente a '~(A & ~B)' e a '~A v B', ao passo que 'A & B' é equivalente a '´~(~A v ~B) e a '~(A ⊃ ~B)'. Suponha que adotemos uma definição do conectivo 'et' que seja tal que 'A et B' seja equivalente a '~(A & ~B) & ~(~A & B) & ~(~A & ~B)'. Agora, 'et' assim definido, terá, curiosamente, as mesmas regras de introdução e de eliminação que '&'. Contudo, uma vez que para entender o que significa 'et', precisamos entender não apenas o que significa 'e' mas também 'não', seria errado sustentar que 'et' e '&' significam a mesma coisa.[12] Carnap está errado, então, quando afirma que a função inferencial de '&' (ou de qualquer outro símbolo) pode determinar completamente seu significado.

---

[a]N. de T. No original: "*Up to now, in constructing a language, the procedure has usually been, first to assign a meaning to the fundamental mathematico-logical symbols, and then to consider what sentences and inferences are seen to be correct in accordance with this meaning. (...) The connection will only become clear when approached from the opposite direction: let any postulates and any rules of inference be chosen arbitrarily, then this choice, whatever it may be, will determine what meaning is to be assigned to the fundamental logical symbols.*"

Isso parece um argumento devastador contra a visão de pensadores como Carnap e Hilbert. Ainda assim, existem considerações que apontam em outra direção. Imagine a seguinte situação. Ted e Mary vivem em lugares diferentes e nem falam a mesma língua, mas ambos empenham-se em raciocinar de modo bastante competente. De fato, cada um deles está disposto a aceitar a validade de conjuntos de inferências bastante similares; tão similares que se formalizarmos seus raciocínios, veremos que Ted aceita a verdade de '(A & B) o C' sempre que Mary aceita a verdade de '(A & B) $\otimes$ C' e vice-versa. Da mesma forma, para toda uma gama de inferências mais complexas, a lógica do conectivo de Ted, 'o', combina inteiramente com a lógica do '$\otimes$' de Mary. Não deveríamos, neste caso, dizer que os conectivos de Ted e Mary têm o mesmo significado?

Antes de concordar que Ted e Mary querem dizer a mesma coisa com seus dois conectivos, pense mais uma vez no argumento relativo a '&' e 'et'. O fato de que estes dois conectivos têm as mesmas regras de introdução e de eliminação mostra que desempenham a mesma função, mas não que possuem o mesmo significado. Da mesma forma, apesar de parecer que 'o' e '$\otimes$' desempenham a mesma função, não é necessário que daí se siga que seu significado não seja nada além do que é dado pela função que desempenham nas inferências. Afinal, 'o' pode ser o símbolo usado por Ted para '$\supset$', enquanto '$\otimes$' é o símbolo de Mary para '~...v...'. Neste caso, podemos dizer que Ted e Mary concordam quanto a uma questão importante: seus termos desempenham papéis similares na inferência. Mas não podemos deduzir com segurança que, portanto, seus termos têm exatamente o mesmo significado.

Saber o que termos lógicos significam não é, certamente, uma questão simples. Esforços heroicos podem ser feitos para tentar dar definições precisas das constantes lógicas que procurem capturar a intuição de que a verdade lógica e a validade lógica devem-se ao significado destas constantes.[13] Certamente, parece claro que conectivos, quantificadores e outras constantes lógicas têm funções nas inferências que podem ser definidas, as quais são muito claramente especificadas nas regras de sua introdução e de sua eliminação. Ainda assim, também parece claro que compreendemos estas regras e aprendemos a operar com elas porque já dispomos de uma compreensão prévia da conjunção, da disjunção, do quantificador existencial, e assim por diante. A lógica formal pode nos ajudar a avaliar argumentos, a expressar ideias e relações de modo mais preciso, mas não pode, por seus próprios recursos, fornecer uma explicação do significado que, por si mesma, possa dar inteiramente conta da noção de consequência lógica. Como foi visto na análise do que a tartaruga disse a Aquiles, a competência lógica dos que raciocinam já é suposta como dada por quem quer que comece a investigar um argumento lógico. Como foi enfatizado, por Wittgenstein, as justificações devem terminar em algum lugar e a apreensão da regra é mostrada ao obedecer-lhe ou ao desrespeitá-la em circunstâncias reais[14]. A menos que cheguemos à lógica com uma compreensão prévia de regras – com um certo nível de *know-how* lógico, as definições, explanações e convenções do sistema formal estarão perdidas para nós.

SUGESTÕES PARA LEITURAS ADICIONAIS

A maioria dos manuais introdutórios de lógica formal possui material útil sobre tabelas de verdade, provas e alguns apresentam cuidadosas discussões sobre os teoremas que provam completude e consistência; ver, em particular, Smith (2003) e Sainsbury (2001). O livro de Graham Priest, *Very short introduction*, apresenta uma boa visão de alguns dos problemas discutidos no presente capítulo (Priest 2000) e para detalhes um pouco mais técnicos, ver o Capítulo 3 do livro de Read (1995). Timothy Smiley dá uma explicação útil da noção de consequência no verbete de sua enciclopédia (Smiley 1998). A abordagem da consequência lógica feita neste capítulo é profundamente influenciada por Etchemendy (1990), mas este não é, definitivamente, um livro para iniciantes.

NOTAS DOS AUTORES

1. Ver Hilbert e Ackerman (1950).
2. Ver *Ten classics* (1963) e a discussão nos artigos de Karine Chemla (Chemla 1997; Chemla 2000).
3. No Capítulo 3, há uma discussão sobre a diferença entre essas três noções.
4. Este é o desenvolvimento de uma observação feita pela primeira vez por Saul Kripke (1976), apesar do *insight* original ter sido de Wittgenstein.
5. (Carroll, 1895).
6. Este não é o Zenão de Cítio, o estoico, mas um Zenão diferente, nascido em Eleia, cujos enigmas incluem uma prova de que uma flecha ao voar está sempre em repouso e que Aquiles, por maior atleta e guerreiro que fosse, jamais poderia vencer a tartaruga em uma corrida, desde que se permitisse que a tartaruga partisse antes de Aquiles. Uma vez atrás da tartaruga, como mostra o paradoxo, Aquiles não poderia jamais alcançá-la: suponha que ele chegasse ao ponto que se situa no meio do caminho entre ele e a tartaruga, então antes de ultrapassar a tartaruga, ele precisa percorrer metade desta distância de novo (um quarto do intervalo original) e, antes de fazer isso, precisa percorrer metade desta distância (um oitavo do intervalo original), e assim por diante. Uma vez que a série 1/2, 1/4, 1/8 ... vai ao infinito, resulta que o pobre e velho Aquiles não pode jamais alcançar a tartaruga. Em um enigma análogo a este, criada por Lewis Carroll, resulta que o pobre e velho Aquiles não pode atingir a conclusão de um simples argumento!
7. Ver Thomson (1960).

8. Ver Smiley (1995).
9. Douglas Hofstadter defendeu que a conclusão adequada a ser tirada do truque da tartaruga é que não podemos continuar para sempre a defender esquemas de raciocínio e que, em algum nível de nossa constituição, talvez até no nível celular, existe um sistema formal que limite qualquer regresso para além dele (Hofstadter 1979, p. 684-685).
10. Em sistemas formais, existe uma notação para esta diferença: 'A" $\vdash$ B' representa a consequência sintática, ao passo que 'A $\vDash$ B' é usado para a consequência semântica. Nos últimos capítulos, quando falarmos sobre consequência semântica, este último simbolismo será utilizado.
11. Ver Carnap (1937).
12. Este argumento aparece em Prior (1964) e versões dele aparecem posteriormente em muitos outros trabalhos, por exemplo, em Harman (1986a) e em Sainsbury (2001, Cap. 6).
13. Levar a cabo esta tarefa aqui seria muito difícil. Um panorama útil, embora técnico, de como dar definições precisas das constantes encontra-se no Capítulo 6 de livro de Sainsbury (2001).
14. Ver Wittgenstein (1953, §217). [Para uma edição desta obra em português, ver N. de T. na p.33.]

3

A verdade

3.1 RESPEITO PELA VERDADE

Dick não entende por que razão dizer a verdade e tende a mentir todas as vezes que lhe convém. Grace considera essa uma das características mais irritantes de Dick e acha que deve recorrer a algum tipo de psicologia comportamental para curá-lo. Grace pede a Bert para ser sua testemunha e comunica a Dick: 'A cada vez que você disser algo falso, Dick, darei um soco em seu nariz, mas a cada vez que você disser a verdade, lhe darei um dólar'. 'Isto é muito generoso da sua parte', diz Dick, e a generosa Grace imediatamente lhe dá um dólar. '2 + 2 = 4', diz Dick, e Grace lhe estende outro dólar. Dick fica bastante animado com a possibilidade de ganhar dinheiro tão facilmente e diz 'Agora você vai me dar outro dólar'. Mas Grace lhe dá um soco no nariz. Ai! Dick fica confuso. Ele supôs que Grace lhe daria outro dólar e, assim, a última coisa que ele disse teria sido verdadeira e o faria merecer este dólar. Mas, igualmente, Grace, ao não lhe dar um dólar, tornou falsa a última frase de Dick, portanto ela o fez merecer um soco no nariz. Por um tempo, Dick, perplexo e desapontado, temendo dizer alguma coisa, apenas massageia, arrependido, seu nariz dolorido. Finalmente, diz a Grace: 'Agora você irá dar um soco no meu nariz'.[1]

Grace fica indecisa. Como deve responder a esse enunciado final de Dick? Se lhe der um soco no nariz, então o que ele disse seria verdade e ela deveria ter dado um dólar a ele e não um soco em seu nariz. Por outro lado, se não lhe der um soco no nariz e lhe der um dólar, então o que ele disse seria falso e, de acordo com sua promessa, deveria não lhe ter dado um dólar, mas um soco no nariz. Bert não consegue lhe ajudar. Apenas balança a cabeça e murmura 'É surpreendente, Grace'.[a]

---

[a] N. de T. No original, a frase dita por Bert é 'It´s amazing, Grace', que é um trocadilho e uma brincadeira com a famosa canção gospel, *Amazing Grace*, composta pelo capitão de um navio negreiro, John Newton, no século XVIII.

O que temos aqui é um paradoxo e ele pertence à mesma família do Paradoxo do Mentiroso, mencionado no Capítulo 1. A relação entre eles consiste em que ambos giram em torno dos conceitos de *verdade* e de *falsidade*. O enunciado final de Dick (que Grace irá dar um soco em seu nariz) é verdadeiro ou falso? Se é verdadeiro, então Grace irá dar um soco em seu nariz. Mas ela se comprometeu a fazer isso apenas quando ele dissesse algo falso, logo, o que ele disse deve ser falso. Contudo, se o que ele diz é realmente falso, então ele irá receber um soco de Grace em seu nariz (que era o que havia sido combinado), logo, uma vez que ele disse que iria receber esse soco, o que disse é verdadeiro! Em resumo: se o enunciado final de Dick é verdadeiro, então ele é falso, se é falso, então é verdadeiro!

Uma das primeiras reações a um paradoxo como este é pensar que é algo tão pueril que não vale a pena se preocupar com ele. Uma segunda reação é pensar que, uma vez que o raciocínio apoia-se apenas em alguns poucos princípios básicos e envolve somente suposições intuitivamente aceitáveis, o fato de que ele conduza a uma conclusão absurda deve indicar ou que existe algo profunda e fundamentalmente errado no modo como raciocinamos ou que uma ou mais de nossas intuições básicas devem estar erradas. Qualquer que seja o problema, torna-se urgente localizá-lo e encontrar uma solução. É por essa razão que paradoxos, longe de serem considerados meros passatempos, têm sido tratados com a maior seriedade por filósofos ao longo dos tempos.

Quais são exatamente as suposições que fizemos em nossa discussão sobre a tentativa de Grace em curar o mau hábito de Dick em faltar com a verdade? Bem, supusemos que o enunciado final de Dick era ou verdadeiro ou falso e isto levou à excêntrica conclusão de que, se for verdadeiro, é falso, e se for falso, é verdadeiro. Mas, talvez, esta suposição não seja razoável. Não poderia ser o caso de que o enunciado final de Dick não fosse nem verdadeiro, nem falso? Isto não parece propriamente plausível. Afinal, se Dick diz 'Agora você irá dar um soco no meu nariz' e Grace, esquecendo-se de sua promessa e sem levar adiante nenhum raciocínio complicado, dá um soco no nariz de Dick simplesmente porque tem vontade, então o que ele disse era inteiramente verdadeiro. Se ela não desfere nenhum soco, então o que ele disse era totalmente falso. Logo, o enunciado final de Dick era ou verdadeiro ou falso, mas não nenhum dos dois. Mas e o que dizer das declarações de Grace ao tentar explicar a Dick os detalhes de sua terapia comportamental? A primeira parte de sua explicação foi: 'A cada vez que você disser algo falso, Dick, darei um soco em seu nariz'. Uma maneira de expressar isso em termos lógicos é:

> (G) Para cada sentença que Dick proferir, 'Grace irá dar um soco no nariz de Dick' é verdadeira se e somente se o que Dick disser não for verdadeiro.

Suponha que, em certa ocasião, Dick profira a sentença 'Porcos podem voar'. Então, ao substituir esta sentença pela frase 'o que Dick disser', temos a seguinte instanciação:

> 'Grace irá dar um soco no nariz de Dick' é verdadeira se e somente se 'Porcos podem voar' não for verdadeira.

Caixa de texto 1: Instanciação Universal
Um princípio lógico bastante óbvio está em funcionamento aqui. É o princípio da Instanciação Universal: (x) Fx ⊢ Fa. Ele significa que da premissa segundo a qual todo (ou cada) x tem a propriedade F, podemos inferir que qualquer coisa particular tem a propriedade F. Letras minúsculas do início do alfabeto, 'a', 'b', 'c'.., são convencionalmente usadas como abreviações de nomes de coisas particulares. O caso em questão é um pouco complicado. Nele, a variável 'x' cobre as sentenças proferidas por Dick, 'a' é uma abreviação do nome de uma das sentenças de Dick e 'F' é o predicado 'Grace irá dar um soco no nariz de Dick' é verdadeira se e somente se ... não for verdadeiro'. 'F' é chamado de predicado de um lugar[a] porque, ao preencher a lacuna com um nome (no caso, o nome de uma sentença), obtemos uma sentença completa. Um exemplo muito mais claro de predicado de um lugar é '... é desajeitado'. Observe que temos usado 'sentença proferida por Dick' e 'o que é dito por Dick' de maneira intercambiável. Todavia, como veremos em breve, essa pode não ser uma atitude muito inteligente a ser tomada.

Assim, não é preciso ser um gênio para se dar conta de que, quando Dick diz 'Porcos podem voar', irá receber de Grace um soco no nariz. O caso estranho aparece na ocasião em que Dick diz 'Grace irá dar um soco no nariz de Dick'. Aqui, temos a seguinte instanciação de (G):

> 'Grace irá dar um soco no nariz de Dick' é verdadeira se e somente se 'Grace irá dar um soco no nariz de Dick' não for verdadeira.

Para dizer o mínimo, esta sentença é bastante peculiar. O que podemos inferir dela? Que Dick irá receber de Grace um soco no nariz? Que isso não irá acontecer ? A sentença parece não nos dizer nada de verdadeiro e nada de falso; parece ser proferida de maneira vazia. Se eu disser a você: 'Bert está no jardim se e somente se Bert está no jardim', então não lhe contei nada a respeito de onde Bert está; de fato, não lhe contei nada a respeito do que quer que seja. Você pode sentir-se inclinado a julgar que proferi uma sentença gramaticalmente perfeita em português, mas que a sentença é vazia, não

---

[a]N. de T. Encontramos nos textos de lógica a denominação equivalente: predicado monádico.

possui conteúdo, não expressa nenhuma proposição, falha em proporcionar um enunciado. Se esta é a linha de pensamento que você se sente inclinado a adotar, então você deve querer dizer o mesmo sobre as palavras que Grace inicialmente disse a Dick. Porque parte da sentença que ela proferiu é parafraseada por (G) e parte de (G) – em termos mais precisos, uma instanciação de (G) – é uma sentença vazia e meio estranha.

Examinamos, e mesmo desafiamos, a suposição de que a sentença inicial de Grace é um enunciado *bona fide*.[a] Ela é uma sentença gramaticalmente perfeita e tem significado – nós a entendemos – e, com base nas evidências proporcionadas pelas poucas interações iniciais entre Grace, Dick e Bert, o tomamos por verdadeiro. Se Dick tivesse dito 'Leões são animais' e tivesse recebido de Grace um soco no nariz, teríamos, então, imediatamente reconhecido que seu proferimento inicial era falso. Contudo, vimos, na ocasião, que uma resposta de Dick paralisou Grace e a deixou sem ação. O proferimento de Dick parecia ser falso, se verdadeiro e verdadeiro, se falso; assim, se é tanto verdadeiro quanto falso, então é *ambos*. E isso nos preocupou.

Mas, aqui, chegamos a uma outra suposição que foi feita em nossa discussão. Por que nos preocupamos? Não é apenas uma suposição que um enunciado não pode ser *tanto* verdadeiro *quanto* falso?[2] Uma resposta comum a ser dada a esta altura é que, enquanto um filme pode ser tanto longo quanto interessante, uma pessoa pode ser tanto gentil quanto inteligente, um enunciado *não pode* ser tanto verdadeiro quanto falso simplesmente devido àquilo que 'verdadeiro' e 'falso' significam. Mas o que 'verdadeiro' e 'falso' significam? Mesmo que descobríssemos que não podemos dar definições de 'verdadeiro' e de 'falso' (palavras simples como 'azul', 'um', e 'verdadeiro' podem não ser suscetíveis de receber qualquer definição esclarecedora), elas significam alguma coisa, pois, de outro modo, não poderíamos compreender as sentenças nas quais ocorrem. O que 'verdadeiro' significa ou, para não dar a impressão de que estamos desperdiçando tempo discutindo sobre o significado das palavras, formulemos a questão da seguinte maneira: o que é a verdade? O que é que todas as verdades compartilham e o que é que falta ao que não é verdade? Esse é o ponto central deste capítulo. Não nos ocuparemos em saber se Grace eventualmente conseguiu inspirar em Dick o respeito pela verdade, nem com a questão moral de saber o que exatamente há de valioso em se dizer a verdade. Outros livros têm sido escritos a este respeito.[3]

---

[a] N. de T. Em latim, no original. Esta expressão, cuja forma completa é '*ex bona fide*' significa: 'de boa fé'. No texto, a expressão é utilizada com uma significação derivada, caracterizando o enunciado como 'legítimo'.

3.2 PORTADORES DE VERDADE

Podemos dizer que uma determinada obra de arte é verdadeira e isto significa que ela é autêntica. Quando dizemos que o amor de Grace por Dick é verdadeiro, queremos dizer que ela não o está simulando. Dizer que Bert é um amigo de verdade significa que é um amigo fiel, com que se pode contar.[a] Portanto, existem alguns nomes-frases aos quais podemos atribuir, de modo significativo, o predicado 'é verdadeiro' e, como foi visto, o predicado tem significados diferentes em cada um dos três casos mencionados. Contudo, tais casos são raros e, de todo modo, envolvem significados de 'verdadeiro' e 'falso' que não nos interessam aqui. Não faz sentido dizer que meu casaco é verdadeiro, nem que são verdadeiras as minhas meias, o presidente dos Estados Unidos, domingo, o número 16, nem a capacidade de armazenamento da minha geladeira. Essas coisas não são portadoras de verdade ou falsidade. Tente substituir qualquer palavra – um adjetivo, um advérbio, uma interjeição ou o que for – por 'X' em 'X é verdadeiro' e o resultado será, quase invariavelmente, algo sem sentido. O que, então, podemos dizer significativamente que é verdadeiro ou falso; quais são os reais portadores de verdade e falsidade (de forma resumida: os portadores de verdade)?

Uma maneira de abordar esta questão é mediante a consideração da expressão 'é verdadeiro de'. Tudo que vem a seguir é perfeitamente significativo:

> A frase 'é tolo' aplica-se verdadeiramente a Dick. OU 'é tolo' é verdadeiro de Dick. *OU* Que ele é tolo é verdadeiro de Dick.
>
> A frase 'é primo' aplica-se verdadeiramente a 16. OU 'É primo' é verdadeiro de 16. *OU* Que ele é primo é verdadeiro de 16.
>
> A frase 'vem depois de sábado' aplica-se verdadeiramente a domingo. OU 'Vem depois de sábado' é verdadeiro de domingo. *OU* Que vem depois de sábado é verdadeiro de domingo.

A palavra 'satisfaz' tem um sentido técnico, que significa a relação inversa a 'é verdadeiro de' ('X é verdadeiro de Y' = 'Y satisfaz X'), por conseguinte podemos reescrever o primeiro desses exemplos assim:

> Dick satisfaz 'é tolo'.

---

[a] N. de T. No original: *"We can say that a particular bicycle wheel is true and this means that the rim lies in a plane. When we say that Grace's love for Dick is true, we mean she is not faking it. To say that Bert's aim is true means that it is on target."* O primeiro e o terceiro dos exemplos apresentados pelo autor repousam sobre certos usos do termo *'true'* que não correspondem ao modo como usamos o termo 'verdadeiro' em português. Assim, a tradução literal destas frases desconcertaria o leitor, mais do que o auxiliaria. Por essa razão, a tradução proposta substitui os exemplos, adaptando-os aos nossos usos do termo 'verdadeiro' e de suas variantes.

Mas é claro que podemos evitar todos esses termos técnicos e rodeios e por meio de uma reformulação mais adequada, a saber:

'Dick é tolo' é verdadeiro. OU É verdade que Dick é tolo.

E podemos fazer o mesmo com os outros exemplos.

Parece, agora, que estamos perto de responder à nossa questão sobre os portadores de verdade. As aspas simples são úteis como um expediente para indicar – elas apontam para o que está entre elas. No exemplo a seguir:

'Dick é tolo' é verdadeiro.

o que está entre as aspas simples não é uma única palavra, mas uma sentença completa. Da mesma forma, em:

É verdade que Dick é tolo.

O que vem depois de 'É verdade que' é uma sentença completa. Não seria, portanto, esta a resposta: os portadores de verdade ou falsidade são sentenças? Infelizmente, a vida não é tão simples.

Ninguém afirmaria que uma salada de palavras, tal como 'Ao lado três número na vive sábado do porta', exprime algo que pudesse ser considerado verdadeiro ou falso, mas mesmo em relação a uma sentença gramaticalmente impecável, como 'Sábado vive na porta ao lado do número três', podemos não estar dispostos a atribuir-lhe verdade ou falsidade. Se 'sábado' significa aqui o nome de um dos dias da semana, então, dizer que sábado vive na porta ao lado do que quer que seja (especialmente de um tipo de entidade que não poderia, ela tampouco, viver em uma casa) é, em poucas palavras, um absurdo. Trata-se de um erro categorial;[a] sábado e o número três não são do tipo de coisas que poderiam passar por uma porta. Alguém que proferisse esta sentença produziria uma sequência de palavras gramaticalmente correta, mas não diria nada; fracassaria em produzir algo que pudesse ser considerado verdadeiro ou falso.

Você poderia, no entanto, querer discordar deste veredicto. Você poderia querer dizer que, visto que a sentença, definitivamente, não é verdadeira, ela deve ser falsa. Talvez você tenha razões suplementares para a sua visão de que a sentença não é sem sentido, mas inteiramente falsa. Assim, o assunto é controverso. Contudo, é importante perceber que, mesmo que concentremos

---

[a] N. de T. No original: 'sortal'. Este vocábulo da língua inglesa algumas vezes é utilizado nos debates de lógica e filosofia da lógica em lugar de seu equivalente em português. Ele é um adjetivo derivado do substantivo 'sort', tomado como significando 'tipo', 'classe' ou 'categoria', no caso, de coisas ou objetos.

nossa atenção em sentenças que são impecáveis, tanto do ponto de vista gramatical, quanto categorial, existem problemas difíceis relativos à afirmação de que sentenças são os portadores da verdade ou falsidade. Considere a sentença: 'Depois de ter dito isso, ele a deixou, como no dia anterior'.[4] Se eu lhe perguntasse se esta sentença é verdadeira ou falsa, você ficaria confuso. Você perguntaria, com razão: 'Depois de quem ter dito o quê?', 'A que pessoa o 'a' está se referindo?', 'A pessoa que disse isso está falando da repetição da ação de um homem, a respeito do modo como saiu ou sobre a condição em que se encontrava a mulher quando foi deixada?' Na seção anterior, dissemos algumas coisas sobre a distinção entre sentença e enunciado. O problema é que milhares de pessoas podem escrever e proferir esta sentença, mas fazendo diferentes enunciados. Uma certa escritora A(usten), poderia estar dizendo a verdade a respeito de Darcy, dizendo que ele deixou Elizabeth na mesma condição de revolta em que ele a deixou no dia anterior; em outra situação, um falante B(arney) poderia estar dizendo algo de falso a respeito de Fred, dizendo que ele saiu para trabalhar durante vários dias sem dar um beijo em Wilma. E assim por diante. Se a mesma sentença, proferida por um falante é verdadeira e por outro é falsa, então, dificilmente, poderia ser correto dizer que a sentença *nela mesma* é verdadeira ou falsa.

Isso nos conduz a uma distinção importante. A escritora A constrói sua sentença em um contexto particular, em um certo momento do tempo e em um certo lugar. O falante B fez o seu proferimento em um tempo e em um lugar completamente diferentes. Tanto A quanto B usaram instâncias ou exemplares da mesma sentença. Usando a terminologia introduzida por Charles Sanders Peirce, podemos dizer que A e B usaram diferentes *tokens*[a] da mesma sentença-*tipo* (ou sentenças-*type*). Esta distinção não é difícil de compreender. Quando escrevo: 'Eu sou um pinguim', 'Eu sou um pinguim', 'Eu sou um pinguim', 'Eu sou um pinguim', 'Eu sou um pinguim'; escrevo cinco *tokens* diferentes da mesma sentença-*tipo* (ou *type*).

O que mostramos acima é que é implausível sustentar que sentenças-*type* são portadores de verdade, porque algumas instâncias (*tokens*) de uma dada sentença-*type* veiculam verdades, enquanto outras, falsidades, portanto, não seria razoável dizer que a sentença-*type* é, ela mesma, verdadeira ou falsa. Mas o que dizer das sentenças-*token*? Podem elas ser os portadores de verdade

---

[a]N. de T. Literalmente: 'espécime' ou 'instância'. A distinção entre '*token*' (espécime / instância) e '*type*' (tipo) foi introduzida por Charles Peirce para designar uma certa forma da distinção entre coisas particulares e universais. Os termos originais foram mantidos por terem sido incorporados, sem tradução, ao vocabulário técnico da lógica e da filosofia da lógica em português, sendo bem mais frequentemente encontrados nos textos sobre estes temas do que seus equivalentes em português.

ou falsidade? Já dissemos que, quando consideramos o contexto particular no qual uma dada sentença-*token* é usada, estamos, normalmente, em posição de descobrir se o que o falante está dizendo é verdadeiro ou falso. As sentenças-*tokens* são convenientemente concretas – marcas de tinta em papel, vibrações no ar que circunda a boca do falante, etc., assim, não provocam nenhuma ansiedade ontológica. Infelizmente, no entanto, ainda precisamos avançar com cuidado. Considere um *token* efetivamente concreto – uma lápide em um cemitério na qual esteja entalhada a seguinte inscrição: 'Aqui jaz Alfred Lord Tennyson',[a] indicando a sepultura de Alfred Lord Tennyson. Se eu entrar sorrateiramente no cemitério, pegar a lápide e colocá-la nas imediações da sepultura de Mary Pickles, então, alguém que, depois disso, lesse a lápide iria receber uma *falsa* informação. Logo, não é o *token* concreto que é propriamente dito 'verdadeiro'.[5]

O que esse exemplo sugere é que o portador de verdade não é um *token* concreto, mas o *uso de um token particular em uma certa ocasião*. Esta sugestão, embora um pouco vaga (usar um *token* para fazer o *quê*?), é certamente um passo na direção certa. Não devemos, porém, esquecer que as pessoas podem ter pensamentos e crenças verdadeiros que, apesar de serem expressos como sentenças (em voz alta ou por escrito), podem, em si mesmos, não envolver sentenças-*token*. Considere uma pessoa que esteja olhando para a lápide recentemente realocada e pense, de modo razoável: 'É aqui que jaz Alfred Lord Tennyson', ao passo que outra pessoa, passando por ali, diz a seu amigo 'Este é o local de descanso de Lord Tennyson'. Em um sentido bastante claro, o que a primeira pessoa pensa é o mesmo que o que está inscrito na lápide e o que é dito pelo passante. O pensamento, a inscrição e as palavras do passante têm o mesmo conteúdo e, neste caso, este conteúdo é falso. Os filósofos usam a palavra 'proposição' em uma diversidade desconcertante de maneiras, mas frequentemente ela é usada como sinônimo de 'conteúdo' e, portanto, sendo fiel a este sentido da palavra, podemos agora responder à questão com a qual começamos. As proposições são os portadores primários de verdade e falsidade. Quando dizemos que um certo enunciado é verdadeiro, ou uma certa crença, falsa, estamos falando do *conteúdo* do enunciado ou da crença.

Observe que as palavras na lápide não são as mesmas que as palavras que usamos para expressar o pensamento da pessoa que leu essas palavras, nem as mesmas que as palavras do passante. Ainda assim, todas expressam a mesma proposição. Observe também que no caso da lápide, o veículo da proposição é um pedaço de granito; no caso da pessoa cujo pensamento é

---

[a] N. de T. Alfred Lord Tennyson (1809-1892) é um dos poetas ingleses mais popular.

provocado pela leitura da lápide, o veículo é ... ah..., realmente não sabemos, mas certamente não é uma porção de granito; e, no caso do falante, o veículo é o ar que vibra. Assim, seria, obviamente, um erro identificar a proposição com qualquer veículo concreto por intermédio do qual a proposição é expressa. Isso significa que proposições são entidades abstratas, misteriosas e não científicas? De modo algum. A altura da minha mesa, por exemplo, não é uma entidade abstrata, ainda que eu não possa arrancá-la fisicamente.

Em uma situação típica de fala, um falante profere algumas sentenças na presença de um ouvinte. O falante pode usar uma certa linguagem, falar mais alto ou mais baixo, de modo elegante ou grosseiro, pode ter diversas intenções (incluindo, naturalmente, a de ser compreendido), pode estar apontando para vários objetos nas redondezas, pode estar a par de muitas das crenças do ouvinte (incluindo aquelas a respeito das crenças do falante) e pode recorrer a este conhecimento ao escolher suas palavras. O falante produz o que J. L. Austin chamou de 'ato de fala total em uma situação de fala total'. Em razão de alguns propósitos, práticos ou teóricos, podemos nos concentrar em alguns aspectos desta performance e ignorar outros. Assim, um engenheiro de som que queira gravar o falante iria ignorar as crenças do ouvinte e concentrar-se, mais ou menos integralmente, no som da voz do falante. Isso significa que o engenheiro de som iria se concentrar no *ato fonético* do falante. O ato fonético não é algo misterioso. Não é algo produzido *em acréscimo* ao ato de fala total, mas é produzido *durante* a emissão do ato de fala. De maneira similar, a proposição expressa pelo falante é identificada ignorando-se coisas como o volume da voz e o idioma (pois ele poderia ter comunicado o mesmo conteúdo falando em outra língua).⁶ Portanto, a proposição é uma entidade *abstraída*, cujo processo de abstração é simplesmente o de ignorar vários aspectos da situação na qual quem fala, fala (ou quem pensa, pensa) e concentrar-se não no evento sonoro, mas na mensagem. Dizer que o *enunciado* de uma pessoa é verdadeiro não é dizer nada sobre o processo físico de pronunciar, mas é dizer que o que é por ele pronunciado – a mensagem, ou conteúdo, a proposição expressa – é verdadeiro. Da mesma forma, é perfeitamente aceitável atribuir verdade ou falsidade àquilo que uma pessoa pensa (ou acredita), pois não estamos, aqui, falando do processo (ou estado) psicológico, mas *do que é pensado*.

Alguém poderia querer duvidar se um proferimento particular de um falante pode também ser expresso em nosso próprio idioma, especialmente se o falante em questão pertence a uma tribo remota ou a uma espécie remota, e isso nos leva a especular sobre a legitimidade da noção de proposição, de um conteúdo que possa ser comum a várias formas de expressão. Uma maneira de evitar essa questão consiste em insistir que limitemos nossa atenção aos casos nos quais (como no nosso exemplo da lápide), de modo muito claro, um conteúdo comum pode ser expresso por meios muito diferentes (a linguagem de sinais poderia ser acrescentada àqueles já mencionados). Uma resposta mais agressiva consiste em dizer que é somente por mero acaso que nossos recursos linguísticos ou conceituais não nos permitem ter acesso aos conteúdos dos proferimentos feitos pelas mais exóticas criaturas com as quais convivemos. *Nossa* inabilidade para fazê-lo não contraria *suas* habilidades em expressar suas proposições.[7]

Uma observação final para concluir esta seção. Dissemos, anteriormente, que as aspas simples são proveitosamente utilizadas como um expediente para apontar. Mas se aponto na direção de um flamingo, posso estar apontando para sua cor, com a qual pretendo pintar o meu quarto, ou para sua impressionante capacidade de equilíbrio, ou para um exótico substituto para papel higiênico,[a] etc. A ambiguidade também afeta a ação de apontar que é desempenhada pelas aspas simples. Se eu disser:

'Homem' tem 6mm de comprimento.

então, as aspas simples estão apontando para as marcas de tintas entre elas. Mas se eu disser:

'Homem' é um nome.

então, não estou dizendo que as marcas de tinta são um nome – neste contexto, uso as aspas simples para apontar para o vocábulo da língua portuguesa. E em:

'Homem' é um conceito que as crianças adquirem muito cedo em seu desenvolvimento.

as aspas simples apontam, não para uma marca ou para um vocábulo, mas para um conceito que é expresso, em português, pela palavra 'homem' e, em espanhol, pela palavra 'hombre'. Argumentamos, anteriormente, a favor da tese de que os portadores de verdade e falsidade são as proposições. Portanto, ao dizer:

'Grace é generosa' é verdade.

as aspas simples apontam para uma proposição, e a Grace a que se faz referência é normalmente determinada pela circunstância na qual essa proposi-

---

[a] N. de T. Este estranho exemplo, apresentado pelo autor, parece sugerir que as razões aqui elencadas não precisam ser necessariamente plausíveis.

ção é expressa. Seria de grande auxílio, para evitar ambiguidades, se tivéssemos diferentes tipos de aspas para desempenhar diferentes formas de apontar e, de fato, vários tipos, foram algumas vezes, propostos. Neste texto, no entanto, estamos nos atendo às aspas simples padrão e, em casos de predicação da verdade ou falsidade, deve-se tomar como certo que estas aspas simples estão apontando para proposições. De modo alternativo, poderíamos usar um operador de locução. Por exemplo, em:

> É verdade que Grace é generosa.
>
> 'É verdade' é um operador – ele opera sobre a proposição de que Grace é generosa.

3.3 A VERDADE COMO CORRESPONDÊNCIA

Em um famoso simpósio, que ocorreu em 1950, J. L. Austin defendeu uma teoria da verdade que faz um uso essencial da distinção entre sentença e enunciado. Algumas palavras possuem uma conexão natural com aquilo a que se referem. É um fato da natureza que abelhas quando voam fazem o som /bzzzzzz/, assim, existe uma conexão natural entre o verbo 'zumbir' e o que este verbo significa. Mas não há tal conexão entre a palavra 'cão' e o animal que ela descreve; é uma questão de convenção – uma "convenção descritiva", como Austin a chama – que o português use a palavra 'cão' para este animal (enquanto o francês usa 'chien', o alemão, 'hund', etc.). Assim como a palavra 'cão' está ligada, deste modo convencional, a muitos animais do mesmo tipo, assim também, Austin sustentou que uma sentença inteira está ligada, de modo similar, a muitas situações de um certo tipo. Considere a sentença 'O cão está na garagem de Stanley'. Há, naturalmente, muitos cães no mundo e inúmeros indivíduos chamados 'Stanley', e nossa sentença encaixa-se em um tipo de situação na qual algum cão está na garagem de algum Stanley.

Agora, considere uma ocasião histórica real, na qual um certo falante diz à sua melhor amiga: 'O cão está na garagem de Stanley'. Eles estão falando de um indivíduo, conhecido por ambos pelo nome de 'Stanley' e, por razões de senso comum e da prática conversacional corrente, mesmo que conhecessem mais de um Stanley, aquele ao qual estão se referindo é aquele que, por uma razão qualquer, tornou-se importante entre seus relacionamentos atuais. Isto é uma questão de convenção conversacional. Também, evidentemente, eles estão se referindo a um cão em especial, que se encontra nas imediações próximas, geograficamente ou em relação à conversa que estão tendo. Em virtude desses tipos de convenções conversacionais, o enunciado do falante, neste contexto particular, seleciona, refere-se a ou "exibe" um estado de coisas particular – o estado de coisas no qual um cão em especial, que é o tema da conversa, está na garagem de alguém chamado Stanley, um conhecido do falante e da ouvinte.[8] (Austin, algumas vezes, usou 'fato' em lugar de 'estado de coisas', apesar de ter reconhecido que o termo era filosoficamente problemático, e escreveu um artigo intitulado "*Unfair to facts*" (Austin, 1961), para tentar resolver alguns desses problemas.)

Após este preâmbulo, o enunciado de Austin, de sua versão da teoria da correspondência, deverá fazer sentido:

> Um enunciado é dito verdadeiro quando o estado de coisas histórico ao qual ele está relacionado pelas convenções relativas aos demonstrativos (àquele ao qual ele se "refere") é de um tipo com o qual a sentença usada ao fazê-lo é correlacionada pelas convenções descritivas.[a]

Um diagrama pode ajudar a tornar a teoria ainda mais clara:

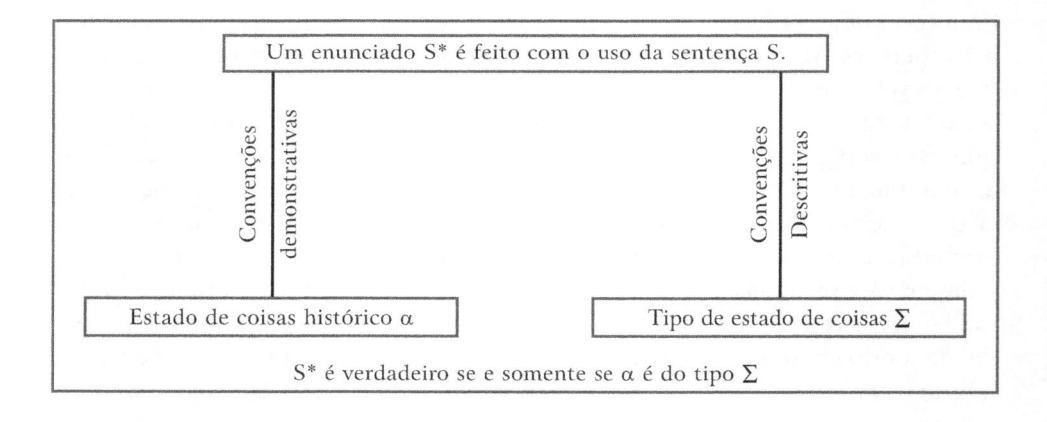

```
┌─────────────────────────────────────────────────────────────────┐
│          ┌────────────────────────────────────────┐             │
│          │ Um enunciado S* é feito com o uso da sentença S.│    │
│          └────────────────────────────────────────┘             │
│                                                                 │
│         Convenções                        Convenções            │
│       demonstrativas                      Descritivas           │
│                                                                 │
│  ┌──────────────────────────┐    ┌──────────────────────────┐   │
│  │ Estado de coisas histórico α │  │ Tipo de estado de coisas Σ │ │
│  └──────────────────────────┘    └──────────────────────────┘   │
│                                                                 │
│              S* é verdadeiro se e somente se α é do tipo Σ      │
└─────────────────────────────────────────────────────────────────┘
```

Embora seja expressa em uma linguagem particularmente técnica, a teoria da verdade, de Austin, é muito interessante e próxima ao senso comum. Trata-se de uma teoria da correspondência informal: a ideia é que quando um falante usa uma sentença para fazer um enunciado, há um estado de coisas *particular* no mundo ao qual o enunciado do falante corresponde, e um *tipo* de estado de coisas ao qual a sentença do falante corresponde; o enunciado é verdadeiro se este estado de coisas é deste tipo. Olhe para a seguinte sentença: 'A rua vai da praça até o principal edifício do governo'.

---

[a] N. de T. No original: "*A statement is said to be true when the historic state of affairs to which it is correlated bu the demonstrative conventions (the one to whichit 'refers') is of a type with which the sentence used in manking it is correlated by the descriptive conventions*" (Austin 1950, p. 152-153).

Você entende a sentença e, portanto, sabe o tipo de situação a que ela se refere. Se você ouvir uma mulher proferindo um *token* desta sentença, em Londres, enquanto mostra para um turista como ir de *Trafalgar Square*[a] à *House of Parliament*,[b] então estaria claro que o que está sendo apontado é realmente uma instância deste tipo. Por outro lado, se ela estiver apontando para *Charing Cross Road*,[c] então o que estaria dizendo seria falso, porque o *Centerpoint*, o prédio oficial de escritórios ao final da *Charing Cross Road*, não é um edifício do governo. Assim, o estado de coisas indicado no último caso não é do tipo rua-que-vai-da-praça-até-o-principal-edifício-do-governo.

Antes de criticar a versão particular de Austin da Teoria da Correspondência, digamos algumas palavras sobre o que faz com que a Teoria da Correspondência tenha um atrativo para todos. Um enunciado, a menos que seja autorreferente, diz respeito a algo exterior a ele mesmo e tendemos a pensar que se as coisas externas são do modo como o enunciado diz que elas são, então o enunciado é verdadeiro. Segundo esta concepção, o enunciado é verdadeiro em virtude das coisas no mundo exterior corresponderem a como o enunciado diz que elas são; se o modo como as coisas são no mundo exterior não corresponde a como o enunciado diz que elas são, então o enunciado é falso. A verdade, então, é uma questão de correspondência entre as palavras e o mundo; a proposição é verdadeira (ou falsa) *por causa* do modo como as coisas são no mundo. Isto parece intuitivamente correto; assim, podemos chamar a isto 'intuição da correspondência'. A primeira concepção 'correspondentista' é a de Aristóteles:

> Dizer do que é, que não é, ou do que não é, que é, é falso, ao passo que dizer do que é, que é, e do que não é, que não é, é verdadeiro.[d] [9]

Mesmo no texto original em grego, não é totalmente claro o que Aristóteles está dizendo, mas um exame abalizado, feito por especialistas, de vários de seus textos, sugere que a melhor maneira de interpretá-lo consiste em ler "Dizer do que é" como significando 'Dizer do que é deste ou daquele modo'. Portanto, para tomar uma instância particular, Aristóteles estaria afirmando que dizer do que é amarelo (por exemplo, uma certa banana) que não é amarelo é falso, ao passo que dizer do que é amarelo que é amarelo é verdadeiro. É

---

[a]N. de T. *Trafalgar Square* é uma célebre praça localizada no centro de Londres.

[b]N. de T. Nome do prédio que abriga o parlamento inglês.

[c]N. de T. Rua que sai de *Trafalgar Square*, mas que não conduz à *House of Parliament*.

[d]N. de T. *"To say of what is that it is not, or of what is not that is is, is false, while to say of what is that it is, na d of what is not that it is not, is true"*.

difícil contestar isso. A teoria não diz muito, mas o que diz parece ser correto.[10] Autores medievais, seguindo Aristóteles, desenvolveram formulações mais interessantes desta concepção. Uma formulação comum era '*Veritas est adequatio rei et intellectus*'.[a] Isto significa que a verdade (*veritas*) é a concordância ou a correspondência (*adequatio*) entre as coisas (*rei*) e o intelecto ou a mente, uma correspondência entre como as coisas são no mundo e como uma sentença (mental) diz que elas são. Diferentemente da definição de Aristóteles, esta formulação menciona, explicitamente, a correspondência.

Observe uma importante diferença entre a versão de Aristóteles da Teoria da Correspondência e a versão de Austin. Aristóteles fala de coisas sendo deste ou daquele modo e as coisas a respeito das quais ele está falando são os objetos aos quais nos referimos quando usamos *nomes*, tais como 'Sócrates' e substantivos tais como 'banana' e as propriedades que atribuímos a eles, tais como ser homossexual e ser amarelo (respectivamente).[11] Mas a teoria de Austin apela para estados de coisas ou fatos e, supostamente, são a eles que os enunciados se referem. Eles estão do lado do "mundo" na relação de correspondência. Em nossa discussão sobre Austin, escolhemos, deliberadamente, um exemplo que parecia não problemático: o estado de coisas correspondente ao proferimento particular 'O cão está na garagem de Stanley', que consideramos como parecendo ser simples, parecia ser uma porção claramente delimitada do mundo, e o tipo de estado de coisas que correspondia à sentença nos pareceu, da mesma forma, claramente definido. Mas o que dizer do enunciado 'O cão está fora da garagem de Stanley'? Se, como requer a teoria de Austin, existe um estado de coisas correspondente a este enunciado, onde está localizado? A que distância da garagem de Stanley se prolonga? Pior ainda: o que dizer do enunciado 'O cão não está fora da garagem de Stanley'? Que estado de coisas poderia corresponder a um enunciado negativo? Ou ainda pior: o que dizer de um enunciado condicional tal como quando você diz a uma criança 'Se você comer esta sujeira, você terá dor na barriga'? É difícil pensar que estado de coisas poderia corresponder a este enunciado e, ainda assim, o enunciado pode perfeitamente ser verdadeiro.[12]

A teoria de Austin propõe uma relação de correspondência entre um enunciado e um estado de coisas. Acabamos de ver que recorrer a estados de coisas é atrair problemas. Estados de coisas parecem ter limites obscuros e descobrimos que é difícil compreender o que poderia ser um estado de coisas negativo, ou um estado de coisas condicional. Mas o que dizer da própria relação de correspondência? Há problemas com ela também. A dificuldade é que podemos pensar

---

[a] N. de T. Em latim no texto original. Seu sentido será explicado na sequência do texto.

em muitas formas de *corresponder com* e *corresponder a*, e, ainda assim, nenhuma delas parece ser em nada parecida com a relação entre os enunciados e o mundo. Uma chave corresponde a uma certa fechadura, o reflexo de um rosto no espelho corresponde a este rosto, o modo como Myrtle foi assassinada corresponde, em cada detalhe, ao modo pelo qual Mona foi assassinada. Nenhuma destas correspondências parece fornecer um bom modelo para o tipo de correspondência entre as palavras e o mundo requerido pela teoria da verdade como correspondência. O primeiro[a] Wittgenstein sustentou que a correspondência entre um enunciado e um estado de coisas (possível) é a de *figuração*, porém, mais tarde, ele passou a ver que esta ideia não se sustentaria. Poderíamos inventar uma linguagem de sinais escritos na qual as sentenças apresentassem algum tipo de figura daquilo a respeito do que elas são, mas as sentenças da linguagem ordinária não figuram em nenhum sentido ordinário.[13] Uma outra ideia radical consiste em considerar a correspondência em questão como sendo equivalente à *identidade*. Esta teoria tem um apelo imediato. Quando fazemos um enunciado verdadeiro ou temos um pensamento verdadeiro, o que dizemos ou pensamos é o que é o caso – é exatamente o que as coisas são – é idêntico ao que as coisas são – coincide com os fatos. Todavia, um problema com essa teoria é que se fatos são efetivamente idênticos aos enunciados verdadeiros, então a correspondência em questão ocorre entre um enunciado verdadeiro e, este enunciado verdadeiro, em outras palavras, entre alguma coisa e ela mesma. Assim, a teoria não faz jus à "intuição de correspondência" de que há uma relação entre, de um lado, enunciados e, de outro, o mundo.[14]

Uma outra teoria que muitas pessoas, incluindo seu próprio autor, consideram como uma versão da Teoria da Correspondência é a *Teoria Semântica da Verdade* de Alfred Tarski. A teoria de Tarski é bem mais próxima da de Aristóteles do que a de Austin. Para começar, Tarski não inclui estados de coisas ou fatos como parte de seu aparato teórico (apesar de usar essas expressões quando fala de modo informal sobre a teoria). No centro de sua teoria está a noção de *satisfação*. O predicado 'é branco' é satisfeito por muitas coisas, incluindo a neve. Assim, a satisfação é o inverso da relação *ser verdadeiro de*, que encontramos na Seção 3.1: a neve satisfaz o predicado 'é branco'; o predicado 'é branco' é verdadeiro da neve. E a neve satisfaz o predicado 'é branco' se e somente se a neve é branca.

A semântica é o estudo do significado, da relação entre o discurso e aquilo sobre o que falamos. Nitidamente, a palavra 'satisfação' (no sentido técnico no qual a estamos utilizando) é um termo que pertence à semântica,

---

[a]N. de T. Devido a uma mudança importante na teoria de Wittgenstein, é comum se especificar a que etapa da obra do autor está se fazendo referência.

uma vez que, em um enunciado propriamente informativo tal como 'A neve satisfaz o predicado 'é branco'', nos é dito que uma porção da linguagem, o predicado 'é branco' está em uma relação particular (a relação de ser verdadeiro de) com alguma coisa do mundo: a neve. Mas note que, na equivalência que acabamos de mencionar, a saber

> A neve satisfaz o predicado 'é branco' se e somente se a neve é branca.

o termo semântico 'satisfaz' ocorre no lado esquerdo do 'se e somente se', mas do lado direito não encontramos nenhum termo semântico. Agora, imagine que, para qualquer ocorrência de uma sentença que contenha o termo semântico técnico 'satisfaz' possamos encontrar uma sentença equivalente que não contenha nenhum termo semântico qualquer que ele seja. Teríamos, então, definido 'satisfaz' em termos inteiramente não semânticos no sentido em que onde quer que encontrássemos uma sentença contendo a palavra 'satisfaz', estaríamos aptos a fornecer uma sentença equivalente que não contivesse esta palavra ou qualquer outro termo semântico.

Naturalmente, tentar realizar tal tarefa olhando para cada uma das infinitas sentenças que contêm 'satisfaz' é algo que não tem a menor chance de dar certo e a maior parte do importante artigo de Tarski (Tarski, 1933) consiste em mostrar como essa tarefa pode ser realizada elegantemente (e em um tempo finito). (Os detalhes da definição são complexos e bastante impressionantes, mas não os consideraremos aqui.[15]) Uma vez estabelecida a definição de 'satisfaz', é trivial definir 'é verdadeiro de' porque os dois estão intimamente relacionados, como o dissemos anteriormente, e de posse de uma definição de 'satisfaz' ou de 'é verdadeiro de' falta apenas um pequeno passo para definir um predicado-verdade.[a]

Mediante que critério determinamos se a definição que propusemos é correta? Bem, suponha que tenhamos chegado a uma definição de algum predicado, que escreveremos assim: 'é Tr'. A condição que Tarski estabeleceu para que este predicado seja um predicado-*verdade* é que a definição acarrete todas as instâncias do (que foi chamado de) Esquema T:

> S é Tr se e somente se p.

no qual 'p' pode ser substituído por qualquer sentença da linguagem e 'S' por qualquer nome ou descrição desta sentença. *Prima facie*,[b] este parece ser

---

[a]N. do T. No original: '*truth predicate*'. Utilizamos a tradução 'predicado-verdade' para indicar que se trata aqui de qualquer predicado que desempenhe a mesma função do predicado 'verdade', mesmo que sob um outro nome.
[b]N. do T. Expressão em latim no original, que significa 'à primeira vista'.

um critério eminentemente razoável. Se você definiu um predicado 'é G' que você toma como sendo um predicado-verdade e, então, alguém lhe mostra que sua definição não implica que:

'A neve é branca' é G se e somente se a neve é branca[16]

é preferível que você abandone sua definição rapidamente e volte ao bloco de rascunhos.

Existe uma diferença importante entre a teoria de Tarski e todas as outras que estamos considerando neste capítulo. Logo no início do seu excelente artigo (1933), Tarski apresenta uma versão do Paradoxo do Mentiroso e rapidamente chega à conclusão de que este paradoxo ocorre porque a linguagem na qual ele se expressa tem recursos irrestritos para falar sobre si mesma – em português, podemos dizer coisas como "é um cavalo' é um predicado' e 'Este mesmo enunciado é falso'. Considere uma sentença da linguagem ordinária (chamaremos esta sentença de Saul) que diga de si mesma que ela não é verdadeira – em outras palavras, a sentença 'Saul não é verdadeira' é chamada de 'Saul'. Ao associarmos esta sentença e seu nome no Esquema T acima (lendo 'Tr' como 'verdadeiro'), teremos.

Saul é verdadeira se e somente se Saul não é verdadeira.

Por conseguinte, supondo que Saul seja ou verdadeira ou falsa, temos a seguinte contradição: Saul é verdadeira e não é verdadeira. Tarski conclui que qualquer linguagem que tenha esses recursos para falar sobre si mesma tende a desenvolver paradoxos. Mas todas as linguagens naturais são assim. Portanto, Tarski desiste da linguagem ordinária e produz sua definição de verdade para uma linguagem artificial, na qual todo o falar sobre esta linguagem ocorre na metalinguagem (e todo o falar sobre a metalinguagem ocorre na meta-metalinguagem, etc.). Assim, Tarski investiga uma hierarquia de linguagens, em que cada linguagem, na hierarquia, tem seu próprio e único predicado-verdade.

Desde os tempos de Tarski, várias soluções para o Paradoxo do Mentiroso que não requerem a hierarquia de Tarski foram propostas, de modo que o projeto de fornecer uma definição rigorosa de nosso predicado ordinário 'verdadeiro' pode não ser tão sem esperanças quanto Tarski pensou, sobretudo se, como Stephen Read argumentou (Read, no prelo), o Esquema T é *defeituoso* e não um truísmo. Uma outra crítica a Tarski é que, na linguagem formal com a qual ele lida, a denotação de cada palavra é fixa. Sua linguagem formal não contém expressões indexicais ou demonstrativas (palavras como 'Eu', 'aqui', 'agora', 'próximo', 'este', cuja denotação varia conforme o contexto em que são proferidas) e isto, por sua vez, permite a Tarski tratar sentenças (expressões linguísticas e não marcas concretas[17]) como portadores de verdade e, assim, ignorar o papel importante que tem o contexto na determinação da verdade. Este papel foi descrito em nossa exposição da teoria de Austin.

3.4 ALTERNATIVAS À TEORIA DA CORRESPONDÊNCIA

3.4.1 Teorias coerentistas

Algumas pessoas não acreditam na existência de um mundo que seja independente das operações da mente. Os filósofos que defenderam essa (des-)crença são chamados de idealistas. Na seção anterior, vimos como é difícil precisar que concepção da correspondência poderia satisfazer às exigências de uma teoria da correspondência. Mas se você for um idealista, evita, inteiramente, este problema – você não precisa desvendar as relações entre os conteúdos da mente e os conteúdos do mundo porque acredita que esta distinção não pode ser feita! Proposições podem estar em relação com outras proposições (por exemplo, duas proposições juntas podem acarretar uma terceira), mas não com uma realidade não proposicional, segundo este tipo de idealismo.[18]

Que teoria da verdade poderia interessar a um idealista? Quando o idealismo floresceu, no final do século XIX, a teoria da verdade, na qual seus principais seguidores estavam interessados, era a *Teoria Coerentista*, que determina que uma proposição é verdadeira se e somente se ela forma um todo coerente com outras proposições que adotamos. Eles insistiam que proposições são interconectadas – por exemplo, a proposição que o sol se levanta no leste no hemisfério norte está conectada com proposições sobre o modo como o sol é constituído, com teorias (grupos de proposições) sobre a rotação da terra, etc. e, ela mesma, sustenta outras proposições tais como a que diz que a sombra começa a projetar-se sobre as ruas de Acra[a] às 4h30min da manhã no início de maio. Nossa proposição sobre o sol se levantar no este é verdadeira se e somente se ela se acomoda confortavelmente a todas estas outras proposições.

Uma das objeções de Bertrand Russell (1906-1907) à Teoria Coerentista era que uma falsidade manifesta, tais como o Bispo Stubbs[b] foi enforcado por assassinato, seria considerada verdadeira por esta teoria, visto que alguém poderia encontrar um grupo de proposições que fosse consistente com

---

[a] N. de T. Capital de Gana.

[b] N. de T. Williams Stubbs (1825-1901), famoso historiador inglês e Bispo de Oxford.

essa proposição difamatória sobre o bispo. Deveria ter ficado claro, porém, mesmo em nosso breve esboço da Teoria Coerentista, que a objeção de Russell era seu alvo. Coerência, tal como os teóricos da Coerência a entendem, não é apenas uma questão de consistência com um grupo arbitrário de proposições. Pensadores como F. H. Bradley, Harold Joachim e Brand Blanshard, conceberam a investigação humana como sendo uma busca pela Grande Verdade, um sistema completo de crenças que respondesse aos seus próprios padrões de justificação e explanação, os quais evoluíram, tornando-se mais refinados e rigorosos, conforme a investigação prosseguia. Apreender a Grande Verdade é, para os idealistas, compreender toda a Realidade porque, lembre--se, para eles, a Realidade não é algo externo do qual nossos juízos são meras cópias, mas é idêntica aos nossos juízos.[19] Ao defender que nossos juízos verdadeiros são *idênticos* às partes da Realidade, a Teoria Coerentista inclui, assim, uma *Teoria da Identidade* que, como vimos na seção 3.2, pode ser considerada como um caso limite da Teoria da Verdade como Correspondência. A questão é ainda mais complicada pelo fato de que qualquer proposição particular ou juízo, na medida em que não a Grande Verdade, é apenas parte da verdade. Os idealistas do século XIX, contudo, comprometeram-se com a concepção, bastante diferente, de que qualquer proposição é apenas parcialmente verdadeira, tendo apenas um certo *grau de verdade*. Se estavam confusos quanto à distinção destas duas concepções, é difícil dizer. Seria, certamente, uma confusão inferir que o relato de uma testemunha foi parcialmente verdadeiro, do fato de que ela não contou toda a verdade. O que a testemunha fez foi abster-se de revelar algumas verdades pertinentes ou inserir deliberadamente, em seu testemunho, algumas falsidades. Mas estas verdades e falsidades são verdades e falsidades *simpliciter*,[a] e não proposições que são verdadeiras em vários graus.

Poucas pessoas discordariam de que, em várias circunstâncias, nós *avaliamos* se uma proposição parece ser verdadeira testando se ela é consistente com outras proposições para as quais temos boas razões para acreditar que são verdadeiras.[20] Deste modo, a coerência (no sentido limitado de *consistência*) pode muito bem ser considerada como uma *aferição* da verdade e foi assim considerada por Otto Neurath (1931) e Carl Hempel (1935) – positivistas lógicos diametralmente opostos ao idealismo.[21] Todavia, isso não é o mesmo que considerar a consistência como fornecendo a definição da verdade ou uma explicação da natureza da verdade. Em primeiro lugar, porque a definição é circular – se duas proposições são consistentes, isso significa que

---

[a] N. de T. Expressão em latim no original, que, embora signifique literalmente 'simplesmente', neste contexto está sendo usada no sentido de 'absolutamente'.

podem ser conjuntamente *verdadeiras* e, assim, definir a verdade em termos de consistência reduz-se a definir a verdade em termos de... verdade! Aceitar a Teoria Coerentista do século XIX como uma explicação da *natureza* da verdade, "esta coerência sistemática que é a verdade", como é colocado por Joachim (1906, p. 76), significa engajar-se em uma metafísica que é rejeitada pela maioria dos filósofos hoje em dia. No entanto, a corrente da teoria que faz dela uma concepção *identitária* desfrutou de um recente renascimento e a doutrina dos graus de verdade foi aproveitada e modificada por filósofos que defendem um tipo particular de solução para o paradoxo dos Sorites (descrito na Caixa de Texto 4, do Capítulo 1).

3.4.2 A teoria pragmatista

O pragmatismo é uma concepção filosófica proposta por alguns pensadores americanos, extremamente interessantes, do final do século XIX e do início do século XX. Entre eles, encontram-se Charles Sanders Peirce, Williams James e Jonh Dewey. Suas concepções a respeito da verdade diferem-se entre si, mas tinham em comum a ênfase com que defendiam as consequências práticas em oposição a teorizar abstratamente.[22] Peirce recomendava que "em vez de dizer que você quer saber a 'Verdade', você deve dizer que quer alcançar um estado de crença inatingível pela dúvida" (Peirce, 1905, p. 279 de Hartshorne e Weiss). O método paradigmático da eliminação da dúvida é uma investigação científica escrupulosa e, de fato, em um de seus primeiros trabalhos, Peirce considerou uma tal investigação como convergindo tanto para a verdade, quanto para uma concepção clara da realidade: "A opinião que está destinada a ser, em última análise, aceita por todos aqueles que investigam é o que entendemos por 'verdade' e o objeto representado nessa opinião é o real" (Peirce, 1878, p. 55 de Schmitt).[23] James também insistiu sobre a eliminação da dúvida mediante a verificação. Ele estava interessado no "valor de caução que a verdade tem em termos experimentais". "Ideias verdadeiras", ele diz, "são ideias que podemos assimilar, validar, corroborar e verificar. Ideias falsas são aquelas com as quais não podemos [fazer isso]". Enquanto teóricos anteriores, que pensaram a verdade como uma propriedade, tomaram-na como uma propriedade de portadores de verdade, James queria considerar a verdade como um processo. "A verdade de uma ideia não é uma propriedade estática inerente a ela. A verdade *ocorre* a uma ideia. Ela *torna-se* verdadeira, é *feita* verdadeira pelos eventos. Sua veracidade *é*, de fato, um evento, um processo: o processo de sua valid-*ação*" (James, 1907, p. 60).

A atitude pragmática consiste em "parar com a baboseira, limpar o terreno e concentrar-se no que interessa do ponto de vista prático" (Lynch, 2004,

p. 61); é uma espécie de filosofia para engenheiros. Pode ser difícil perceber o quanto esta atitude pode ser utilizada no problema da verdade, mas Michael Lynch oferece uma analogia muito útil com a filosofia moral (Lynch, 2004, p. 66). Para os utilitaristas, quando você tem uma escolha quanto ao que fazer, a ação moralmente certa é aquela que leva à maior felicidade. Assim, o 'certo' é *definido* em termos de 'felicidade', a maximização da felicidade é *constitutiva* do ser certo. Da mesma forma, para um pragmatista, quando você tem uma escolha quanto ao que acreditar, a crença verdadeira é aquela que traz o maior benefício prático, aquela que é mais útil – e a utilidade tem várias formas. Assim, o 'verdadeiro' é *definido* em termos de utilidade – é a sua utilidade que torna uma crença verdadeira. (Observe que, no espírito viril do pragmatismo, deixamos de falar de proposições – por ser demais fantasioso – e passamos a falar em crenças.) (Mas isto é somente uma fachada, porque mesmo que crenças fossem estados físicos do cérebro, é o conteúdo de um estado-crença, isto é, uma proposição que é verdadeira ou falsa.)

Se prolongarmos a analogia de Lynch, poderemos descobrir, de modo interessante, uma das coisas que está *errada* com a teoria pragmatista. Se você realiza alguma ação – como talvez assassinar sua avó – então, se alguém lhe perguntar se essa era a coisa certa a fazer, se você fosse um utilitarista teimoso, você poderia responder: 'Bem, pode não parecer certo para você agora, mas não deve ser tão apressado em seu julgamento – espere até que esteja em posição de avaliar todas as consequências do fato de eu tê-la matado e poderá descobrir, eventualmente, que isso produz muita alegria'. Assim, o utilitarista teria dito que uma ação pode ser moralmente certa, mesmo que tenhamos que esperar muito tempo antes de saber que ela é moralmente certa. Mas *compare* isso com a questão de saber se uma certa crença é verdadeira. Eis uma crença: acredito que estou escrevendo um capítulo sobre a Verdade em um livro sobre Filosofia da Lógica. Esta crença é verdadeira independentemente de qualquer descoberta no futuro a respeito dos benefícios práticos que a adoção desta crença pode ter para mim ou para quem quer que seja. Se adotar esta crença mostrar-se como não tendo qualquer benefício prático, ou como tendo graves desvantagens práticas, isso não poderia tornar falsa a minha crença. Seria loucura (ou não?) declarar, retrospectivamente, que Hitler não assassinou seis milhões de judeus com base no fato de que defender que ele o tenha feito mostrou-se uma clara desvantagem prática.

Um outro problema de equacionar verdade e benefício prático, ou utilidade, aparece quando pensa sobre você mesmo andando no campo e perguntando a um fazendeiro como chegar ao bar mais próximo. Sua necessidade prática de matar a sua sede não será atendida se o informante lhe der indicações erradas. *A resposta dele será útil apenas se for verdadeira*. Agora, veja o que acontece se você fizer a substituição pragmatista de 'verdadeiro' por 'útil' na sentença em itálico. Você terá: 'A resposta dele será útil apenas se for útil'. E isso não tem utilidade alguma.

Sem dúvida, William James teria rejeitado uma tal crítica como uma 'calúnia infame'. Ele dizia: "A má vontade de alguns de nossos críticos em ler nossos enunciados atribuindo-lhe os significados mais tolos possíveis é tão desabonador em relação à sua imaginação quanto qualquer coisa que eu saiba da história recente da filosofia" (James, 1907, p. 72) Mas sua queixa parece ser que os críticos interpretaram a concepção pragmatista da utilidade apenas como significando meramente prazer. Se você pensar (por exemplo) sobre a verdade na ciência, dizia James, você verá que os benefícios práticos em questão incluem elegância, economia – em geral, bom gosto científico – e, sobretudo, "consistência tanto com verdades anteriores, quanto com fatos novos" (James, 1907, p. 66.). Todavia, a inspeção dos argumentos contra a teoria pragmatista, apresentados acima, mostram que eles não supõem uma concepção tão estreita da utilidade ou do benefício prático; assim, apesar de ser possível compartilhar a visão geral dos pragmatistas, sua concepção sobre a verdade permanece problemática.

3.4.3 Deflacionismo

Até aqui estivemos vendo o que pode ser chamado de teorias 'substantivas' ou 'robustas' da verdade. Todas essas concepções compartilham a suposição de que a verdade é algo (talvez uma propriedade, uma relação ou um processo) e que a tarefa dos teóricos é dizer em que consiste a verdade – descobrir a natureza da verdade (ou declarar que sua natureza é um mistério, se forem primitivistas). Mas se adotarmos uma atitude obtusa, pragmática, uma outra possibilidade vem à tona. As pessoas falam em empenhar-se pela verdade ou em visar à verdade. Talvez, porém, isto seja somente um monte de bobagens pretensiosas. O que realmente queremos são crenças que sejam úteis para nós e que possamos justificar, caso sejamos desafiados a fazê-lo. Avaliar que uma proposição é verdadeira é apenas avaliar se ela possui uma justificação sólida. Se isto estiver certo, estaremos interessados na qualidade das evidências que as pessoas fornecem em apoio às proposições que declaram e tentaremos encontrar maneiras de distinguir as boas das más justificações, mas iremos deixar de nos preocupar com a verdade. A verdade não seria nada e, assim, estaríamos particularmente perdendo nosso tempo se fossemos buscar uma teoria da verdade. Esta é a posição associada a Richard Rorty (1991, 1998, 2000, 2002).

Há uma outra consideração muito simples que também torna essa posição atraente. Considere o enunciado 'É verdade que Berlim é a capital da

Alemanha'. Este enunciado parece ter nem mais nem menos conteúdo do que o enunciado 'Berlim é a capital da Alemanha'. Podemos excluir 'É verdade que', pois sua presença não acrescenta nada ao que é dito pelas palavras que vêm a seguir. Naturalmente, a mera exclusão não funcionaria em todos os casos. Por exemplo, nos enunciados 'A verdade está por aí' e 'Embora o que Dick acaba de dizer seja verdadeiro, ele costuma mentir', a mera exclusão dos termos 'verdade' e 'verdadeiro' resultaria em algo sem sentido. Mas suponha que, mesmo em casos como esses, fosse possível parafrasear qualquer sentença que contivesse o termo 'verdadeiro', ou um de seus cognatos, de modo que as palavras associadas a 'verdadeiro' desaparecessem e, ainda assim, o sentido fosse preservado na paráfrase. Isso mostraria que 'verdadeiro' é redundante, na medida em que não possui nenhum conteúdo. Seria um falso predicado.[24] Por conseguinte, esta concepção (que habitualmente é atribuída a Frank Ramsey, apesar de tanto Frege (1918), quanto Wittgenstein (1979, p. 9, entrada de 6.10.14[a]) terem chegado a isso antes), embora receba o nome de *Teoria da Redundância*, é, na realidade, uma teoria antiteoria, pois ela diz que não há um problema da verdade, porque o predicado 'verdadeiro' não representa nada.[25] Nas palavras de Ramsey: "Não há um problema independente da verdade, mas apenas uma confusão linguística".[b]

Infelizmente, não é de modo algum claro que as paráfrases do tipo requerido por Ramsey estejam, de um modo geral, disponíveis. Mesmo uma simples afirmação como 'O que o bispo disse é verdade' resiste a ser parafraseada. Seria possível tentar algo como 'Há uma certa proposição, o bispo a expressou, e ela", mas isso não faz sentido. Faria sentido se acrescentássemos as palavras 'é verdadeira', mas isso iria arruinar nosso objetivo de eliminar a palavra 'verdade' pela paráfrase.

Um problema talvez mais fundamental com a Teoria da Redundância reside em que ela nos pede para ler a seguinte bicondicional:

> É verdade que Berlim é a capital da Alemanha se e somente se Berlim é a capital da Alemanha.

como mostrando que o predicado 'é verdadeiro' é redundante. Mas não é igualmente, ou mesmo mais plausível ler a bicondicional como mostrando que a proposição à esquerda de 'se e somente se' requer algo que a torne

---

[a]N. de T. Infelizmente, ainda não está disponível uma tradução desta obra publicada em língua portuguesa. Contudo, é possível consultar uma tradução em espanhol: Wittgenstein (1982). *Diario filosófico (1914-1916)*. Barcelona: Ariel.

[b]N. de T. No original: *"There is no separate problem of truth but merely a linguistic muddle"* (Ramsey, 1927, p. 142).

verdadeira[a] (por exemplo, Berlim, o ser grande de Berlim, o fato de que Berlim seja grande, o estado de coisas no qual Berlim é grande), que é indicado pela proposição que está à direita? E isso é exatamente o que a Teoria da Correspondência diz (Vision, 2003)!

A Teoria da Redundância é obviamente deflacionária porque esvazia nossa ambição de encontrar uma explicação substantiva para a verdade. Existem outras concepções deflacionárias que reconhecem que a palavra 'verdadeiro' tem *alguma* função útil, mas não a função de atribuir uma propriedade a um portador de verdade. Por exemplo, Peter Strawson, em um de seus primeiros artigos (1949), sustentou que um falante usa, normalmente, a palavra 'verdadeiro' para realizar o ato de endossar ou indicar sua concordância com o que foi dito por outro falante – a teoria é, assim, chamada de *Teoria Performativa*. Há uma dificuldade óbvia nessa teoria. Quando eu digo 'Se o criacionismo[b] é verdadeiro, então os dinossauros perambulavam pela Terra há menos de 15 mil anos', não há nenhum endosso do antecedente. Um outro problema: Eu normalmente endosso uma afirmação qualquer porque acredito que ela seja verdadeira. Tal explicação, perfeitamente razoável, seria traduzida, na Teoria Performativa, pela seguinte não explicação: 'Eu normalmente endosso uma afirmação qualquer porque... eu a endosso', o que teria deixado completamente no escuro quem quer que me ouvisse dizer isso.

Esta expressão, 'no escuro', nos fornece uma porta de entrada conveniente para uma outra concepção deflacionária, a *Teoria Pró-sentencial*, assim chamada pela primeira vez por Grover, Camp e Belnap (1975), mas antecipada, em larga medida, por outros pensadores, incluindo, especialmente, Arthur Prior (1971). A palavra 'o' em uma sentença é normalmente seguida de um substantivo, mas seria um erro pensar que na expressão 'no escuro', a palavra 'escuro' é um substantivo que nomeia algo. Afinal, poderíamos normalmente, sem perda de sentido, trocar esta expressão por 'confuso' ou 'perplexo'. Os pró-sentencialistas afirmam que em qualquer sentença que contenha o predicado 'verdade', este predicado pode ser deslocado pela expressão 'isto é verdadeiro' ou 'aquilo é verdadeiro'. Estas expressões não são predicados. Assim, da mesma forma que ao trocar 'no escuro' tanto por 'confuso quanto por 'perplexo' podemos evitar questões tolas do tipo 'Em que escuro você o deixou?' ou 'Que objeto está sendo representado pela palavra 'escuro' nessa expressão?',

---

[a] N. de T. No texto original: '*truth-maker*'.

[b] N. de T. A palavra 'Criacionismo' designa, de forma genérica, as teorias, de origens diversas, segundo as quais a origem do universo e da vida é, e só pode ser, explicada se supusermos a existência de um ser (ou vários seres) inteligente que os teria criado.

assim também podemos, ao reformular as sentenças que contenham o predicado 'verdade' por sentenças que contenham as expressões 'isto é verdadeiro' ou 'aquilo é verdadeiro', evitar questões tolas do tipo 'Que propriedade está sendo representada pela palavra 'verdade'?', porque estas duas expressões, claramente, não são adjetivas nem predicativas. No bom espírito deflacionário, o pró-sentencialista pode dizer: 'O predicado 'é verdade' é inteiramente dispensável em favor dessas duas outras expressões, ele não representa nenhuma propriedade; assim, não precisamos de nenhuma teoria sobre a natureza da propriedade que ele representa'.

'Isto' é um pro*nome*. Vamos embelezar o vocabulário do português, acrescentando o termo '*iev*', que é uma pró-*sentença*. Eis como ele funciona. Em lugar de escrever algo trabalhoso como:

> 1. 'Bert acredita que a composição química do sal é uma parte de sódio para uma parte de cloro, e (de fato) a composição do sal é uma parte de sódio para uma parte de cloro.'

podemos escrever:

> 2. 'Bert acredita que a composição química do sal é uma parte de sódio para uma parte de cloro, e isto é verdade.'

ou ainda, usando nosso português embelezado:

> 3. 'Bert acredita que a composição química do sal é uma parte de sódio para uma parte de cloro, e iev.'

Ao compararmos 1 e 3, notamos que 'iev' está no lugar de toda a sentença 'A composição química do sal é uma parte de sódio para uma parte de cloro'. Se voltarmos agora ao exemplo 'O que o bispo disse é verdade', que usamos contra a ingênua Teoria da Redundância, pode ser traduzido, conforme a concepção Pró-sentencial, da seguinte maneira: 'O bispo disse algo e iev'. Ora, esta é uma sentença gramaticalmente perfeita, pois ela é apenas uma abreviação de 'O bispo disse algo e isto é verdade'. Além disso, ela não contém a palavra 'verdade' funcionando como um adjetivo, mas apenas como uma parte não explícita de uma pró-sentença. O falante está usando 'iev', aqui, para asserir (tacitamente) o que quer que o bispo tenha dito. Assim, a Teoria Pró-sentencial parece oferecer uma maneira inteligente de justificar a concepção deflacionária.

Mas ela o faz realmente? Há sérias dúvidas quanto à possibilidade de que todas as sentenças que contenham o termo 'verdade', sendo aparentemente predicado de um portador de verdade, possam ser parafraseadas no estilo pró-sentencialista. Ou ainda, se houver apenas uma paráfrase confusa, começamos a suspeitar que a expressão original é que expressa, de forma exata (e talvez seja uma pré-condição), o pensamento a ela associado, sendo a paráfrase apenas uma espécie de exercício tedioso para expressar diferentemente o pensamento – ela não mostraria, senão, que tais exercícios podem ser realizados. Como um pró-sentencialista parafrasearia 'A conjectura de Goldbach[a] é verdadeira'?[26] (É possível pensar na tradução barroca de um enunciado matemático simples, tal como '1+1=2', para a linguagem da lógica formal e da teoria dos conjuntos.)

Outro problema surge quando paramos para pensar em como leríamos em voz alta a sentença 3 acima, se falássemos o português embelezado. Minha aposta é que colocaríamos grande ênfase em 'iev'. É um fato, raramente observado, que quando queremos dizer que algo é verdadeiro sem usar a palavra 'verdade', usamos a ênfase ou acrescentamos expressões como 'de fato' (como fizemos na sentença 1 acima) ou 'realmente'. Se a função predicativa de 'verdade' pode ser sempre transferida para esses dispositivos, isso não mostra que 'verdade' não tem uma função predicativa, a não ser em um sentido trivial. O que parece provável é que tais dispositivos existem porque precisamos de um sinal que mostre quando nos comprometemos com a verdade de uma proposição por contraste como as situações em que apenas a pronunciamos ou nos divertimos com ela. Chamamos a atenção para o fato de que quando um falante afirma 'O bispo disse algo e iev', o falante usa 'iev' para *asserir* o que quer que o bispo tenha dito. Mas asserir é justamente reconhecer uma proposição *como verdadeira*. Portanto, a menos que o pró-sentencialista possa mostrar o contrário, temos que concluir que a Teoria Pró-sentencial faz um uso essencial de um conceito que é definido em termos do predicado 'verdade'.

Esta última objeção pode também ser apresentada contra a *Teoria Mínima,* tão popular atualmente, que recebeu, de Paul Horwich (1998), sua defesa mais ampla. Diferentemente de Grover, Horwich não nega que 'verdade' represente uma propriedade (apesar de negar que tal propriedade seja um elemento comum da realidade (1998, p. 2)), nem adota a linha 'primitivista' de Frege, Davidson e outros, que sustentam que o significado de 'verdade' é único e indefinível.[27] A concepção de Horwich é que o único propósito de um predicado-verdade é o de nos permitir expressar atitudes em relação a

---

[a] N. de T. Essa conjectura, embora já fosse conhecida anteriormente, recebeu sua principal formulação do matemático prussiano do século XVIII, Christian Goldbach (1690-1764), e constitui um dos mais antigos problemas da teoria dos números. Ela pode ser enunciada assim: todo número par maior do que dois pode ser escrito como soma de dois números primos.

uma proposição quando, como é colocado por Horwich, "estamos contrariados pela ignorância acerca do que é exatamente uma proposição" (Horwich 1998, p. 2). Já encontramos tais casos. Eu confio no bispo e, assim, apesar de não ter ouvido propriamente sua última observação, digo: 'O que o bispo disse é verdade' ou 'Estou certo de que o que o bispo disse é verdade'; e talvez acrescente, de modo excessivo: 'Acredito que tudo o que bispo diz é verdade'.

Suponha que a última observação do bispo tenha sido sobre Deus, embora eu não tenha me apercebido. Então, quando digo 'O que o bispo disse é verdade', minha afirmação é sobre a proposição do bispo (e indiretamente sobre Deus). Se *minha afirmação* sobre o que o bispo disse é verdadeira, então o que o bispo disse é verdade, e vice-versa. Do mesmo modo, e igualmente óbvio, a proposição de que a neve é branca é verdadeira se e somente se a neve é branca. Temos aqui uma bicondicional, uma equivalência. Existe, pois, um modelo ou *esquema* de equivalência:

(E) A proposição que p é verdadeira se e somente se p.

ou, segundo a notação de Horwich (1998, p. 8):

<p> é verdadeira Sse p.

e isso, de acordo com Horwich, nos conta toda a estória sobre a verdade. (E) é apenas um esquema, porque contém a letra esquemática 'p'. Mas substitua ambas as ocorrências de 'p' em qualquer sentença que quiser, você terá uma equivalência, por exemplo,

A proposição que as formigas gritam é verdadeira se e somente se as formigas gritam.

É a totalidade de tais equivalências que definem implicitamente a verdade. Horwich diz: "Todo o papel conceitual e teórico da verdade pode ser explicado nessa base"; "a verdade é metafisicamente trivial".

Observe a similaridade entre (E) e a Convenção (T) de Tarski, que discutimos na seção 3.2. Mas há duas grandes diferenças. Primeiro, em qualquer instância de (E) temos a verdade predicada de uma *proposição*, ao passo que na teoria de Tarski as *sentenças* é que são os portadores de verdade. Segundo, para Tarski, é um critério de adequação para uma teoria da verdade que todas as instâncias da Convenção (T) sejam deriváveis no interior da teoria. Para Horwich, todas as (infinitas) instâncias de (E) são os *axiomas* de sua Teoria Mínima.

O conciso livro de Horwich (1998) é uma leitura excelente. Depois de explicar a Teoria Mínima em muito poucas páginas, Horwich considera trinta e nove objeções a ela e procura refutá-las todas, em geral, com sucesso e de modo sucinto. Por exemplo, à objeção de que a Teoria Mínima não se adequa à 'intuição de correspondência', Horwich responde que é inegável que, por exemplo, a proposição de que a neve é branca *porque* algo no mundo (a neve) é de certo modo (branca). Recorremos à ciência para explicar por que a neve é branca e, apenas então, apelando para a equivalência relevante (entre 'A neve é branca' e 'A proposição que a neve é branca é verdadeira'), deduzimos, e assim explicamos, por que a proposição que a neve é branca é verdadeira (Horwich, 1998, p. 104-105).

Na Seção 3.1, discutimos a falta de respeito, de Dick, pela verdade, e (espero) concordamos com Grace que o respeito pela verdade é importante. Mas se, como a Teoria Mínima afirma, a verdade não é uma propriedade substancial, então não é claro que ela possa ser objeto de respeito. Esse parece ser um sério defeito da teoria.[28] Naquela seção, também discutimos paradoxos semânticos e, apesar de querermos deixar de lado as dificuldades levantadas por esses paradoxos, deve ser dito que Horwich é particularmente vulnerável a eles. A derivação do Paradoxo do Mentiroso depende, como o próprio Horwich mostra, do uso da equivalência-Horwich (ver também nossa derivação da contradição de 'Saul' na Seção 3.2), e ele é levado a conceder que "apenas certas instâncias do esquema de equivalência são corretas" (Horwich, 1998, p. 42). Horwich procura se manter tranquilo em relação a isso, mas outros argumentam que esse é um defeito fatal de sua posição (Simmons, 1999).

3.5 RELATIVISMO

Neste capítulo, temos discutido o conceito de verdade como ele ocorre em enunciados da forma 'A proposição p é verdade'. Mas, existem alguns filósofos que negam que, em muitos casos, seja correto dizer que uma proposição é simplesmente verdadeira ou simplesmente falsa: o que deveríamos dizer é que a proposição é *verdadeira para X* (por exemplo, uma proposição poderia ser verdadeira para você, falsa para mim). Esta concepção é conhecida como *Relativismo*.[29] Muitas pessoas que usam a expressão 'verdadeiro para X' estão apenas confusas. Pode ocorrer que eu *acredite que uma certa proposição é verdadeira* e você *acredite que ela é falsa*. Tipicamente, em tais casos, a proposição é (simplesmente) verdadeira ou (simplesmente) falsa e ao menos um de nós dois tem uma crença incorreta. Assim, um relativista pós-moderno, seguindo Michel Foucault, poderia afirmar que verdade é o que é considerado verdadeiro, e o que é considerado verdadeiro depende de quem detém o poder no momento (especialmente quando esse poder é forte o suficiente para moldar o próprio significado das palavras). Porém, dessa perspectiva relativista – aqui cito Lynch (2004, p. 39) – "segue-se que no sul dos Estados Unidos, durante os anos de 1960 e 1970, os afro-americanos eram real e moralmente inferiores aos brancos porque esta era a concepção da estrutura do poder político branco no período". E, como Lynch corretamente diz, "... isto é contraintuitivo: certamente tais concepções racistas eram falsas naquela época *e agora*".

Uma refutação malandra do Relativismo é: 'Ok, essa é uma teoria interessante, mas, simplesmente, não é verdadeira para mim'. Não é preciso dizer que uma tal refutação não faz justiça às versões sérias do Relativismo. Proposições tais como 'Alcaçuz é gostoso', 'Popocatépetl[a] irá provavelmente entrar em erupção nos próximos dez anos' e 'Trair sua própria esposa é errado' não tratam, de forma óbvia, de questões objetivas (Kölbel, 2002, p. 19) e o "difundido prejuízo contra o relativismo" (Kölbel, 2002, p. 128) precisa ser trocado por uma resposta mais cuidadosa (Lynch, 2004, p. 31-44).

SUGESTÕES PARA LEITURAS ADICIONAIS

Künne (2004) é um trabalho apaixonado que certamente irá lhe inspirar, assim como a coleção de artigos clássicos sobre a verdade (Blackburn e Simmons, 1999) e Horwich, Paul (ed.) (1994) *Theories of truth*, Aldershot: Dartmouth.

NOTAS DOS AUTORES

1. Este paradoxo é uma versão do Paradoxo Sancho Pança. Ver Church (1956, p. 105) e Mackie (1973, p. 297).
2. Graham Priest, que, como Sócrates, parece um perito em corromper a juventude, resume a ideia principal do Capítulo 5 de seu livro introdutório de Lógica (Priest, 2000, p. 37) da seguinte forma: "Sentenças podem ser verdadeiras, falsas, ambas ou nenhuma das duas".
3. Em particular, Williams (2002) e Lynch (2004). Estes dois livros são excepcionalmente bem escritos e dedicam-se, de forma crítica, às concepções de Nietzsche.
4. Este exemplo é retirado de Wittgenstein (1953, §525).
5. Para um exemplo ainda mais estranho, ver Ellis (1990, p. 172).
6. (Austin, 1962, p. 148). Para uma discussão a respeito de alguns dos atos que são tipicamente produzidos durante a emissão de um ato de fala total, ver p. 92-98. Uma discussão semelhante sobre este tema ocorre em Aristóteles (Dougherty 2004).
7. Dúvidas quanto à expressão de proferimentos de outras tribos em nosso próprio vernáculo ("tradução radical") são expressas por Quine (1960, Cap. 2). A rejeição da possibilidade de esquemas conceituais alternativos é encontrada em Davidson (1974). Para uma recusa de Davidson a este respeito, ver Blackburn (2004); em favor dos golfinhos, MacIntyre (1999) e, em favor dos

---

[a] N. de T. 'Popocatépetl' é o nome de um vulcão que se localiza no México, próximo da capital. Nos últimos dez anos, tem entrado em atividade sempre no mês de dezembro.

bonobos], Greenspan e Shanker (2004). [N. de T.: Bonobos são espécies de chimpanzé em extinção]

8. Quando, em uma ocasião particular, profiro uma sentença (acompanhada, talvez, por algum gesto que aponte para algo), as convenções relativas aos demonstrativos, juntamente com as minhas palavras, servem para selecionar os objetos particulares e o estado de coisas particular ao qual estou me referindo. A identidade do enunciado que fiz é também determinada por estas palavras e objetos, portanto, há uma *relação interna* entre o enunciado e o estado de coisas. Austin parece ter negligenciado este ponto. Devemos esta observação a Peter Cave.

9. Aristóteles, Metafísica Γ 7: 1011b26-7 (Kirwan 1993). Como foi salientado por Künne no decorrer de sua interessante discussão a respeito da correspondência clássica (Künne 2004, p. 94-114), a primeira metade da definição de Aristóteles é retirada do *Sofista* de Platão (240 e 10-241 a1). [N. do T.: Para uma edição em português do diálogo *Sofista*, ver Platão (1983). Col. Os Pensadores. São Paulo: Ed. Abril, para uma edição em português da *Metafísica* de Aristóteles, ver N. de T. a, na p. 33 do Capítulo 1.]

10. J. L. Mackie (1973, pp 17-63), em consequência, chama sua própria variante desta teoria de 'Teoria Simples'. A definição de Aristóteles parece aplicar-se apenas àqueles enunciados nos quais uma propriedade é atribuída a um objeto e não aos enunciados tais como 'Agora está chovendo', 'Se Grace ama Dick, então ela não ama Bert'. Tanto Mackie quanto Künne (2004) procuraram escapar desta limitação. A visão de Mackie é que, quando um enunciado é verdadeiro, "as coisas estão no mundo do modo como o enunciado diz que elas são" (p. 50) Ele não está falando de uma relação entre coisas e enunciados, mas entre *como as coisas estão* e *como o enunciado diz que elas são* e ele diz que a relação entre ambos é "muito estreita para ser chamada de correspondência" (p. 56). Portanto, sua visão é próxima da, mas não idêntica à, *Teoria da Identidade* que iremos discutir em seguida. A tentativa de Künne (2004, p. 337) de formular simbolicamente a visão Simples (ou 'Modesta') é criticada por Akiba (2004).

11. Embora, alguns leitores, mais velhos, possam lembrar-se da canção de *music hall*: "*I've never seen a straight banana*" [N. de T.: O título desta canção envolve um trocadilho com a palavra '*straight*', que, nesse caso pode significar tanto 'reta', como 'heterossexual'.]

12. Não consideramos nem mesmo os enunciados lógicos ou matemáticos, ou as leis científicas, em relação aos quais não parece haver nenhum estado de coisas correspondente. Uma possibilidade consiste em que haja diferentes tipos de correspondência para diferentes áreas do discurso. Ver Sheer (2004).

13. A "teoria da figuração" é descrita em Wittgenstein (1961, §2.1 – 3.01; §4.01-4.012), mas uma concepção bastante diferente da linguagem constitui os últimos escritos. Ver, por exemplo, Wittgenstein (1953, §§7, 23). [N. de T.: Para uma edição em português da primeira obra citada, ver Wittgenstein (1993). *Tractatus Logico-Philosophicus*. Trad. Luiz Henrique Lopes dos Santos. São Paulo: EDUSP, 1993.]

14. Julian Dodd, que oferece uma defesa sutil e espirituosa da teoria da identidade, fica contente ao abandonar o 'princípio fabricante-de-verdades', que é

algo que torna a verdade, verdadeira (Dodd 2000, Cap. 1). Esta é uma posição bastante audaciosa. No início deste capítulo, falamos da ação de Grace ao dar um dólar a Dick como *tornando verdadeiro* o enunciado que dizia que ela iria dar um dólar a ele. Isto parece uma descrição totalmente apropriada da situação. O enunciado 'O trem está chegando no horário' é tornado verdadeiro pela locomotiva entrando na estação no horário determinado; se ela o fizesse em qualquer momento ulterior, o enunciado seria falso. Ver também Stewart Candlish (1999) e seu manual (2005). [N. de T.: A expressão 'fabricante de verdades' procura traduzir, ainda que de maneira imprecisa, a expressão inglesa '*truth-maker*']

15. A apresentação mais rigorosa e acessível da teoria de Tarski na literatura secundária é de Soames (1999, Cap. 3 e 4), mas você irá, provavelmente, precisar de ao menos um ano de estudo antes de poder lidar com isso por você mesmo. Tarski oferece sua própria exposição informal em Tarski (1969).
16. Colocar uma sentença entre aspas simples é um modo de formar seu nome, mas existem outros, como o próprio Tarski chama a atenção (Blackburn e Simmons, 1999, p. 119).
17. Ver o esclarecimento fornecido por Tarski na nota de rodapé 1, p. 156 de Tarski (1933).
18. Estamos em débito com Stewart Cavendish por nos ter guiado na formulação da posição idealista.
19. Ao ler, pela primeira vez, estes autores do século XIX, é possível sentir-se como se estivéssemos em um planeta alienígena, arrastando-nos pela lama, envolvidos em uma névoa densa e turbilhonante. A explicação que foi dada de suas posições é o guia mais grosseiro possível. Candlish e Damnjanovic (2006, §1.2) apresentam uma exegese suficientemente especializada para lançar alguns raios de luz que nos permitam ver algo. Eles mostram também que enquanto Bradley pode propriamente ser classificado como um teórico da Identidade, não é um teórico da Coerência, pois, diferentemente de Joachim e de Blanshard, não sustenta que a verdade *consiste* na coerência, apesar de pensar que uma proposição pode ser verdadeira se e somente se ela passa no teste da consistência. Ralph Walker é também uma boa referência no que concerne à Teoria Coerentista. Ver o seu livro de 1997 (p. 310-319) e o de 2001.
20. Naturalmente, caso se insista em uma conformidade servil ao dogma estabelecido, o resultado será a inibição da boa ciência, como Paul Feyerabend vigorosamente argumenta.
21. Ralph Walker (1989, Cap. 9) mostra que uma teoria coerentista da justificação não implica uma teoria coerentista da verdade.
22. Para uma exploração breve e útil das teorias pragmatistas com uma investigação de suas diferenças, ver Schmitt (2004, p. 3-11).
23. Peirce observa que está usando a palavra 'destinada' em um sentido em nada relacionado à superstição, mas no sentido em que ela ocorre na expressão 'Estamos todos destinados a morrer'.
24. Ver o Capítulo 2, 'Um falso predicado?', de Künne (2004) para uma boa discussão das diferentes versões desta posição "niilista"; ver também a introdução de Blackburn e Simmons (1999).

25. Esta caracterização é tirada de Ayer (1936, p. 119). Uma posição similar pode ser defendida para a crença. Acreditar que uma certa proposição é verdadeira, é justamente acreditar nesta proposição. Assim, mais uma vez, segundo Ramsey, não há um problema da verdade que seja separado do problema do que seja acreditar em algo.
26. Esta objeção é tirada de Künne (2004, p. 83), que tem um longo capítulo (p. 33-92) dedicado à questão de saber se 'verdade' é um falso predicado.
27. Ver Frege (1918, p. 87) e Davison (1996). Davidson monta um ataque contra a Teoria Mínima de Horwich, o qual é contestado em Künne (2004, p. 321-31).
28. Horwich coloca este problema em diversos pontos de seu livro (1998, pp. 62-3, 139-41, 143-4), mas não consegue eliminar todas as dúvidas. Ver, por exemplo, Lynch (2004, p. 107-116).
29. Livros recentes que defendem o relativismo incluem O´Grady (2002), Baghramian (2004) e também Kölbel (2002). O volume 12, número 3 (setembro 2004) da revista *International Journal of Philosophical Studies* é dedicado a este tema.

4
A lógica das partes do discurso

4.1 INTRODUÇÃO: QUESTÕES DE SENTIDO E REFERÊNCIA

Este capítulo diz respeito a alguns dos enigmas e problemas filosóficos gerados pelos *nomes próprios*. Nomes próprios são nomes de pessoas, lugares e coisas individuais. Os exemplos incluem 'Max Deutsch', 'França', 'Arnold Schwarzenegger'. Um aspecto interessante dos nomes próprios é que eles são escolhidos com o propósito de fazer referência a coisas *particulares*. Nisso, eles diferem dos termos gerais, tais como 'autor', 'país', que são escolhidos para serem aplicados a mais de uma coisa. Para marcar este contraste, filósofos e lógicos descrevem a classe dos termos à qual os nomes próprios pertencem como termos *singulares*. Como veremos, é precisamente esta singularidade dos nomes próprios, e especialmente o modo como é alcançada, que é fonte da perplexidade filosófica que causam.

Existem duas questões básicas a serem feitas sobre os nomes próprios (a partir de agora, os designaremos apenas por *nomes*), questões que chamaremos de *questão do significado* e *questão da referência*. Comecemos com a questão do significado, visto que sua formulação correta envolve resolver uma complicação que não aparece em relação à questão da referência.

4.1.1 A questão do significado

Referida a um nome, digamos 'França', a questão do significado, em sua forma simples, é a seguinte: o que 'França' *significa*? Mas é aqui que a complicação aparece, pois há muitos significados para 'significa' e seus cognatos (como 'significado'). Para evitar a ambiguidade, precisamos selecionar um deles. Por exemplo, de acordo com uma concepção comum de significado, o significado de um nome como 'França' é potencialmente diferente para cada falante da linguagem, sendo algo parecido com o conjunto de associações subjetivas que cada falante faz com o nome. Este não é o sentido de 'significado' do qual iremos nos ocupar aqui. Qual é o sentido relevante e por quê?

A linguagem é, primariamente, um meio de comunicação e filósofos, lógicos e linguistas estão, sobretudo, interessados nesta função comunicativa da linguagem. Por conseguinte, o sentido relevante de 'significado' é (grosso modo) aquele que identifica o significado de uma expressão com *o que esta expressão comunica*. Deve ficar claro que este sentido que relaciona 'significado' à comunicação é um pouco distante do sentido relacionado às associações subjetivas descrito acima. Talvez você pense em baguetes e imagine a Torre Eiffel quando pronuncia ou ouve a palavra 'França'. No entanto, é implausível supor que você consiga comunicar essas associações simplesmente proferindo uma sentença contendo a palavra 'França'. Comunicar essas associações exigiria um esforço especial de sua parte.

Porém, embora o sentido relacionado à comunicação seja diferente do sentido relacionado às associações subjetivas e mais próximo dos objetivos dos teóricos da linguagem, ele é caracterizado de modo demasiado impreciso para ser de alguma utilidade no esclarecimento da questão do significado dos nomes. Isto porque, estritamente falando, os nomes não comunicam absolutamente nada. O que pode ser comunicado é que várias coisas são ou não são o caso – que a França está muito longe, que eu não estou contente com o meu corte de cabelo, que duas bolas de sorvete são melhores do que uma, etc. Os nomes, por si mesmos, não dizem se algo é o caso. São as *sentenças* que fazem isso. Sentenças são as unidades básicas da comunicação, porque são as sentenças que *carregam partes completas de informação* ou, para usar uma terminologia familiar a você desde os primeiros capítulos, são elas que *expressam proposições*. Dado isso, o sentido de 'significado' relacionado à comunicação aplica-se corretamente apenas às sentenças: o 'significado' *de uma sentença* pode ser identificado com *o que pode ser comunicado por ela* e isso, por sua vez, pode ser identificado com *a proposição que a sentença expressa*.[1]

Contudo, a maioria das sentenças é complexa; elas têm partes. É, portanto, natural supor que as sentenças têm o significado que têm em virtude do modo no qual suas partes menores, 'subsentenciais' compõem ou articulam-se entre si. Esta suposição é reforçada ao se observar as maneiras pelas quais os significados de certos grupos de sentenças parecem se sobrepor. O significado de 'A França está muito longe' se sobrepõe ao de 'Timbuktu[a] está muito longe' e também ao de 'A França é uma democracia', embora em pontos diferentes. Pareceria que esta composicionalidade e esta superposição, quanto ao significado, podem ser explicadas pelo fato de que as partes subsentenciais de uma sentença fazem *contribuições* de significado separadas para a proposição expres-

---

[a] N. de T. 'Timbuktu' é o nome de uma cidade do país de Mali, na África. Em inglês, designa também, na gíria, um lugar muito longínquo.

sa pela sentença como um todo. Aceitar esta explicação nos permite caracterizar uma noção de significado para as expressões subsentenciais que seja derivada da noção de significado da sentença descrita acima. Podemos identificar o significado de tal expressão com *aquilo que esta expressão contribui para as proposições expressas pelas sentenças que as contenham*.

Temos, agora, uma maneira unívoca de interpretar as versões simples da questão que levantamos quanto ao significado dos nomes. Podemos tomar a questão de saber o que significa 'França' como sendo equivalente à questão de saber *que contribuição proposicional* 'França' faz para as proposições expressas pelas sentenças que contenham este nome. Mas o que é, exatamente, perguntar sobre a contribuição proposicional de uma dada expressão? É difícil dar uma resposta simples a esta questão, uma vez que ela se aplica a todos os diversos tipos de expressões (subsentenciais) da linguagem. Felizmente, nosso escopo, neste capítulo, está limitado aos nomes, e nomes são termos singulares; eles se referem a coisas particulares. Portanto, para eles, podemos colocar a questão do significado da seguinte maneira: um nome como 'França' contribui apenas com o seu *referente*, isto é, com a coisa particular à qual se refere, para as proposições expressas pelas sentenças que o contêm? Ou o significado de um termo singular 'vai além', de algum modo, daquilo a que ele se refere? Nas próximas seções, examinaremos respostas opostas a estas questões e tentaremos esclarecer o que significa dizer que o significado de um nome 'vai além' de seu referente.

4.1.2 A questão da referência

Passemos agora para a questão menos complicada da referência. A questão sobre a referência não é uma questão sobre *que* coisa um certo nome se refere, uma vez que, na maior parte dos casos, a resposta a esta questão é óbvia. 'Arnold Schwarzenegger' se refere a Arnold Schwarzenegger. Ninguém precisa da filosofia ou da lógica para confirmar este fato. Em vez disso, a questão da referência é uma questão sobre o *mecanismo de referência* para nomes. Como um nome *passa a ter* a referência que tem? Como um nome consegue realizar a façanha de se referir a alguma coisa particular? Mais tarde, neste capítulo, veremos algumas propostas específicas e iremos avaliar seus méritos.

4.2 NOMES: UM PANORAMA DAS DISPUTAS

As questões do significado e da referência receberam respostas diversas e incompatíveis. O propósito deste capítulo é apresentar a você algumas das mais interessantes e importantes destas respostas. Mas, antes de entrar nos detalhes mais específicos destas respostas, seria bom dar uma amostra de algumas delas. As subseções seguintes fornecem esboços de algumas das maiores discussões relativas às respostas para as questões do significado e da referência. Estes esboços serão desenvolvidos em versões mais longas, mais tarde, neste capítulo.

4.2.1 A questão do sentido e o enigma de Frege

Por muito tempo, Gottlob Frege (Frege, 1892) convenceu a maioria dos filósofos e dos lógicos de que o significado de um nome deve, de alguma forma, ir além de seu referente. Afinal, Frege teria argumentado, (1) é potencialmente *informativo*, ao passo que (2) não o é:

(1) Bob Dylan é Robert Zimmerman.
(2) Bob Dylan é Bob Dylan.

Ou seja, é possível *aprender algo* ao se ouvir (1).[2] Podemos imaginar um professor de ensino médio, de Robert Zimmerman, ficando, de fato, surpreso ao descobrir que (1) é verdadeiro. (2), por outro lado, não pode ensinar nada a ninguém. Você, por exemplo, sabia disso antes de ler isto aqui (mesmo que você nunca tenha considerado o assunto) e o mesmo poderia ser dito de qualquer leitor de (2), quem quer que ele fosse. Se, porém, os nomes contribuem apenas com seus referentes para as proposições expressas pelas sentenças que os contêm, então, uma vez que 'Bob Dylan' e 'Robert Zimmerman' referem-se à mesma pessoa, (1) e (2) devem expressar a mesma proposição. Mas, se (1) e (2) expressam a mesma proposição, então parece que elas devem ser *ambas* informativas ou então *ambas* não informativas. Portanto, concluiu Frege, deve haver mais no significado de um nome do que seu referente.

Os tempos mudam. O que antes era uma concepção consensual é, agora, suspeitamos, uma posição minoritária. Nos dias de hoje, uma teoria dos nomes, conhecida em alguns grupos como a *teoria da referência direta* (e, em outros, como *millianismo*[a] ou *russelianismo*[b]) é predominante e recusa o argumento fregeano descrito acima. Esta teoria, relativamente nova, recusa não apenas o argumento, como sua conclusão. De acordo com a teoria da referência direta,

---

[a] N. de T. No original: *'Millianism'*. Esta expressão designa as teorias que seguem as posições do filósofo inglês John Stuart Mill (1806-1873) no que diz respeito aos nomes próprios: ele defendia que os nomes próprios têm conotação, mas não denotação, o que pode ser compreendido, no contexto da posição discutida nesta seção, como uma das maneiras de adotar e defender uma teoria da referência direta.

[b] N. de T. No original: *'Russellianism'*. Esta expressão designa as teorias que seguem as posições do filósofo inglês Bertrand Russell (1872-1970) no que diz respeito aos nomes próprios. A teoria de Russell será melhor explicada adiante, neste capítulo.

um nome contribui apenas com seu referente – nada mais e nada menos – para as proposições expressas pelas sentenças que o contêm. Mais tarde, iremos examinar, com mais detalhes, esta discussão entre a velha concepção fregeana e a nova teoria da referência direta, focando, em especial, a passagem da primeira para esta última e nos argumentos que levaram a esta passagem.

4.2.2 A questão da referência e a teoria causal

A subseção precedente descreveu o que é, claramente, uma discussão sobre a resposta correta à questão do significado dos nomes. Mas a questão da referência dos nomes também tem sido calorosamente debatida. Ao responder à questão da referência dos nomes, uma concepção tradicional, também associada a Frege, faz uma relação semântica interessante entre nomes e outras classes de termos singulares, conhecida como *descrições definidas*. As descrições definidas são frases substantivas complexas que, normalmente, em português, começam com um dos artigos definidos.[a] Os exemplos incluem 'o astro do filme *O exterminador do futuro*',[b] e 'o famoso cantor de *folk-rock*[c] que tem uma voz rouca'. De acordo com a concepção tradicional, um nome faz referência à coisa particular que nomeia porque essa coisa é também o referente de alguma descrição definida apropriada, que serve para 'fixar a referência' do nome. Assim, segundo a concepção tradicional, 'Arnold Schwarzenegger', por exemplo, refere-se a Arnold Schwarzenegger porque ele é o referente de alguma dada descrição definida, por exemplo: 'o astro do filme *O exterminador do futuro*'.

Isso também tem sido recentemente contestado. Uma nova teoria, formulada por Saul Kripke (Kripke, 1972/1980) e conhecida como *teoria causal da referência*, rejeita a ideia de que descrições definidas desempenham uma função essencial na explicação de como os nomes vêm a ter seus referentes. De acordo com a teoria causal, um nome é dado ao seu portador em uma 'nomeação original'[d] ou 'batismo', e aqueles que estavam presentes nesse evento original passaram adiante este nome aos outros em sua comunidade

---

[a]N. de T. Foi preciso, nesta passagem alterar um pouco a tradução literal do texto, que se refere à palavra inglesa '*the*' para respeitar as diferenças gramaticais entre a língua portuguesa e a língua inglesa, na qual os vocábulos que desempenham a função de artigo definido não sofrem variação de grau nem de gênero, diferentemente do que ocorre na nossa língua.

[b]N. de T. Título original: *Terminator*. Filme produzido em 1994 nos Estados Unidos, dirigido por James Cameron e estrelado por Arnold Schwarzenegger.

[c]N. de T. Gênero musical que combina elementos da *folk music* americana e do rock e que tem em Bob Dylan um de seus mais famosos representantes.

[d]N. de T. No original: '*initial dubbing*'.

que, então, passaram adiante para todo o mundo. Quando eu uso o nome 'Arnold Schwarzenegger', ele se refere a Schwarzenegger, segundo essa teoria, porque é Schwarzenegger que foi originalmente nomeado com o nome e o meu uso está causalmente ligado a esta nomeação original por meio de um 'encadeamento' de outros usuários. Nesta teoria, não existe nenhuma descrição particular que possa ser considerada como responsável por 'fixar a referência'.

4.3 DESCRITIVISMO E TEORIA DA REFERÊNCIA DIRETA

Lembre-se do argumento fregeano segundo o qual, uma vez que (1) e (2) podem diferir quanto ao seu caráter informativo, a resposta à questão do significado dos nomes não pode ser a que diz que os nomes contribuem apenas com seus referentes para as proposições expressas nas sentenças que os contêm.

(1) Bob Dylan é Robert Zimmerman.
(2) Bob Dylan é Bob Dylan.

Supondo, por ora, que o argumento realmente mostra que os nomes não podem significar somente aquilo a que se referem, o que se precisa agora é uma teoria positiva: se o significado do nome *não* é seu referente, o que ele *é*? Colocando de modo um pouco diferente: visto que a diferença, quanto ao caráter informativo, *não pode* ser explicada se os nomes envolvidos contribuírem apenas com seus referentes, como esta diferença *pode* ser explicada?

Frege dedicou-se a esta questão em diversos momentos de sua carreira. Sua primeira tentativa (Frege, 1879) de explicar de que modo sentenças como (1) e (2) podem distinguir-se quanto ao seu caráter informativo consistia em afirmar que 'sentenças de identidade' – sentenças que dizem que uma coisa é idêntica à outra – não concernem às coisas referidas pelos nomes que nelas aparecem, mas, ao invés disso, concernem aos próprios nomes. Aplicada a (1) e a (2), a ideia seria que (1) e (2) não concernem ao homem, Robert Zimmerman (também conhecido por Bob Dylan), mas, ao invés disso, concerne aos nomes 'Robert Zimmerman' e 'Bob Dylan'. Como Frege teria sustentado inicialmente, o que (1) expressa é a proposição *que 'Bob Dylan' se refere à mesma coisa que 'Robert Zimmerman'*. Por outro lado, Frege teria considerado que (2) expressa a proposição de *que 'Bob Dylan' se refere à mesma coisa que 'Bob Dylan'*. Esta última proposição é aparentemente trivial, ao passo que a primeira é, de forma clara, potencialmente informativa. Assim, a diferença entre (1) e (2) teria sido explicada. Mais tarde, Frege rejeitou essa possível explicação, dizendo que, de fato, sentenças como (1) e (2) são evidentemente sobre *objetos* e não meramente sobre *nomes* de objetos.

Seja isso claro ou não, Frege estava, sem dúvida, certo em rejeitar sua proposta anterior. Ela simplesmente não era suficientemente geral. Frege concebia o enigma sobre o caráter informativo como um enigma sobre a *identidade* e sua primeira solução aplica-se apenas às sentenças de identidade. O problema com isso é que existem sentenças que não são de identidade, mas que, contudo, envolvem exatamente o mesmo enigma sobre o caráter informativo que (1) e (2). Considere (3) e (4):

(3) Bob Dylan não pesa mais do que Robert Zimmerman.
(4) Bob Dylan não pesa mais do que Bob Dylan.

(3) é potencialmente informativa, ao passo que (4) não o é. Deveria ser óbvio, no entanto, que dar importância exagerada ao funcionamento de 'é' não nos aproxima da solução desta versão do enigma. É preciso algo mais geral[3].

4.3.1 Descritivismo

Em um artigo famoso, intitulado "*On sense and reference*",[a] Frege propõe que todo nome possui, além de seu referente, um *sentido* e que é este sentido que serve como a contribuição proposicional do nome. Frege descreveu o sentido de um nome como o *modo de apresentação* de seu referente. Os expositores de Frege explicaram mais detalhadamente o sentido do nome como *um modo de pensar sobre*, ou *conceber* o referente do nome. Apesar de haver um certo debate sobre este ponto, muitos comentadores sugeriram que Frege defende que o sentido de um nome pode ser 'determinado' por uma descrição definida. (Em português, as descrições definidas são frases substantivas que começam por um dos artigos definidos.) Alguns dos próprios exemplos de Frege apoiam esta interpretação e esta é, de qualquer modo, uma maneira natural de formular a concepção de que o sentido é *o modo de pensar em* um objeto. 'O melhor país para os compradores de baguete', por exemplo, parece, de fato, indicar um modo de pensar na, ou conceber a, França.[4]

De acordo com essa teoria posterior de Frege, a explicação para a diferença entre (1) e (2) é que embora 'Bob Dylan' e 'Robert Zimmerman' compartilhem o mesmo referente, eles diferem quanto ao sentido. Os dois nomes expressam concepções distintas do referente que compartilham e são estas concepções distintas que os nomes contribuem para as proposições expressas

---

[a] N. de T. Para uma referência a traduções publicadas deste artigo em português, ver N. de T. na p.12.

e não apenas seu referente (compartilhado). Talvez o sentido de 'Bob Dylan' seja determinado por 'o famoso cantor de *folk-rock* que tem uma voz rouca', ao passo que o sentido de 'Robert Zimmerman' é determinado por 'a única pessoa de Duluth, Minnesota, que fez muito sucesso'. Se for assim, então poderíamos dizer que (1) é equivalente a (1*) e (2) a (2*):

> (1*) O famoso cantor de *folk-rock* que tem uma voz rouca é a única pessoa de Duluth, Minnesota, que fez muito sucesso.
> (2*) O famoso cantor de *folk-rock* que tem uma voz rouca é o famoso cantor de *folk-rock* que tem uma voz rouca.

Portanto, se isto estiver certo, então fica, no mínimo, *mais claro*, como e por que (1) é informativo, ao passo que (2) não o é.[5]

Bertrand Russell, igualmente filósofo e lógico, também sustentou que as descrições definidas são semanticamente relacionadas, de modo crucial, aos nomes, ainda que por razões diferentes das de Frege.[6] De fato, de acordo com Russell, os nomes são *descrições definidas disfarçadas*. 'Bob Dylan' é apenas, Russell teria dito, uma *abreviação* para uma ou outra descrição definida, talvez 'o famoso cantor de *folk-rock* que tem uma voz rouca'. Assim, a explicação de Russell da diferença entre (1) e (2), quanto ao caráter informativo, é virtualmente idêntica à de Frege.

Caixa de Texto 1: A Teoria das Descrições Definidas de Russell

Tanto Frege quanto Russell sustentaram que se concebemos os nomes como equivalentes a descrições definidas, podemos resolver diversos enigmas sobre os nomes, como o do caráter informativo. Mas como, exatamente, o significado das descrições definidas consegue ir além do que aquilo a que elas se referem? Um das contribuições mais famosas e importantes de Russell, para a filosofia da linguagem e da lógica, é uma teoria das descrições que, entre outras coisas, responde a esta questão.

Russell propôs tratar as sentenças contendo descrições definidas não como construções normais da forma sujeito-predicado (como elas parecem ser), mas, ao invés disso, como construções que têm uma natureza *quantificacional*. Uma sentença quantificacional diz, de modo mais ou menos preciso, *quantas* coisas possuem uma dada característica ou propriedade. 'Alguém é um ex-fisiculturista', 'Ao menos dez pessoas são ex-fisiculturistas' e 'Todos são ex-fisiculturistas' são todas exemplos de sentenças quantificacionais. Como Russell percebeu (e, antes dele, Frege), seria um erro considerar os sujeitos gramaticais destas sentenças – 'alguém', 'ao menos dez pessoas', 'todos' – como termos singulares que fazem referência a coisas particulares. 'Alguém é um ex-fisiculturista', por exemplo, não diz de alguma pessoa individualmente – Ralph, por exemplo – que *ele* é um ex-fisiculturista. Em vez disso, o que ela diz é tornado verdadeiro por quem quer que seja um ex-fisiculturista, Ralph, Suzette, Marcus, qualquer um. Russell sustentou que descrições, na medida em que são termos singulares, realizam sua singularidade de uma maneira surpreendente: sentenças que contêm descrições são equivalentes a uma conjunção de

(Continua)

> *Continuação*
>
> sentenças quantificacionais, nenhuma das quais, tomada separadamente, faz referência a uma coisa particular.
> Considere a sentença (S):
>
> (S) O astro do filme *O exterminador do futuro* é um ex-fisiculturista.
>
> De acordo com a teoria de Russell, (S) é equivalente à conjunção de (S1), (S2) e (S3):
>
> (S1) Alguém é o astro do filme *O exterminador do futuro*.
> (S2) Pelo menos uma pessoa é o astro do filme *O exterminador do futuro*.
> (S3) Quem quer que seja o astro do filme *O exterminador do futuro* é um ex-fisiculturista
>
> Casualmente, Arnold Schwarzenegger é o astro do filme *O exterminador do futuro*. Mas nem (S1), nem (S2) nem (S3) fazem referência a Schwarzenegger. Em vez disso, a conjunção das três produz uma espécie de efeito de *zoom* e a pessoa casualmente "focada" é Schwarzenegger, o referente de 'o astro do filme *O exterminador do futuro*'. De modo mais geral, a teoria de Russell afirma que toda sentença da forma 'O F é G' é equivalente a uma sentença da forma 'Alguma coisa é F e pelo menos uma coisa é G, e tudo que é F é G.' Ver a seção *Sugestões para leituras adicionais* para mais referências sobre a Teoria de Russell.

Esta convergência de opiniões entre dois dos fundadores da moderna filosofia da linguagem e da lógica merece um rótulo. A maioria dos comentadores chama este ponto de convergência de *descritivismo*. Para ser claro, *descritivismo* é uma tese sobre o significado dos nomes próprios. A tese é simples: *um nome próprio é, do ponto de vista do seu significado, equivalente a uma descrição definida*. O descritivismo, como vimos, tem recursos para resolver o enigma de Frege relacionado ao caráter informativo. Iremos ver, na próxima seção, o ataque de Saul Kripke às teorias descritivistas dos nomes, mas antes de fazê-lo, devemos catalogar algumas outras virtudes do descritivismo de forma a saber, exatamente, o que perdemos se o descritivismo mostrar-se incapaz de resistir às críticas.

O descritivismo parece ser capaz de resolver um outro enigma relativo aos nomes, relacionado ao do caráter informativo, a saber: *o enigma da substitutividade*. Este enigma está associado ao comportamento dos nomes no *contexto de atitudes proposicionais*, isto é, em sentenças que atribuem estados mentais, como crenças (o favorito dos filósofos) a agentes. Como antes, o enigma aparece quando adotamos a teoria da referência direta dos nomes. Se os nomes 'Super-Homem' e 'Clark Kent' contribuíssem apenas com o referente que compartilham para a proposição expressa por (5) e (6), então (5*) e (6*) deveriam expressar a mesma proposição e, portanto, deveriam compartilhar o mesmo valor de verdade.[7]

(5) Lois Lane acredita que o Super-Homem pode voar.
(6) Lois Lane acredita que Clark Kent pode voar.

Mas (5) é verdadeira, enquanto (6) é falsa (ou assim parece). Se, contudo, o descritivismo fosse verdadeiro, e os nomes em (5) e (6) fossem equivalentes às suas descrições quanto ao significado (as quais não são equivalentes entre si), o enigma diminui. Talvez 'Super-Homem' signifique o mesmo que 'o herói de Metrópolis que usa capa', enquanto 'Clark Kent' signifique 'o gentil repórter do *Daily Planet*'.[a] Se for assim, então (5) e (6) são equivalentes quanto ao significado a (5*) e a (6*), respectivamente:

(5*) Lois Lane acredita que o herói de Metrópolis que usa capa pode voar.
(6*) Lois Lane acredita que o gentil repórter do *Daily Planet* pode voar.

E, se estas equivalências se sustentam, é pelo menos mais claro como e por que (5) pode diferir de (6) quanto ao valor de verdade.

Parece claro que, se o descritivismo fosse verdadeiro, diversos enigmas semânticos seriam resolvidos. Mas, além de sua capacidade de resolver enigmas, há esta pequena amostra de evidência aparentemente direta em favor do descritivismo: a apresentação de uma descrição definida é a resposta mais natural a uma questão da forma 'O que 'N' significa?', na qual 'N' é um nome próprio. Se se pedisse a alguém que dissesse o que o nome 'Bob Dylan' significa, por exemplo, uma reação natural seria dar uma descrição definida: 'Ele significa o famoso cantor de *folk-rock* que tem uma voz rouca'. Por que, um descritivista poderia perguntar, não deveríamos tomar este tipo de resposta literalmente?

4.3.2 O ataque de Kripke

Com tudo isso a seu favor, que possível razão haveria para não aceitar o descritivismo? Em 1972, Saul Kripke publicou uma série de conferências, agora famosas, em um livro chamado *Naming and necessity*.[b] O livro mudou o rumo da filosofia analítica em quase todos os seus ramos, mas algumas de suas teses centrais dizem respeito à Filosofia da Linguagem, à Lógica e, em especial, à questão do significado dos nomes. A maior parte do que Kripke diz sobre os nomes é negativo; ele não fornece uma resposta positiva à questão do significado. Em vez disso, ele argumenta em favor da tese de que o descritivismo é uma resposta *errada*. De fato, *Naming and necessity* contém *três* diferentes argumentos contra o descritivismo. São esses argumentos que iremos expor agora.

---

[a] N. de T. Nome do jornal no qual trabalha Clark Kent, o personagem da história em quadrinhos *Super-Homem*.

[b] N. de T. Embora este livro tenha tido grande impacto nas discussões contemporânea sobre a linguagem, inclusive entre os especialistas brasileiros, ele ainda não recebeu uma tradução para o português. Foi publicada em 1995 uma tradução para o espanhol, sob o título *El Nombrar y la Necesidad*, feita por Margarita M. Vades, publicado no México pela Universidad Nacional Autonoma de México.

4.3.2.1 O argumento modal

Bob Dylan poderia não ter sido famoso. Ele é talentoso, isso é verdade. Mas o talento não o leva tão longe. Também parece verdade que Bob Dylan poderia ter abdicado completamente de uma carreira de cantor e de compositor, vivendo o restante de seus dias de modo obscuro, como um motorista de caminhão ou como um lenhador (ou qualquer outra coisa). Esses fatos simples sobre o que poderia ter acontecido colocam dificuldades interessantes para o descritivismo. Suponhamos que a descrição definida que o descritivista considera como apresentando o significado de 'Bob Dylan' seja 'o famoso cantor de *folk-rock* que tem uma voz rouca'. Se a suposição fosse verdadeira, deveríamos ser capazes de substituir qualquer ocorrência de 'Bob Dylan', em qualquer sentença dada, por 'o famoso cantor de *folk-rock* que tem uma voz rouca' sem alterar o significado da sentença ou seu valor de verdade. Afinal, o descritivista considera a descrição como sendo um *sinônimo* do nome. Mas como, de fato, já observamos, existem sentenças que descrevem *possibilidades* – 'sentenças modais' como dizem os filósofos – para as quais isso não é verdade. Considere (7):

(7) É possível que não seja o caso que Bob Dylan seja famoso.

(7) é verdadeira. Mas, agora, olhe o que acontece quando substituímos 'Bob Dylan' em (7) por seu suposto sinônimo descritivo, obtendo (7*):

(7*) É possível que não seja o caso que o famoso cantor de *folk-rock* que tem uma voz rouca seja famoso.

(7*) é falsa. De fato, ela parece *contraditória*. Certamente, quem quer que seja considerado como o famoso cantor de *folk-rock* que tem uma voz rouca' também é considerado famoso. Você não pode ser um famoso cantor de *folk-rock* sem ser famoso.[8] Mas se (7) é diferente de (7*) quanto ao valor de verdade, então as duas sentenças não significam a mesma coisa; elas expressam proposições diferentes. Contudo, se isso é correto, então, contrariamente à nossa suposição descritivista, 'Bob Dylan' deve ter um significado diferente de 'o famoso cantor de *folk-rock* que tem uma voz rouca', uma vez que (7) e (7*) diferem somente quanto à troca do nome pela descrição definida.

Assim procede uma versão do argumento modal de Kripke contra o descritivismo. A versão que acaba de ser apresentada pode ser resumida se dissermos que o que ela mostra é que o descritivismo implica erroneamente que algumas possibilidades – como a possibilidade de que Bob Dylan não seja famoso – são *im*possibilidades. Uma outra versão do argumento modal mostra que o descritivismo implica, erroneamente, que algumas contingências não sejam contingentes. Uma *verdade contingente* é aquela que é, de fato, verdadeira, mas que poderia ser falsa. Uma verdade não *contingente*, ou *necessária*, é aquela que é, de fato, verdadeira e não pode ser falsa. Considere, agora, (8):

> (8) É necessário que Bob Dylan seja famoso.

(8) é falsa. Que Bob Dylan seja famoso é apenas contingentemente verdadeiro. Mas se fizermos a mesma suposição descritivista feita antes, considerando que 'Bob Dylan' significa o mesmo que 'o famoso cantor de *folk-rock* que tem uma voz rouca', então (8) deveria ter o mesmo significado e valor de verdade que (8*):

> (8*) É necessário que o famoso cantor de *folk-rock* que tem uma voz rouca seja famoso.

Diferentemente de (8*), (8) é verdadeira.[9] Por conseguinte, as duas sentenças diferem quanto ao significado e parece que podemos argumentar em favor da mesma conclusão antidescritivista que antes: 'o famoso cantor de *folk-rock* que tem uma voz rouca' não é um sinônimo para 'Bob Dylan'

4.3.2.2 O argumento epistemológico

Se o argumento modal envolvia as noções de possibilidade e de necessidade, o argumento epistemológico envolve a noção de *conhecimento*. Ele envolve, em particular, uma distinção filosófica tradicional entre dois *tipos* de conhecimento – conhecimento *a priori versus* conhecimento *a posteriori*.[a] Os filósofos chamam de '*a posteriori*' o conhecimento que se obtém por meio dos sentidos. Qualquer coisa que seja aprendida pela visão, pelo tato, pelo olfato e assim por diante é considerado *a posteriori*. Caracterizar o conhecimento *a priori* é, em certa medida, controverso, mas, talvez, a maneira mais neutra de fazê-lo é negativamente, por referência ao conhecimento *a posteriori*: conhecimento *a priori* é, simplesmente, o conhecimento que *não é a posteriori*. Exemplos tradicionais de conhecimento *a priori* incluem o conhecimento das verdades matemáticas e das verdades lógicas, o conhecimento que se tem de seus próprios estados mentais e conhecimento de "verdades conceituais", tais como

---

[a] N. de T. Expressões em latim no original, que significam, literalmente: 'o que vem antes de' e 'o que vem depois de', respectivamente. Elas foram mantidas por terem sido incorporadas ao vocabulário técnico de filosofia. No entanto, seu sentido varia bastante segundo os contextos e discussões filosóficas nas quais são utilizadas. Esta é, provavelmente, uma das razões pelas quais os autores do livro têm o cuidado de precisar, na sequência do texto, o sentido que estão atribuindo a tais expressões.

a verdade de que todos os doutores são médicos.ª Embora tais conhecimentos possam depender de experiências de vários tipos, eles não dependem de experiências *sensíveis*. Saber que todos os doutores são médicos, por exemplo, parece depender apenas dos conceitos que constituem esta proposição.

De que modo esta distinção é relevante para o descritivismo? O argumento epistemológico de Kripke é que se o descritivismo fosse verdadeiro, então algumas sentenças que deveriam ser *a posteriori* se revelariam como sendo *a priori* e vice-versa.[10] Deixemos Bob Dylan de lado e voltemo-nos para um outro exemplo. Suponha que o descritivista proponha que 'Aristóteles' seja equivalente, quanto ao significado, a 'o último grande filósofo da Antiguidade'. Esta proposta entra em conflito com o fato de que é *a posteriori* que Aristóteles foi um filósofo. Como assim? Bem, segundo esta proposta, a sentença *a posteriori* (9) é equivalente, quanto ao significado, a (9*):

(9) Aristóteles foi um filósofo.
(9*) O último grande filósofo da Antiguidade foi um filósofo

O problema, naturalmente, é que (9*) não é *a posteriori*, é *a priori*.[11] Não é preciso "olhar para o mundo lá fora", isto é, usar um dos sentidos que se tem para averiguar a verdade de (9*). Parece seguir-se, então, que (9) e (9*) diferem quanto ao significado. Como poderiam expressar ambas a mesma proposição se apenas (9) é *a posteriori*? Mas se elas diferem, então, mais uma vez, parece que devemos concluir que, contrariamente à nossa proposta descritivista, 'o último grande filósofo da Antiguidade' não é um sinônimo para 'Aristóteles'.

4.3.2.3 O argumento do erro

Tales era um filósofo pré-socrático que parece ter acreditado que tudo é feito de água. Virtualmente, segundo os historiadores, não se conhece nada mais sobre Tales. Assim, se nada mais pode contar como sendo um sinônimo descritivo para o nome 'Tales', este é, muito provavelmente, 'o filósofo pré-socrático que acreditou que tudo é feito de água'. Agora, considere uma afirmação sobre Tales, com a que temos em (10):

(10) Tales era gordo.

---

[a] N. de T. No original: *'All doctors are physicians'*. Em inglês, tal como em português, embora nem todos os doutores sejam médicos, o uso do termo 'doutor' é mais frequentemente associado aos doutores em medicina.

Se o descritivismo fosse verdadeiro, então (10) significaria exatamente o que significa (10*):

(10*) O pré-socrático que acreditou que tudo que é feito de água era gordo.

Mas, agora, suponha que o que os historiadores "sabiam" sobre Tales fosse um erro e que, de fato, nenhum filósofo nunca tenha acreditado que tudo é feito de água. Nesta suposição, (10*) é falsa ou, ao menos, não é verdadeira.[12] A suposição implica que não há referente para a descrição 'o filósofo pré-socrático que acreditou que tudo é feito de água' e isto, parece, é suficiente para tornar (10*) falsa (ou, ao menos, não verdadeira). O problema para o descritivismo é que esta suposição não parece ter um efeito similar em (10). Tales poderia ter sido gordo e, portanto, (10) poderia ser verdadeira, independentemente do fato de algum filósofo ter algum dia acreditado que tudo é feito de água. Observe também que, supondo que não tenha existido nenhum filósofo que acreditasse que tudo é feito de água, o descritivista deveria endossar a verdade de (11):

(11) Tales nuca existiu.

Mas a não existência de um filósofo que acreditasse que tudo é feito de água dificilmente poderia ser considerada suficiente para a verdade (11). Parece muito mais natural dizer que *se* Tales tivesse existido, então, dada a nossa suposição sobre o que os historiadores (não) conhecem, um erro foi feito sobre ele. Ele foi incorretamente considerado como tendo adotado uma concepção muito estranha sobre a natureza do mundo. Mas, se isto estiver certo, então a questão a respeito da existência de Tales é *independente* da questão a respeito da existência de um filósofo que acreditasse que tudo é feito de água. O problema com o descritivismo é que ele nega esta independência.

A situação fica ainda pior para o descritivista se supusermos que os historiadores estão errados, não sobre a *existência* de um filósofo que acreditasse que tudo é feito de água, mas sobre *quem* era esse filósofo. Parece perfeitamente coerente supor que alguém, que não fosse Tales, foi o filósofo que acreditava que tudo é feito de água. Suponhamos que este outro filósofo pré-socrático chamava-se 'Zorba'. Mais uma vez, o descritivismo conduz a resultados incorretos. Por exemplo, ele prevê que (10) é verdadeira apenas no caso em que *Zorba* fosse gordo (por que estamos imaginando que Zorba é o filósofo que acreditava que tudo é feito de água). Mas isto é loucura. A verdade de (10) depende do ser gordo de Tales e não de Zorba.

Os exemplos envolvendo Tales são algumas das maneiras de compor o *argumento do erro* contra o descritivismo e, talvez, o mais convincente e claro dos três argumentos de Kripke contra o descritivimo. O pensamento de base por trás do argumento do erro é que o significado de um nome não pode ser determinado por aquelas descrições que associamos ao nome, uma vez que *podemos estar enganados* sobre que propriedades o referente do nome possui. E, nesses casos nos quais estamos enganados, como o caso de Tales imaginado acima, o descritivismo prevê valores de verdade errados para sentenças que envolvem o nome.

4.3.3 O descritivismo da teoria dos agregados[a]

Seria possível pensar que o argumento modal, o argumento epistemológico e o argumento do erro são eficientes contra uma forma especialmente ingênua do descritivismo e que uma variante mais sofisticada poderia ser capaz de resistir a eles. Na apresentação de cada um dos argumentos, imaginamos o descritivista selecionando uma descrição única, relativamente simples, como sinônimo de um dado nome. Talvez não seja surpreendente que se possa mostrar que esta versão simples do descritivismo é falsa. Como, então, o descritivismo poderia ser apropriadamente aperfeiçoado? Uma sugestão, que pode ser extraída do trabalho do filósofo John Searle (Searle, 1958), é que o descritivismo deveria ser concebido como a tese segundo a qual um nome é sinônimo não de uma única descrição, mas, em vez disso, de um agregado de descrições.[13] O referente de um nome é qualquer objeto que seja o referente de um "número suficiente" de descrições no agregado. É importante notar que os membros do agregado podem mudar de situação para situação, mas são, em geral, qualquer descrição que seja "comumente associada" ao nome. Assim, no caso de Aristóteles, o agregado, provavelmente, incluiria 'o último grande filósofo da Antiguidade', 'o mais famoso estudante de Platão' e 'o autor do *De Anima*',[b] assim como um número indefinido de outras descrições.

Existem muitas questões que deveriam ser respondidas para tornar preciso este 'descritivismo da teoria dos agregados',[14] mas o breve esboço que foi dado aqui já é, provavelmente, suficiente para perceber como este novo e aperfeiçoado descritivismo pode responder a pelo menos alguns dos argumentos de Kripke que acabaram de ser examinados. Respondendo aos argumentos modal e epistemológico, o 'descritivista da teoria dos agregados' diria, muito provavelmente, que, em geral, qualquer descrição particular, indi-

---

[a]N. de T. No original: *'cluster-theory'*.

[b]N. de T. Título em latim de uma das obras de Aristóteles, cujo título original é *Perì Psykhês* (Da Alma). Existem ao menos duas traduções desta obra para o português recentemente publicadas: (2001) *Da alma*. Lisboa: Edições 70 e (2006) *Da alma*. Campinas, SP: Editora 34.

vidual, pode ser excluída do agregado que determina o significado. Considere, mais uma vez, a sentença (8). A sentença (8) é claramente falsa e, sendo falsa, é claro que não podemos considerar 'o famoso cantor de *folk-rock* que tem uma voz rouca' como determinando o significado de 'Bob Dylan'. Mas, como poderia dizer o descritivista da teoria dos agregados, há outras descrições comumente associadas ao nome 'Bob Dylan' e, para o propósito de avaliar (8), podemos considerar 'Bob Dylan' como sendo equivalente, quanto ao significado, a estas outras descrições. Desde que essas outras descrições não expressem a propriedade de *ser famoso*, não haverá nenhum problema com a contingência de (8). Ou, considere, mais uma vez, a sentença (9). O problema com (9), lembre-se, é que ela é *a posteriori* e não *a priori*, como estava implicado no descritivismo simples com o qual estávamos trabalhando anteriormente. A teoria dos agregados, mais complexa, diria que (9) é, de fato, *a posteriori* e, sendo *a posteriori*, ninguém que usasse seriamente (9) poderia considerar o vocábulo 'Aristóteles' contido nela como sinônimo para 'o último grande filósofo da Antiguidade'. Mas ele poderia ser considerado como sinônimo juntamente com algum agregado de descrições comumente associadas ao nome que não incluísse 'o último grande filósofo da antiguidade'. Desde que estas descrições não expressem a propriedade de *ser um filósofo*, não haveria nenhum problema com o caráter *a posteriori* da sentença (9).

Infelizmente, estas respostas aos argumentos de Kripke não são muito boas, como o próprio Kripke mostrou. Eis a razão: considere uma sentença que tenha 'Bob Dylan' na posição de sujeito e tenha, na posição de predicado, uma longa lista disjuntiva de *todas* as descrições que são comumente associadas a 'Bob Dylan'. Esquematicamente, a sentença imaginada parece com (12):

(12) Bob Dylan é o *F*, ou o *G*, ou o *H*...

Qualquer que seja o agregado de descrições que o descritivista considere como sinônimo de 'Bob Dylan', (12) irá aparecer (a) como não podendo ser falsa e (b) como sendo *a priori*. Mas, intuitivamente, (12) não é nem um nem outro. Em outras palavras, as versões dos argumentos modal e epistemológico aplicam-se com tanta força ao descritivismo da teoria dos agregados quanto ao descritivismo simples com o qual iniciamos.

A situação é ainda pior, pois o descritivismo da teoria dos agregados simplesmente carece de recursos para lidar com o argumento do erro. É evidentemente possível que nos enganemos sobre *todas* as propriedades de um objeto particular ou de uma pessoa, mas isto está excluído, tanto pelo descritivismo simples quanto pelo descritivismo da teoria dos agregados. De fato, os exemplos relacionados a Tales são igualmente eficazes contra ambos, uma vez que imaginamos que 'o filósofo pré-socrático que acreditou que tudo é feito de água' é a *única* descrição associada a 'Tales' e, portanto, o único membro do "agregado" de descrições com um único membro associado a 'Tales'.

De um modo geral, os filósofos e lógicos contemporâneos concordam com esta avaliação da discussão entre Kripke e os descritivistas: Kripke venceu; este é o consenso quase universal. Mas, lembre-se que a conclusão de Kripke é meramente negativa; ela nos diz apenas que nomes não são, como se diz algumas vezes, 'descricionais'.[a] O que pode ser dito positivamente sobre a contribuição proposicional de um nome? Se não é a concepção descritivista do referente do nome, o que é? Atualmente, muitos filósofos endossam a teoria da referência direta dos nomes, a teoria – só para lembrá-lo – segundo a qual a única contribuição de um nome é seu referente. Contudo, o que dizer das considerações fregeanas que, primeiramente, nos afastaram da teoria da referência direta? A próxima seção tratará de como os teóricos da referência direta podem responder a estas considerações.

Há, porém, um aspecto final a ser esclarecido antes de prosseguirmos. Você se recorda que a evidência aparentemente clara em favor do descritivismo estava relacionada ao fato de que descrições são apresentadas quando perguntamos pelo significado de um nome? O que um antidescritivista teria a dizer a esse respeito? Mais uma vez, o livro de Kripke, *Naming and necessity*, contém a resposta. Uma da muitas distinções importantes do livro de Kripke é a distinção entre 'dar um sinônimo' e 'fixar a referência' de um nome. Suponha que se introduza um certo nome 'Penny' *por meio de* uma descrição definida tal como: 'Chamemos de 'Penny'[b] a caneta que está sobre a mesa de Max Deutsch'. Kripke argumenta que mesmo para os nomes como 'Penny', isto é, introduzidos *por meio de* uma descrição, o descritivismo está errado. Certamente, parece verdadeiro que uma versão do argumento modal aplica-se ao descritivismo de tais nomes. Por exemplo, é certamente uma verdade não necessária que Penny esteja sobre a mesa de Max Deutsch. Poderia haver uma caneta diferente sobre a mesa de Max Deutsch, ou mesmo poderia não haver caneta alguma. Assim, parece que teria sido melhor não tomar 'a caneta que está sobre a mesa de Max Deutsch' como sinônimo de 'Penny' (uma vez que, se o fizermos, teríamos que considerar como necessário: 'Penny é a caneta que está sobre a mesa de Max Deutsch'). Todavia, a descrição está claramente desempenhando, em relação a 'Penny', algum tipo de função relevante quanto ao significado, uma função que pode ser descrita pelo que Kripke toma como sendo a *fixação da referência* do nome 'Penny'.

---

[a]N. de T. No original: *'descriptional'*.

[b]N. de T. Aqui o autor faz um pequeno 'trocadilho' com o nome 'Penny' e o termo em inglês *'pen'*, que significa 'caneta'.

Fixar a referência sem dar um sinônimo é semelhante ao que acontece quando alguém dá uma descrição ao responder à questão sobre o significado de um nome. De fato, o fenômeno é ainda mais simples do que a fixação da referência, pois, este último, envolve *determinar* ou *dar* um referente a um nome, ao passo que o primeiro não o faz. No caso em que alguém responda 'o famoso cantor de *folk-rock* que tem uma voz rouca' à questão sobre o que significa 'Bob Dylan', ele está apenas *dizendo àquele que pergunta ao que se refere 'Bob Dylan'*. Não é preciso conceber esta resposta à questão como a apresentação do que seja, literalmente, um sinônimo para o nome e, assim, a aparente evidência em favor do descritivismo é inteiramente satisfeita.

4.3.4 A teoria da referência direta

A teoria da referência direta para os nomes afirma que a contribuição proposicional de um nome como 'Aristóteles' ou 'Bob Dylan' é seu referente. 'Aristóteles' significa Aristóteles e 'Bob Dylan' significa Bob Dylan. Somente isso. A teoria é popular, sobretudo por causa da influência dos argumentos antidescritivistas de Kripke. Mas, apesar disso, surpreendentemente, existem alguns poucos argumentos positivos a seu favor. Entre seus defensores, a maior parte dos esforços e da tinta tem sido gasta para defender a teoria de certas objeções aparentemente poderosas. Há uma questão interessante sobre como conceber a teoria caso essas objeções possam ser formuladas de maneira plausível, convincente. Afinal de contas, defesas engenhosas de teorias falsas já foram apresentadas antes. Em algum ponto, aparentemente, alguém terá que argumentar não apenas que são más as diversas razões para considerar que a teoria da referência direta é falsa, mas que a teoria é *verdadeira*.

Isto posto, iremos nos concentrar, aqui, em como, e com que sucesso, a teoria tem sido defendida de uma das objeções mencionadas acima. A objeção que iremos examinar é uma objeção envolvida no que chamamos antes (na Seção 4.2) de enigma da substitutividade; enigma relacionado ao comportamento dos nomes em contextos de atitudes proposicionais. Este enigma, juntamente com a objeção contra a teoria da referência direta que pode ser derivada dele, é, talvez, o assunto mais frequentemente discutido na filosofia contemporânea da linguagem.

4.3.5 O enigma da substitutividade

Voltemos à versão do enigma que discutimos anteriormente. Se os nomes 'Clark Kent' e 'Super-Homem' contribuem apenas com seus referentes para as proposições expressas nas sentenças que os contêm – como insiste a teoria da referência direta – então (5) e (6) deveriam ter o mesmo valor de verdade:

(5) Lois Lane acredita que o Super-Homem pode voar.
(6) Lois Lane acredita que Clark Kent pode voar.

O problema é que parece que (5) é verdadeira, ao passo que (6) é falsa. O descritivista, lembre-se, era capaz de resolver esse enigma dizendo que as coisas são como parecem ser: (5) *é* verdadeira e (6) *é* falsa. Os teóricos da referência direta estão impedidos de dizer isto. Ele ou ela deve dizer que a aparente diferença de valor de verdade é *meramente* aparente, pois, segundo a teoria da referência direta, (5) e (6) *não podem* diferir quanto ao valor de verdade.

Uma dificuldade inicial interessante e frequentemente não observada, para os teóricos da referência direta é que ele ou ela devem decidir, em casos de "pares enigmáticos" como (5) e (6), *qual* é o valor de verdade que elas compartilham. No caso de (5) e (6), que é o exemplo preferido na literatura sobre a teoria, todo teórico da referência direta diz que ambas são verdadeiras. Nossa inclinação para dizer que (6) é falsa é baseada, eles dizem, em um erro. Voltaremos logo a examinar qual é exatamente o tipo deste suposto erro, mas, antes, devemos perguntar se o teórico da referência direta tem alguma razão justificada para declarar que (5) e (6) são verdadeiras e não falsas. Uma coisa que poderia ser dita aqui é que há uma boa evidência em favor da verdade de (5): se *perguntássemos* a Lois Lane se ela acredita que o Super-Homem pode voar, ela diria que 'sim'. Mas o problema é que parece haver uma evidência igualmente boa para a falsidade de (6): se perguntássemos a Lois Lane se ela acredita que Clark Kent pode voar, ela diria que 'não'. Assim, o simples apelo ao comportamento de Lois não dará, ao teórico da referência direta, a razão justificada que ele ou ela precisa. De fato, o simples apelo ao comportamento de Lois revela algo que, talvez, conte como uma dificuldade suplementar para os teóricos da referência direta que sustentam que tanto (5) quanto (6) são verdadeiras. Ele ou ela precisa negar que a reação de Lois, frente a 'Clark Kent pode voar', é uma boa evidência para a falsidade de (6), e esta é uma posição difícil de se adotar. Normalmente, tomamos o fato de que alguém negue firmemente uma dada sentença como sendo praticamente uma garantia de que ele ou ela não acredita na proposição expressa pela sentença. Mas, deixemos este problema sem solução e voltemos ao tema de como os teóricos da referência direta podem explicar nossa inclinação para dizer (equivocadamente, segundo eles) que (6) é falsa.

Para explicar isso, os teóricos da referência direta apelam para uma distinção entre as proposições que são *expressas semanticamente* por uma dada sentença e as proposições que são *pragmaticamente transmitidas* por ela. Grosso modo, a distinção corresponde àquela entre o que uma sentença proferida significa e o que o proferidor da sentença quer dizer ao proferi-la. Naturalmente, com frequência, estes dois aspectos coincidem e o que se quer dizer ao proferir uma sentença é exatamente o que a própria sentença significa. Quando isso acontece, "fala-se literalmente". Mas muitas vezes, talvez mesmo normalmente, os dois tipos de significado se separam. Considere, por exemplo, alguém que, sarcasticamente, profira (13):

(13) George W. Bush é um orador inacreditavelmente polido.

No caso do proferimento sarcástico de (13), o falante não quer dizer o que (13) significa. De fato, o falante, provavelmente, quer dizer praticamente o contrário – que George W. Bush *não* é um orador inacreditavelmente polido. Ora, (13) é verdadeira ou falsa se a proposição que *ela* expressa é verdadeira ou falsa. Uma vez que ela expressa a proposição de que George W. Bush é um orador inacreditavelmente polido, ela é falsa (não pode haver discussão a *este* respeito). Mas isso não impede um falante de *usar* (13) para transmitir algo de verdadeiro. De fato, aquele que profere sarcasticamente (13) é exatamente um tal falante, pois, ao proferir (13), ela transmite a proposição verdadeira segundo a qual George W. Bush *não* é um orador inacreditavelmente polido.

Os teóricos da referência direta argumentam que algo semelhante – uma diferença entre o que a própria sentença significa e o que é transmitido por ela – ocorre no caso de (6). No que concerne ao seu próprio significado (o que é expresso semanticamente), trata-se exatamente da proposição verdadeira expressa por (5). Mas (6) transmite pragmaticamente uma proposição diferente, falsa. Quando julgamos que (6) é falsa, estamos incorretamente considerando esta proposição transmitida pragmaticamente como sendo relevante para o valor de verdade de (6). Porém, a única proposição que é relevante para o valor de verdade de (6) é aquela que constitui o *seu* significado, e esta proposição, uma vez mais, é simplesmente a proposição verdadeira expressa por (5).

Mas *que* proposição está sendo transmitida pragmaticamente e que estamos tomando erroneamente como sendo relevante para o valor de verdade de (6)? Quanto a esta questão, existe uma série de propostas feitas por diferentes teóricos da referência direta. Iremos considerar aqui a mais simples e a mais clara de todas, uma proposta sugerida pelo teórico da referência direta, Nathan Salmon, em seu livro *Frege's Puzzle*.

Nesse livro, Salmon sugere que sentenças do tipo de (6), que relatam crenças de uma pessoa, normalmente transmitem que o sujeito do relato concordaria com a 'frase de conteúdo' do relato. A frase de conteúdo do relato de uma crença é simplesmente a sentença embutida que caracteriza a crença que está sendo relatada; 'Clark Kent pode voar' é a frase de conteúdo de (6). A sugestão, então, é que tomamos (6), ela mesma, como sendo falsa porque reconhecemos que Lois *não* concordaria com 'Clark Kent pode voar'.

Mas isto, diz o teórico da referência direta, é confundir pragmática e semântica. O fato de que Lois concordaria com uma certa sentença da língua portuguesa não faz parte do significado de (6). (6) poderia até ser verdadeira mesmo que Lois só falasse italiano. Assim, no melhor dos casos, um proferimento sincero de (6) consegue transmitir, pragmaticamente, a proposição de que Lois concordaria com 'Clark Kent pode voar'. Portanto, se um tal proferimento transmite pragmaticamente esta proposição, então não é de se admirar que consideremos (6) como sendo, ela mesma, falsa.

Existem diversas dificuldades, tanto com esta proposta particular, quanto com a ideia de que nossos juízos sobre os valores de verdade dos relatos de crenças são obscurecidos pela confusão entre a mera pragmática e a genuína semântica. Questões de espaço impedem que as examinemos, mas existe ao menos um aspecto mais geral relativo à teoria da referência direta para os nomes que merece ser mencionado. Muitas pessoas consideram a teoria da referência direta muito contraintuitiva. Na realidade, a resistência que eles encontram é bem mais forte do que é sugerido pelo rótulo 'contraintuitivo'. Muitos diriam que (5) e (6) simplesmente não compartilham o mesmo valor de verdade e isso deveria ser considerado como um dado ao qual qualquer teoria dos nomes teria que se adaptar. Por outro lado, como vimos, os argumentos antidescritivistas de Kripke são extremamente convincentes. Sob sua perspectiva, parece, antes, um sério engano pensar no significado de um nome como uma concepção descritiva de seu referente. Porém se *ambas* atitudes são corretas, então estamos diante de um embaraço. Por um lado, o significado de um nome não pode simplesmente ser identificado com seu referente. Por outro, tampouco pode haver uma concepção descritiva do referente. Mas, agora, de que *outro* modo, que não seja a concepção descritiva do referente, poderia o significado de um nome ser mais do que aquilo a que se refere? Este embaraço atormentou os filósofos da linguagem desde a publicação do livro de Kripke e encontra-se, ainda, não resolvido.

4.4 TEORIAS DA REFERÊNCIA

Apesar de seu nome enganador, a teoria da referência direta não é uma teoria da referência. É uma teoria do significado dos nomes ou, mais precisamente, uma teoria sobre qual é a contribuição proposicional que um nome faz para as proposições expressas pelas sentenças que o contêm. Nem ela, nem seu adversário, isto é, o descritivismo, respondem à questão da referência dos nomes; ambas as teorias silenciam no que diz respeito ao modo como os nomes têm o referente que têm. Na Seção 4.2, introduzimos brevemente duas respostas opostas à questão da referência. A primeira, que foi descrita como a concepção tradicional de Frege, considera que as descrições definidas desempenham um papel crucial na atribuição de referência a um nome. Esta concepção tradicional foi contrastada com a 'teoria causal da referência' de Kripke, que afirma que as descrições não são de modo algum cruciais e que a resposta correta à questão da referência menciona a nomeação original' e 'cadeias causais' de uso. Seria natural supor que o descritivista, quanto ao significado de um nome, sustentaria, também, uma teoria descritivista da referência e que o teórico da referência direta deveria aceitar algo como a teoria causal. Mas isso não é verdade. É perfeitamente consistente sustentar que os nomes adquirem seus referentes mediante uma descrição, sustentando, porém, uma teoria da referência direta quanto à contribuição proposicional do nome. Da mesma forma, é consistente ser um descritivista quanto ao significado dos nomes e manter que seus referentes são adquiridos do modo como a teoria causal diz que eles são. O que isso demonstra é a relativa independência das questões do significado e da referência. Nenhuma decisão sobre como responder à primeira exige uma resposta particular à segunda. Pela mesma razão, nenhuma objeção contra, digamos, a teoria da referência direta é, automaticamente, uma objeção contra a teoria causal da referência. As respostas à questão da referência que iremos examinar aqui devem ser avaliadas em seus próprios termos.

4.4.1 A visão tradicional

As descrições definidas desempenham um papel central tanto em uma teoria tradicional do significado dos nomes (o descritivismo já discutido na Seção 4.3.1), quanto em uma teoria tradicional da referência dos nomes. Com vistas a distinguir a segunda da primeira, chamemos a segunda concepção de 'descritivismo quanto à referência'. A afirmação básica do descritivismo quanto à referência é que o referente de um nome é determinado por meio de uma descrição: alguma descrição, ou um agregado delas, é identificada como o que determina a referência de um dado nome, e o que quer que satisfaça esta descrição, ou descrições, conta como o referente do nome.

Presumivelmente, o descritivismo quanto à referência que tem por modelo o que chamamos de 'descritivismo da teoria dos agregados' na Seção 4.3.3, é a versão mais plausível da teoria. Não é por ser o referente de uma *única* descrição que faz com que 'N' nomeie N. Antes, é ser o referente de um agregado relevante de descrições que realiza a função de determinação do referente.

Há uma questão inicial sobre o modo como o próprio agregado adquire as descrições que determinam o referente.[15] A resposta mais fácil consiste em dizer que o agregado é constituído por aquelas descrições que são associadas ao nome por vários falantes que o utilizam. Existe uma dificuldade em relação a esta proposta, uma vez que o agregado de descrições que *eu* associo a 'N' refere-se a algo diferente daquilo que é referido pelas descrições que *você* associa a 'N'. O que, então, contaria como *o* referente de 'N'? Responder afirmando que 'N' simplesmente refere-se a algo para você que é diferente daquilo a que ele se refere para mim, torna o problema mais grave. Por um lado, é possível que as descrições que um *único* falante associa a um dado nome designe mais de uma coisa individual. Por outro, é contraintuitivo supor que você e eu falemos sobre coisas diferentes ao usarmos 'N', simplesmente porque diferimos quanto às nossas crenças sobre os atributos de 'N', como transparece nas descrições diferentes que associamos a 'N'. De fato, a proposta parece, de modo implausível, excluir a possibilidade de desacordo quanto aos atributos do referente de um nome. Um tal desacordo significaria, segundo esta proposta, casos de "conversas de surdos".[a]

Uma solução potencial para esses problemas consiste em insistir que as descrições que fixam a referência são aquelas que, normalmente – isto é, para a *maioria* dos falantes –, são associadas ao nome. Há problemas relacionados a esta sugestão, mas eles são, talvez, menos graves. Em todo caso, iremos, no que se segue, tomar o descritivismo quanto à referência como sendo a tese de que o referente de um nome é determinado por aquele agregado de descrições que são normalmente associadas a ele.

Apesar do descritivismo quanto à referência e o descritivismo quanto ao significado serem teorias distintas, com objetivos explicativos diferentes, ocorre que uma das objeções contra o descritivismo quanto, ao significado, qualifica-se como uma forte objeção contra o descritivismo quanto à referência. O que antes denominamos a 'objeção do erro' contra o descritivismo, quanto ao significado, aplica-se também contra o descritivismo quanto à referência. Se você se lembra, os exemplos que discutimos em relação à objeção do erro retratavam um certo filósofo antigo, Tales, e seu nome, 'Tales'. Em uma versão da objeção, supomos que, apesar de 'o antigo filósofo grego que acreditava que tudo era feito de água' ser a única descrição normalmente associada a ele, não existe ninguém que tenha, efetivamente, defendido esta estranha concepção. O problema com esta suposição para o descritivismo quanto ao significado é que algumas sentenças envolvendo 'Tales' mostram-se falsas, quando deveriam se mostrar verdadeiras, ao passo que outras se mostram verdadeiras, quando deveriam se mostrar falsas. A suposição coloca dificuldades análogas para o descritivismo quanto à referência. Se o referente de um nome é determinado por aquelas descrições normalmente associadas a ele, então, uma vez que a única descrição normalmente associada a 'Tales' é desprovida de referente, o próprio nome 'Tales' é desprovido de referente. Intuitivamente, porém, nossa

---

[a] N. de T. No original: *'talking past one another'*.

suposição não deveria ter este resultado. Mesmo considerando esta suposição, poderia ser verdadeiro que houvesse um antigo filósofo grego chamado 'Tales' (isto é, 'Tales' poderia ter um referente), sobre o qual um erro difundido tem sido feito. De modo mais geral, as descrições normalmente associadas a um nome podem falhar ao determinar o referente deste nome devido à possibilidade do erro. É claro que, se o falante normalmente associa a descrição 'o F' a 'N', mas N não é F, então 'o F' não conta como determinante da referência de 'N'.

4.4.2 A teoria causal

Em *Naming and Necessity*, Kripke associa seu argumento contra o descritivismo quanto ao significado a algumas das objeções anteriores contra o descritivismo quanto à referência. Mas, se Kripke silencia sobre o que poderia substituir o descritivismo quanto ao significado, ele oferece algo similar a uma teoria da referência. A proposta de Kripke, brevemente introduzida na Seção 4.2.2, veio a ser chamada de 'teoria causal da referência'. De acordo com esta teoria, um nome primeiramente adquire seu referente em uma 'nomeação original' ou 'batismo'. Um falante simplesmente estipula que um objeto deve ter um certo nome. O falante *pode* ou não identificar o objeto-a-ser-nomeado *mediante* a descrição 'Seja *o* F nomeado por 'N''. Em que tipo de caso pode um falante não identificar o objeto-a-ser-nomeado *por meio* de uma descrição? No caso em que o falante esteja em contato perceptivo com o objeto – ele ou ela pode vê-lo, ou percebê-lo de algum outro modo. Em um caso como este, o falante pode, simplesmente, mostrar o objeto, apontando-o, por exemplo. Ele ou ela *não precisa* identificá-lo descritivamente. É, talvez, este aspecto da teoria de Kripke que fez com que ela fosse chamada de 'teoria causal', visto que estar em contato perceptivo com um objeto é uma maneira de estar em contato causal com o objeto. Mas se é assim, o rótulo é, de certo modo, enganador, pois Kripke leva em conta que a possibilidade óbvia de nomear por meio de uma descrição. Quando passa a explicar como um objeto adquire seu referente, a teoria de Kripke permite que descrições possam desempenhar algum papel; apenas não precisam fazê-lo. Os nomes podem adquirir seus referentes também de modo não descritivo.

A parte causal da teoria causal realmente só emerge na próxima fase, na maneira pela qual a teoria explica como um uso não original de um nome tem o referente que tem. Por que o meu uso de, digamos, 'Arnold Schwarzenegger' refere-se ao famoso ator de cinema e não a alguma outra pessoa? O descritivismo quanto à referência diz que a explicação envolve as descrições que são normalmente associadas ao nome. A teoria causal nega que estas descrições desempenhem este papel de determinar a referência. Em vez disso, ela diz que eu 'tomo emprestado' o referente de 'Arnold Schwarzenegger' de outros usuários do nome na minha comunidade linguística. Todos esses usuários estão conectados por meio de uma cadeia comunicativa (e, portanto, causal) que remonta ao batismo de Arnold com seu nome. Talvez eu tenha tomado este nome de Bob que, por sua vez, o tomou de Sally que, por sua vez, o tomou de Ron e assim até os usuários originais de 'Arnold Schwarzenegger', responsáveis por dar ao homem seu nome (provavelmente os pais de Arnold). A teoria causal é causal devido à ênfase que confere a estes elos comunicativos nos quais os nomes são passados de um falante a outro.

Todavia, até agora, a teoria não é suficiente para responder à questão de saber por que meu uso de 'Arnold Schwarzenegger' refere-se a Arnold Schwarzenegger e não a alguma outra coisa. Eu posso ter tomado o nome de alguém que o usa para referir-se a Arnold Schwarzenegger, mas isto, evidentemente, não garante que o *meu* uso do nome irá referir-se à mesma coisa. Eu poderia escolher usá-lo para me referir a alguma outra coisa, por exemplo, meu cachorro ou uma pedra. Por esta razão, Kripke diz que, geralmente, um falante usa um nome com uma certa intenção implícita, a saber, a intenção de usar um nome para se referir àquilo que os outros membros da comunidade linguística da qual ele participa se referem ao usar este nome.

Uma virtude evidente da teoria causal é que ela evita, facilmente, a versão da objeção do erro que atormenta o descritivismo quanto à referência. As descrições, normalmente associadas ao nome 'Arnold Schwarzenegger', podem falhar ao referir-se a Arnold Schwarzenegger. Segundo a teoria causal, eu posso, porém, falar sobre Arnold Schwarzenegger usando 'Arnold Schwarzenegger' porque a quem me refiro ao usar este nome é independente da descrição associada ao nome. As outras dificuldades associadas ao descritivismo tradicional quanto à referência também não se aplicam à teoria causal. Não há, evidentemente, nenhum problema, por exemplo, em selecionar quais as descrições que conseguem fazer parte do agregado daquelas que determinam a referência, pois as descrições não determinam o referente do nome, segundo a teoria causal.

Uma objeção que se tornou comum contra a teoria causal baseia-se no fato, mencionado em parágrafo anterior, de que ela requer a presença de uma intenção de referir-se, com um dado nome, àquilo a que se referem os outros usuários ao usá-lo. Pois o que é 'aquilo a que se referem os outros usuários do nome 'Arnold Schwarzenegger'', senão uma descrição que eu associo a 'Arnold Schwarzenegger'? É como se o descritivismo fosse autorizado a entrar pela porta de trás. Assim, seria a teoria causal uma alternativa genuína ao descritivismo quanto à referência ou somente um tipo de descritivismo quanto à referência disfarçado? Essas são questões que todo teórico da referência causal deve responder.

Uma outra dificuldade da teoria causal frequentemente citada é que ela seria mal-equipada para lidar com o fenômeno da *mudança de referência*. Um nome pode, evidentemente, referir-se em um certo momento do tempo a x e, em outro, a y. Contudo, a teoria causal parece incapaz de dar conta deste fato. O filósofo Gareth Evans (Evans, 1973) foi o primeiro a levantar este problema da mudança de referência para a teoria causal, recorrendo ao exemplo de 'Madagascar'. Atualmente, 'Madagascar' nomeia uma ilha na costa leste da África. Mas nem sempre foi assim. Ela costumava nomear uma parte do continente africano. Uma lenda conta que Marco Polo foi o primeiro a usar este nome para se referir à ilha, mas ele o fez sob a falsa impressão de que seu uso era correto: que os outros usuários também utilizavam 'Madagascar' para falar da ilha. Atualmente, por acaso, o uso que Marco Polo fez deste nome passou a ser o usual. 'Madagascar', atualmente, nomeia a ilha e não o continente. O problema para a teoria causal é explicar como isso aconteceu. Afinal de contas, Marco Polo tinha, presumivelmente, a intenção de usar o nome tal como os outros o faziam; ele não pretendeu introduzir um novo uso para 'Madagascar'. Estes outros usuários, porém, tomavam 'Madagascar' como se aplicando ao continente. Assim, dado que Marco Polo teve a intenção de usar o nome como os outros o faziam e dado que estes outros usavam o nome para se referir ao continente, a teoria causal presume que o uso de Marco Polo referia-se ao continente. Além disso, visto que nós, hoje, que usamos o nome 'Madagascar', em última análise, herdamos este nome de Marco Polo, a teoria causal acarreta que *nosso* uso do nome refere-se também ao continente. Mas isso entra em conflito com o simples fato de que nosso uso do nome refere-se à ilha.

Existe uma solução de compromisso, uma concepção que associa as virtudes da teoria causal e as do descritivismo quanto à referência e descarta seus vícios? Alguns dizem que sim, mas o debate a esse respeito continua em aberto. Nenhuma teoria foi ainda reconhecida como a explicação evidentemente correta da referência de um nome próprio.

4.4 RESUMO

A questão do significado e a questão da referência são assuntos muito discutidos no estudo dos nomes próprios. Progressos têm sido feitos: a teoria da referência direta e a teoria causal são exemplos disso, ao menos na medida em que estas novas teorias servem para indicar algumas das dificuldades enfrentadas pelas teorias que as precederam. Mas juntamente com este progresso vêm novos problemas. A quase universal rejeição do descritivismo quanto ao significado proposto por Frege fez com que o enigma da substitutividade voltasse a ser uma verdadeira ameaça. A falta de habilidade da teoria causal de lidar com o fenômeno da mudança de referência parece um problema tão grave quanto a falta de habilidade do descritivismo quanto à referência de lidar com o problema do erro.

Esta é uma razão para desesperar? Os problemas que cercam os nomes e o ato de nomear estão condenados a permanecer para sempre sem solução? Talvez os problemas possam ser resolvidos, mas somente se adotarmos uma abordagem mais radical do que aquelas que foram examinadas aqui. Wittgenstein (1953) sustentou que a abordagem fregeana/russelliana dos problemas da linguagem era inteiramente mal direcionada e um de seus principais defeitos era a tendência a 'reificar o significado', a conceber o significado e os significados como *coisas*. Ao contrário, Wittgenstein afirmou que o significado de uma expressão não é senão o modo como ela é *usada* e conclamou os teóricos da linguagem a abandonar a ideia de que a noção semântica principal seja a de *representar* ou a de *referir-se a* um ou outro objeto. As abordagens das questões do significado e da referência que apresentamos neste capítulo são, essencialmente, variações da abordagem fregeana/russelliana. Naturalmente, as afirmações feitas por uma ou outra teoria que examinamos diferem daquelas feitas por Frege e Russell; a teoria da referência direta, por exemplo, nega que o significado de um nome seja descritivo. Este desacordo, porém, não é um desacordo sobre a *natureza* do significado. Frege e Russell discordam do teórico da referência direta quanto a *qual* tipo de coisa conta como o significado de um nome, mas em um nível talvez mais fundamental, eles concordam que seja apropriado conceber o significado de um nome *como um tipo de coisa*.

Talvez seja o momento de considerar a possibilidade de que Wittgenstein estivesse certo e que a abordagem fregeana/russelliana dos problemas do nome e do ato de nomear seja o que está impedindo que se encontre uma solução satisfatória para estes problemas. Abordagens genuinamente novas para estes problemas, contudo, estão apenas começando a aparecer. Alguns dos artigos que, no nosso entender, apresentam uma nova abordagem para as questões do significado e da referência são indicados na seção *Sugestões para Leituras Adicionais*.

4.5 UMA BREVE DISCUSSÃO SOBRE A VAGUEZA[a]

Na gramática tradicional, uma sentença simples é dita consistir de um sujeito e de um predicado. Nas seções precedentes, estivemos considerando dois tipos de termos que podem ocupar a posição de sujeito – nomes e descrições definidas – mas falamos pouco sobre os predicados. De modo talvez

---

[a]N. de T. No original: *'vagueness'*. Termo técnico que admitiria outras opções de tradução para o português. A tradução escolhida é, porém, aquela cujo uso já está consagrado nos debates de filosofia da lógica em língua portuguesa.

surpreendente, os predicados não parecem colocar nenhuma questão complicada em filosofia da lógica. Existem questões *metafísicas*, tais como 'Todos os predicados representam propriedades?'. (No capítulo anterior, passamos algum tempo discutindo se 'é verdadeiro' é uma propriedade genuína. "Existir' é uma propriedade?', e o que dizer de 'é vermelho quando examinado antes de 8 de setembro de 2007?'[a]). Uma questão metafísica que atormentou a metafísica durante séculos é se propriedades existem independentemente das coisas individuais, se elas são inerentes às coisas ou se não existem de modo algum. Todavia, para o filósofo da lógica, os predicados, de um modo geral, não causaram nenhuma grande "dor de cabeça", com a grande exceção dos predicados *vagos*. Esta é uma grande exceção porque, quando você se detém a pensar sobre isso, a *maioria* dos predicados que usamos em nosso discurso cotidiano é vaga e, como foi indicado no Capítulo 1, predicados vagos são um solo fértil para paradoxos. Utilisemos o predicado 'alto' e comecemos por considerar estes dois enunciados:

(14) Uma pessoa que mede 200 cm é alta.
(15) Para qualquer (número natural) $x > 0$, se uma pessoa que mede $x+1$ cm é alta, então uma pessoa que mede x cm também é alta.

Agora, seja P_x a sentença 'Uma pessoa que mede x cm é alta'. Portanto, poderíamos formalizar (14) assim: P_{200}; e formalizar (15) assim: $\forall\ x > 0\ (P_{x+1} \to P_x)$. Ambos enunciados parecem ser verdadeiros e podemos inferir deles P_{199}. Então, partindo de P_{199} e usando, mais uma vez (15), podemos inferir P_{198} e, naturalmente, podemos prosseguir até P_{50}, que é, definitivamente, falsa. Em outras palavras, partindo apenas de (14) e (15) podemos inferir uma conclusão falsa. Portanto, o argumento não pode ser legítimo. Isto significa que o argumento não é válido e/ou que uma ou mais premissas são falsas.

O argumento não é válido? Certamente, ele parece ser válido. Considere:

(16) 200 é um número par.
(17) Para qualquer $x > 0$, se $x+2$ cm é um número par, então x é um número par.

Podemos inferir deles que 2 é um número par e este é, certamente, um argumento válido. O argumento sobre a altura não tem exatamente a mesma forma? Se a tem, não deveria ser válido também? Ora, (15) é logicamente equivalente a uma conjunção infinita ('... Q e R e S...'), na qual cada elemen-

---

[a] N. de T. Observe que, neste exemplo, a escolha da data é arbitrária. Sua função é simplesmente ilustrar o problema de como caracterizar predicados temporais.

to da conjunção é um enunciado condicional, por exemplo:($P_{200} \to P_{199}$), ($P_{199} \to P_{198}$), ($P_{198} \to P_{197}$)... Podemos inferir a mesma conclusão a partir destes enunciados condicionais e de (14) usando somente o *modus ponens* (P; se P, então Q. Logo, Q). Estas não são inferências válidas? Se elas o são, não é válido também o argumento original?

Parece, então, que o argumento é válido, mas ilegítimo. Mas qual das premissas é falsa? Certamente não (14). Alguém que tenha 200 cm de altura é indiscutivelmente alto. Parece, pois, que somos forçados a concluir que o enunciado (15) é falso. Considere, porém, o enunciado (17). Se (17) fosse falso, pareceria seguir-se que existe um número x tal que $x+2$ é par e x não é par. Assim, se pensarmos que (15) também é falso, devemos concluir que existe um número x tal que uma pessoa que meça $x + 1$ cm é alta, mas uma pessoa que meça x cm não é alta. Mas essa conclusão é difícil de aceitar.

Primeiro, porque ela é contraintuitiva: predicados como 'alto' são vagos e a ideia central a respeito dos predicados vagos é que eles não possuem limites precisos quanto à sua aplicação. Se uma pessoa é alta, então uma outra que é apenas um pouco mais alta ou mais baixa deveria ser alta também. Mas ao negar (15), estamos comprometidos a aceitar um ponto de corte exato para a altura. O que poderia explicar por que este ponto de corte deveria ser onde é? Além disso, não podemos verificar onde se situa este ponto de corte: é difícil dizer se alguma coisa tem exatamente 1.789.653 m de altura, mas podemos descobrir. Como descobrir, no entanto, onde exatamente se situa o ponto de corte para o predicado 'alto'? Parece que nenhuma quantidade de testes ou informações empíricas pode nos ajudar. Como pode haver um tal ponto se, em princípio, não podemos verificar onde ele se encontra?

Uma resposta popular a este paradoxo consiste em adotar uma lógica trivalente.[a] Está sendo considerado que seria possível sugerir que enunciados vagos não são nem verdadeiros, nem falsos; por exemplo, P_{150} não seria nem verdadeiro, nem falso. Isto implica a rejeição do *princípio de bivalência*, segundo o qual todo enunciado é verdadeiro ou falso. Este princípio acarreta o *princípio do terceiro excluído*, segundo o qual todo enunciado da forma 'p ou não p' é verdadeiro. A lógica clássica adota ambos os princípios.

Porém, não é claro que a abordagem pela lógica trivalente irá resolver o paradoxo. Em primeiro lugar, mesmo que os enunciados vagos não fossem nem verdadeiros, nem falsos (fossem neutros), isto não implicaria, por si mesmo, que (15) fosse falso ou que não fosse nem verdadeiro, nem falso. Poderíamos concordar que P_{150} não seja nem verdadeiro, nem falso (que seja, digamos, neutro). Mas ainda assim, porque daí se seguiria que $\forall x > 0 \, (P_{x+1} \to P_x)$

---

[a] N. de T. No original: '*three-valued logic*', que designa as lógicas que reconhecem três valores de verdade.

é falso ou neutro? Pode ser que 'Joe é alto' seja neutro, mas parece plausível considerar que 'se Joe é alto, então ele não é baixo' seja ainda verdadeiro. Como a abordagem pela lógica trivalente lidaria com o seguinte argumento: P_{150} é neutro, $\forall x > 0$ (P_{x+1} é neutro $\rightarrow P_x$ é neutro), logo P_{50} é neutro? Aqui, invocamos 'neutro' como um terceiro valor de verdade, mas chegamos a uma conclusão insana. P_{50} não é neutro: é totalmente falso!

Em segundo lugar, ainda resta o problema da vagueza de ordem superior.[a] A motivação para a lógica trivalente é que não há uma altura exata a partir da qual uma pessoa deixe de ser alta e passe a ser não alta. Mas, de modo similar, não deveria haver um número exato a partir do qual P_x deixasse de ser verdadeiro e passasse a ser neutro, ou de neutro passasse a ser falso. Uma resposta poderia consistir em postular valores de verdade adicionais: verdadeiro, limite entre verdadeiro e indefinido, definitivamente indefinido, etc. Todavia, o mesmo problema certamente aparece com qualquer proposta que postule um número finito de valores de verdade. Ou ainda, seria possível argumentar que é vaga a fronteira entre o último P_x verdadeiro e o primeiro P_x neutro. Isto, porém, não parece plausível. Se P_{200} é verdadeiro e P_{150} é neutro, então, certamente, deve haver um ponto particular onde a alteração de verdadeiro para neutro ocorra. (Uma resposta similar seria aplicável ao caso de dois valores.)

A lógica difusa[b] postula um número infinito de valores de verdade, estendendo-se de 0 (definitivamente falso) a 1 (definitivamente verdadeiro). Esta medida da verdade não deve ser confundida com a probabilidade. Considere a série P_{200}, P_{199} ... P_{100}. Um adepto da lógica difusa diria que o primeiro enunciado é verdadeiro, que o último é falso e que cada P_x é mais verdadeiro que o outro que vem depois dele. Seja [K] o grau de verdade do enunciado K. Uma maneira de atribuir graus de verdade seria supor, para todo número real x tal que $200 \geq x \geq 100$, que $[P_x] = (x/100)-1$.

Qual é o valor de $[P_{x+1} \rightarrow P_x]$? Há lugar para diferentes respostas a esta questão. Mas se tanto o antecedente quanto o consequente são verdadeiros em grau 1, então, de acordo com a lógica clássica, a condicional como um todo é verdadeira. Raciocinar usando condicionais não conduz da verdade à falsidade. Assim, presumivelmente, se o consequente tivesse um grau menor de verdade do que o antecedente, então a condicional como um todo deveria ter um grau de verdade menor do que 1 e, quanto maior a diferença, menor seria o grau de verdade.

Porém, para cada condicional considerada no exemplo em questão, o antecedente tem um grau de verdade que é um pouco maior do que o

---

[a] N. de T. No original: '*higher-order vagueness*'.

[b] N. de T. No original: '*fuzzy logic*', também traduzida, algumas vezes, por 'lógica imprecisa'.

consequente; assim, todas as condicionais que têm a forma do nosso exemplo devem ter um grau maior de verdade. Isso explica por que o argumento parece plausível. Mas isso também explica por que o argumento não é válido, pois cada aplicação do *modus ponens* produz uma conclusão que possui um grau cada vez menor de verdade. Essa é uma solução para o paradoxo? Muitos lógicos e filósofos discordam. O problema com a vagueza produziu, nos últimos anos, um grande volume de trabalhos interessantes e uma variedade de teorias fascinantes. Um caminho para o debate é sugerido abaixo.

SUGESTÕES PARA LEITURAS ADICIONAIS

Talvez *o* texto a ser lido, que concerne virtualmente a todos os tópicos que foram discutidos aqui, é o de Kripke (1972/1980). Para se ter uma ideia do debate pré-Kripke, ler Searle (1958) e, também, o clássico de Frege (1892). Brandom (1994) e Goldstein (2002) são exemplos das novas abordagens inspiradas em Wittgenstein do problema dos nomes e do ato de nomear. A teoria causal e a questão da referência são discutidas em Evans (1973), em Devitt (1981) e, naturalmente, em Kripke (1972/1980). A literatura sobre o enigma da substitutividade e a teoria da referência direta é, atualmente, imensa. Um bom lugar para se começar é Salmon e Soames (1988), que é um volume de ensaios sobre este e outros tópicos relacionados. Soames (2002) apresenta uma defesa recente e uma elaboração da teoria da referência direta. É difícil encontrar defesas contemporâneas do descritivismo quanto ao significado, mas Linsky (1977) não é demasiadamente antigo. Leia Russell (1905[a]) para a elaboração extremamente famosa de sua Teoria das Descrições Definidas. Neale (1990) é uma introdução clara e excelente, e uma defesa da teoria de Russell. Sobre o tema da vagueza, Williamson (1994) defende a existência de pontos de corte. Sainsbury (1995, Capítulo 2) introduz as principais teorias, e muitos dos artigos importantes estão incluídos em O'Keefe e Smith (1997), que também contém um capítulo introdutório útil. Alguns artigos mais recentes podem ser encontrados em Beall (2004).

NOTAS DOS AUTORES

1. Mais precisamente, o significado de uma sentença *enquanto é usada em um dado contexto* pode ser identificado à proposição que ela expressa neste contexto. Algumas sentenças significam coisas diferentes em contextos diferentes; por exemplo: 'Eu estou com fome'.

---

[a]N. de T. Para uma edição desta obra, ver Russell (1978) "Da Denotação". In: Russell, B. (1978) Col. Os Pensadores. São Paulo: Ed. Abril Cultural.

2. Quando jovem, Robert Zimmerman mudou seu nome para 'Bob Dylan'.
3. Nathan Salmon (1991) prova isso. Apesar de sua verdade clara, os filósofos insistem em chamar o problema de Frege de 'o enigma de Frege a respeito da identidade'. Não se trata de um enigma a respeito da identidade.
4. Espero que você, caro leitor, não pense equivocadamente que haja um país melhor para se comprar baguetes do que a França.
5. Apenas *mais claro* e não perfeitamente claro, porque ainda precisaríamos fixar uma teoria do significado para as descrições definidas que explicasse como *seus* significados podem ser algo mais do que *seus* referentes. Isto, todavia, parece ser uma tarefa bem mais fácil. Descrições definidas diferentes, mas correferenciais, em geral parecem diferir de modo bastante evidente quanto às suas contribuições semânticas. Ver a Caixa de Texto na Seção 4.3.1 para uma breve introdução à Teoria das Descrições Definidas de Russell.
6. As razões de Russell parecem ser mais epistemológicas do que semânticas. Ele sustentou que para genuinamente nomear uma coisa é preciso manter uma relação epistemológica bastante íntima com esta coisa, uma relação que Russell chama de *'familiaridade'* [*'acquaintance'*]. As coisas com as quais não temos familiaridade podem apenas ser descritas, mas não nomeadas. Russell sustentou ainda que os itens com os quais temos esta relação especial de familiaridade são somente os 'dados dos sentidos' [*'sense data'*], isto é, os efeitos mentais da percepção ou sensação. Uma vez que a maioria das coisas que são rotuladas por nomes próprios não são dados do sentido nem para si mesmas nem para outros, a maioria dos nomes próprios não são, de acordo com Russell, realmente nomes: são descrições definidas disfarçadas.
7. Esta é uma instância de um princípio mais geral que liga o *significado* à verdade. O princípio geral é frequentemente colocado da seguinte forma: o valor de verdade de uma sentença é função do significado da sentença e do 'modo como o mundo é'. Uma consequência desse princípio é que sentenças que diferem quanto ao valor de verdade não podem significar a mesma coisa. Por conseguinte, uma boa maneira de testar as consequências de uma teoria semântica, é ver se as sentenças que ela afirma terem o mesmo significado, diferem (ou melhor, *poderiam* diferir) quanto ao valor de verdade. Este tipo de teste irá aparecer muitas vezes no decorrer do texto.
8. Existe, pelo menos, *um* sentido no qual (7*) é contraditória. Há outras leituras de (7*) segundo as quais ela não o é. Por exemplo, se interpretamos (7) como dizendo, grosso modo, que o famoso cantor de *folk-rock* que tem uma voz rouca é tal que ele pode não ser famoso, (7*) iria, surpreendentemente, nos parecer não contraditória (e verdadeira). O ponto importante é que (7*) *pode* ser tomada como uma contradição, pode ser tomada como implicando que poderia haver um não famoso, mas famoso cantor de *folk-rock* que tem uma voz rouca. Porém, parece não haver *nenhum* sentido no qual (7) seja contraditória e isto é suficiente para mostrar que (7) e (7*) não são equivalentes.
9. De modo mais cuidadoso: existe uma leitura de (8*) segundo a qual ela é verdadeira. Como era o caso com (7*), (8*) possui múltiplas leituras (ver a nota anterior) e de acordo com algumas delas (8*) não é verdadeira. O ponto importante é que (8*) pode ser tomada como expressando a proposição

verdadeira, que é uma verdade necessária, segundo a qual o que conta como sendo o famoso cantor de *folk-rock* que tem uma voz grave, conta também como sendo famoso. Por outro lado, parece não haver *nenhum* sentido no qual (8) pode ser tomada como expressando uma verdade. Por conseguinte, (8) e (8*) não podem significar a mesma coisa.

10. Sentenças são apenas derivadamente *a priori* ou *a posteriori*, conforme as proposições que expressam sejam *a priori* ou *a posteriori*.
11. Em outras palavras, 'É *a priori* que o último grande filósofo da antiguidade seja um filósofo' é verdadeira, mas 'É *a priori* que Aristóteles seja um filósofo' é falsa.
12. Alguns filósofos e lógicos acreditam que existam sentenças que não são *nem* verdadeiras, *nem* falsas. Na realidade, alguns filósofos acreditam que as sentenças que contêm descrições definidas que não possuem referentes – como (10*) – são, paradigmaticamente, nem verdadeiras, nem falsas.
13. Esta não é a concepção real de Searle. Searle nega que o agregado de descrições associado ao nome determine seu significado. Em outras palavras, a concepção oficial de Searle é, na realidade, uma resposta à questão da referência do nome e não à questão do significado dos nomes. Todavia, muitos têm sugerido que um descritivismo baseado na teoria de Searle a respeito da referência dos nomes pode lidar melhor com os argumentos antidescritivistas de Kripke.
14. Estamos dizendo, por exemplo, que o significado de um nome é determinado por uma *disjunção* de descrições? Sob que condições, exatamente, os membros de um agrupamentp de descrições que determinam o significado de um nome podem mudar?
15. Apesar de não ter sido mencionado antes, este é um problema para a teoria dos agregados tomada com uma teoria do significado, do mesmo modo como o é para a teoria dos agregados tomada com uma teoria da referência. Se os nomes são equivalentes quanto ao seu significado ao agregado de descrições definidas, *quais* descrições contam como membros desse agregado?

5

A necessidade é realmente necessária?

5.1 "DEVE" E "PODE"

> It ain´t necessarily so, it ain´t necessarily so.
> De t´ings dat yo' li'ble to read in de Bible.
> It ain´t necessarily so.
>
> Gershwin, Porgy and Bess[a]

Se a canção de Gershwin está certa, então alguns enunciados da Bíblia, os jornais ou um livro como este não são necessariamente verdadeiros; em outras palavras, eles poderiam ser falsos. Esta observação sugere um teste fácil para a verdade necessária. Pense em um enunciado, por exemplo, 'Karl Marx está enterrado no mesmo cemitério que Herbert Spencer'. De fato, esses dois pensadores famosos do século XIX estão, ambos, enterrados no cemitério *Highgate*[b] de Londres. Mas isso poderia ter sido diferente, não poderia? Um ou outro, ou ambos, poderiam nem ter sido enterrados, ou poderiam ter sido enterrados em lugares diferentes. Assim, o enunciado segundo o qual Marx e Spencer estão enterrados no mesmo cemitério não é uma verdade necessária, pois poderia ter sido falsa. Se um enunciado é necessariamente verdadeiro, então não há lugar para um 'pode' a seu respeito. Ainda assim, há uma conexão entre *deve* e *pode*: se é uma verdade necessária que humanos não são cães, então não é possível que uma coisa seja tanto um ser humano, quanto um cão. Desse modo, os operadores que são requeridos

---

[a] N. de T.: Versos de uma das canções da ópera composta por George e Ira Gershwin, *Porgy and Bess*, baseada no romance intitulado *Porgy*, escrito por DuBose Heyward e na peça, de mesmo nome, escrita por Dorothy Heyward. O inglês peculiar no qual estão escritos esses versos é uma tentativa de reproduzir graficamente as características fonéticas e lexicais próprias das comunidades negras do sul dos Estados Unidos no início dos anos de 1930, cuja vida é o tema de todas essas obras. O sentido geral desses versos pode ser traduzido, sem a equivalente elegância poética, da seguinte maneira: 'Não é necessariamente assim, Não é necessariamente assim. As coisas que você pode ler na Bíblia. Não é necessariamente assim'.

[b] N. de T. Famoso cemitério localizado em Highgate, região ao norte de Londres, Inglaterra.

pela *lógica modal* (a lógica da necessidade e da possibilidade), revelam-se interdefiníveis. Usemos um quadrado, '□', para simbolizar 'necessariamente' e um losango, '◇', para simbolizar 'possivelmente'. Assim, podemos escrever:

$$\Box A =_{df} \sim\Diamond\sim A^a$$

Isto é: se é o caso que necessariamente A, então não é possível que seja o caso que não A.

A lógica fornece grandes exemplos de verdades necessárias: ou está chovendo, ou não está chovendo, ou Bob Dylan chamava-se originalmente 'Robert Zimmerman' ou não. Não há lugar para 'pode' no que diz respeito a 'p v ~p'. As verdades da lógica não são apenas verdadeiras: elas são *necessariamente* verdadeiras. Assim, parece que '□(p v ~p)' será uma verdade da lógica modal. Todavia, precisamos ser cuidadosos quanto ao modo de distribuir quadrados e losangos pelas nossas fórmulas. Embora pareça bastante óbvio que 'p v ~p' tenha que ser verdadeiro, isto não significa que '□p v □~p' é necessariamente verdadeiro, ou mesmo que seja verdadeiro. Existem muitas proposições que não são necessariamente verdadeiras. Por exemplo, Grace poderia nunca ter conhecido Bert. Assim, a proposição 'Grace conhece Bert' não é uma verdade necessária, nem é necessariamente verdadeiro que Grace não conhece Bert. Por outro lado, '◇p v ◇~p' parece um candidato melhor ao título de necessariamente verdadeiro. Isto é tão necessário - e tão obviamente – verdadeiro quanto 'p v ~p'? Certamente, parece ser o caso de pensar que as coisas são deste modo. Assim, talvez '□(◇p v ◇~p)' mereça ser considerado uma verdade da lógica modal. Como veremos, porém, determinar o que é verdadeiro no contexto da lógica modal não é uma questão simples. Isto porque formalizar e compreender enunciados sobre o que é necessário e o que é possível não é um assunto fácil.

Na época dos pioneiros da moderna lógica modal (de 1915 em diante), existiam muitos trabalhos que se concentravam em saber o que é o que não é uma verdade necessária. A ideia básica era que toda verdade lógica é uma verdade necessária e que se pudermos mostrar que uma proposição segue-se logicamente de uma verdade necessária, então esta mesma proposição é necessariamente verdadeira. Os dois modos da verdade aos quais estes pioneiros da nova lógica prestavam especial atenção eram aqueles relacionados a *deve* e *pode*, à necessidade e à possibilidade.[1] Mais tarde, os filósofos se interessaram por muitas coisas diferentes, como crenças, conhecimento, obriga-

---

[a] N. de T. O símbolo '$=_{df}$' designa uma igualdade por definição.

ções, tratando-as também como modalidades. Em consequência, o que hoje é chamado de 'lógica modal' envolve não apenas os modos da verdade e da falsidade (as modalidades *aléticas*), mas também as modalidades *epistêmicas*, relacionadas ao conhecimento e às crenças, e as modalidades deônticas, relacionadas ao dever, à obrigação e à permissão. Apesar de algumas famosas objeções ao projeto da lógica modal como um todo (notadamente, aquelas postas em evidência por W. V. Quine), as ferramentas analíticas da lógica modal e a noção de mundos possíveis tornaram-se, mais tarde, no decorrer do século, um dos temas habituais para estudantes de filosofia.[2] Embora Quine achasse que o vocabulário modal, bem como todo discurso sobre 'deve' e 'pode', fosse dispensável, essa parece, atualmente, um tipo de concepção especialmente inadmissível. Afinal, é bastante natural para nós pensar e falar sobre o que poderia ter sido, tanto quanto sobre o que simplesmente é. Se Bert não tivesse ido estudar em St. Andrews, ele poderia nunca ter conhecido Grace. Dizer isso não parece mais estranho do que dizer que Bert pesa mais do que Grace, ou que os metais expandem quando aquecidos.

Embora nossa maneira de pensar sobre o mundo inclua naturalmente os modos 'deve' e 'pode', parece também que precisamos dessas mesmas noções para expressar algumas das coisas discutidas neste livro. Considere, por exemplo, a relação entre as premissas e a conclusão em um argumento válido. Se as premissas são verdadeiras, não é mera coincidência que a conclusão também seja verdadeira. Uma maneira natural de descrever a validade consiste em dizer que, em um argumento dedutivamente válido, não é possível que as premissas sejam verdadeiras enquanto a conclusão é falsa. Um livro recente, por exemplo, alega que uma inferência é válida "se e somente se não houver nenhuma situação possível na qual as premissas sejam verdadeiras e a conclusão seja falsa".[3] A validade pode significar algo além disso? Quine pensava que sim. Ele sustentou, por exemplo, que um argumento válido era – primeiramente – aquele no qual, se as premissas são verdadeiras, então a conclusão é verdadeira e – além disso – aquele para o qual todo argumento resultante da substituição consistente de qualquer das palavras não lógicas que ele contém é um argumento no qual, se as premissas são verdadeiras, então a conclusão também é verdadeira.[4] Esta versão quineana da validade, contudo, parece colocar as coisas de maneira invertida. Ele afirma que a validade de:

> Grace ama somente pessoas generosas.
> Logo, pessoas generosas são as únicas que são amadas por Grace.

consiste em duas coisas. Primeiro, se é verdade que Grace ama somente pessoas generosas, então é verdade que pessoas generosas são as únicas que são amadas por Grace. Segundo, toda substituição consistente das palavras não lógicas contidas no argumento tem por resultado um argumento no qual, se as premissas são verdadeiras, então a conclusão também o é. Por exemplo:

> Bert assiste somente filmes de ficção científica.
> Logo, filmes de ficção científica são os únicos que são assistidos por Bert.

Poderíamos nos perguntar por que a validade é algo tão importante, se isso é tudo que ela significa.[5] A explicação quineana aceita que qualquer coisa, qualquer que ela seja, pode ser validamente inferida de uma premissa falsa, ou de premissas falsas (pois o 'se... então...' na definição de Quine da validade significa o mesmo que '⊃' e todo enunciado que contenha '⊃' e tenha um falso antecedente é verdadeiro). O que há de errado com isso? O problema é que a explicação quineana não oferece nenhuma explicação do modo como a verdade das premissas garante a verdade da conclusão ou da razão pela qual o argumento a seguir está errado:

> Laurence é um cão.
> Logo, números primos maiores que 2 são também números ímpares.

Uma vez que Laurence não é um cão, qualquer proposição, qualquer que ela seja, pode ser apresentada como seguindo-se logicamente desta falsa premissa. Voltaremos, no próximo capítulo, à questão da validade e a questões relacionadas a respeito de condicionais.

Foi apenas a partir de década de 1960 que os pensadores tiveram a ideia de combinar os métodos formais da lógica modal com a antiga e intuitiva ideia de *mundos possíveis* – uma noção que recebeu projeção primeiramente no século XVII, por meio do trabalho do filósofo alemão Gottfried Leibniz. Suponha que vivemos em um dos muitos mundos possíveis diferentes. O mundo em que vivemos é o atual. No mundo atual, Grace conhece Bert e ambos são amigos de Dick, mas é possível que nenhum deles nunca tivesse conhecido os outros. Em termos de mundos possíveis, o que é possível no mundo atual realiza-se em ao menos um dos mundos possíveis. Portanto, existe um mundo possível no qual Grace nunca conheceu Bert e Dick não era amigo de nenhum dos dois. Em geral, se é possivelmente o caso que 'p' no mundo atual, então existirá ao menos um mundo possível no qual 'p' é verdadeiro. (Esse mundo possível pode ser – algumas vezes – o próprio mundo atual.) Então, o que dizer da necessidade? Se o enunciado 'Grace conhece Bert ou Grace não conhece Bert' é necessariamente verdadeiro, então ele não é apenas verdadeiro no mundo atual, mas verdadeiro em todos os mundos possíveis. Observe a referência, aqui, a 'ao menos um' e a 'todos os' mundos possíveis. O caráter de interdefinibilidade dos operadores modais é compatível com a interdefinibilidade dos quantificadores. Vamos escrever '∃w' para dizer 'existe ao menos um mundo w, tal que...' e '∀w' para dizer 'todo mundo, w, tal que...'. Além disso, seja 'A' uma variável metalógica que representa qualquer fórmula que seja. Vamos escrever 'TA' para representar o fato de que o valor de verdade da fórmula é *verdadeiro*. Temos, então, o seguinte:

$$\Diamond A =_{df} (\exists w)(TA \text{ em } w) \quad \Box A =_{df} (\forall w)(TA \text{ em } w)$$

De modo correspondente, '∼◇∼A' não diz nada além de '∼(∃w) ∼(TA em w), o que significa dizer que '(∀w) (TA em w)', o que significa – como já foi observado – dizer que '□ A'.

Não apenas as verdades lógicas eram um caso interessante de verdade necessária, mas parecia natural considerar a própria consequência lógica como possuindo algum tipo de inevitabilidade. Isso é o que estava expresso na afirmação de que não é possível que a premissa ou as premissas de um argumento válido sejam verdadeiras e a conclusão seja falsa. Se as premissas de um argumento válido são verdadeiras, então a conclusão *deve* ser verdadeira. Grace é uma lógica. Se ela é uma lógica, então ela conhece a definição de validade. Se estes enunciados são verdadeiros, *deve* seguir-se que Grace conhece a definição de validade. Ao dizer isto, não queremos dizer que Grace simplesmente deve conhecer a definição de validade sem que outras considerações entrem em linha de conta. A necessidade aplica-se à inferência e não à própria conclusão. Grace, afinal, poderia não ter sido uma lógica e, certamente, poderia não saber como definir a validade. Não importa o quão esperta ela seja no mundo atual, existe um mundo possível alternativo no qual ela simplesmente não está, de modo algum, envolvida com a lógica. Nossos símbolos tornam isso um pouco mais claro. Considere nosso *modus ponens* sobre Grace:

$$p, p \supset q \vdash q$$

Argumentar que a conclusão deve ser verdadeira se as premissas o são, não equivale a argumentar que:

$$p, p \supset q \vdash \Box q$$

Ao contrário, esta segunda inferência parece completamente insana. O que corresponde a toda inferência válida é uma condicional, portanto, a necessidade da inferência – em vez do conhecimento que Grace tem da validade – pode ser expresso, primeiro, ao escrevermos a inferência original na forma de uma condicional:

$$(p \ \& \ (p \supset q)) \supset q$$

e, depois, inserindo o operador de necessidade na frente de toda a fórmula, da seguinte maneira:

□ [(p & (p ⊃ q)) ⊃ q]

Isso parece expressar exatamente o que poderia significar concluir que Grace *deve* conhecer a definição de validade. Mas, apesar de verdades lógicas serem verdades necessárias, e ainda que exista uma certa necessidade associada à dedução lógica, observe que o que segue não é válido:

p, □(p ⊃ q) ⊢ □q

Por contraste, todo argumento que tenha a seguinte forma é válido:

(N) □A, □(A ⊃ B) ⊢ □B

No trabalho de C. I. Lewis, a implicação necessária – ou estrita – entre uma fórmula e outra era notada mediante o uso de um símbolo especial (conhecido como 'anzol'), de modo que '□(A ⊃ B)' era escrito 'A ⥽ B'. O anzol era introduzido para evitar certos problemas que aparecem durante a formalização da condicional expressa em português. Como o próximo capítulo irá mostrar, o sucesso desta inovação foi limitado. Porém, o princípio (N) permaneceu um compromisso central para todo sistema de lógica modal – o princípio (N) diz que se começamos com uma verdade necessária e, então, consideramos o que ela implica necessariamente (isto é, o que se segue necessariamente dela), terminamos com uma outra verdade necessária.

5.2 *DE RE* E *DE DICTO*

Compromissos centrais podem levar a problemas e o princípio que acaba de ser dado não é uma exceção. Suponha que Dick, pelo menos por um tempo, é solteiro. É uma verdade necessária que os solteiros são não casados – isso, afinal, é uma das condições que definem o ser solteiro. Portanto, parece que, necessariamente, Dick é não casado. Do fato de que Dick é necessariamente não casado, não deveria seguir-se que Dick necessariamente existe. Ainda assim, isto é algo com o qual o princípio (N) parece nos comprometer. Eis aqui a razão. Suponha que Dick seja necessariamente não casado (esta é uma proposição da forma '□A'). Para ser não casado (ou para ter uma propriedade qualquer), Dick deve existir. De fato, é uma verdade necessária que, se Dick tem a propriedade de ser não casado, então ele existe (isto tem a forma '□(A ⊃ B)'). Logo, parece, por ora, que é uma verdade necessária que Dick exista. Contudo, esta parece uma conclusão bastante tola. Dick poderia simplesmente nunca ter nascido. Portanto, sua existência, no mínimo, não é necessária.

Por sorte, existe uma saída para este problema. Ela envolve o reconhecimento de que o modalidade da necessidade pode aplicar-se tanto a sentenças, proposições ou enunciados, por um lado, quanto às próprias coisas, por outro. Dizer que Dick é necessariamente solteiro equivale a dizer algo *de re*, algo sobre o próprio Dick (o vocábulo latino '*res*' significa simplesmente 'coisa'). Por outro lado, dizer que é necessariamente verdadeiro que os solteiros são não casados é naturalmente compreendido como dizendo algo sobre a proposição 'solteiros são não casados' – a saber, que ela é uma verdade necessária. O '*dictum*' é o-que-é-dito. Em nosso estranho argumento, uma conclusão *de re* – que Dick existe necessariamente – é apresentada como se seguindo de uma premissa *de dicto*, a saber, a verdade necessária que se Dick é solteiro, então ele existe. Mas conclusões *de re* não se seguem necessariamente de premissas *de dicto*. O princípio (N) é plausível quando o operador '□' é interpretado ao longo de todo argumento como expressando uma modalidade *de dicto*, mas não quando, ambiguamente, ele representa a necessidade *de dicto* em uma passagem e a modalidade *de re*, em outra.

Uma vez reconhecida a ambiguidade entre *de re* e *de dicto*, todos os enunciados modais podem ser compreendidos de duas maneiras diferentes. O que significa dizer que se Dick é solteiro, então ele existe? Isso parece ser naturalmente lido como uma asserção *de dicto*: a proposição 'se Dick é solteiro, então ele existe' é uma verdade necessária. Muito menos plausível é a leitura segundo a qual esta é uma afirmação *de re*: se Dick é solteiro, então ele existe necessariamente. Considere um exemplo diferente: o caso da espiã mais baixa. Evidentemente, a espiã mais baixa é uma espiã e isso tem uma aura de trivialidade. Assim, admitamos que é uma verdade necessária que a espiã mais baixa é uma espiã. Mas tome cuidado com a leitura *de re*. Não é necessariamente o caso que Veronica Little, a mais baixa das espiãs, seja uma espiã. Ela tinha muitas opções de carreira diante dela e tornar-se uma espiã não era nem mesmo sua primeira opção. Ser uma espiã não é uma propriedade necessária de Veronica, mesmo que seja uma verdade necessária que a espiã mais baixa seja uma espiã.

Em suas objeções à lógica modal, mencionadas anteriormente, Quine distinguiu um grau relativamente inofensivo do que pode ser chamado de 'envolvimento modal' – a saber, aquele em que o termo 'necessariamente' ocorre apenas aplicado à sentença como um todo e que pode ser considerado como um predicado de sentenças. De acordo com este primeiro grau de envolvimento modal, dizer que, necessariamente, a espiã mais baixa é uma espiã equivale, somente, a predicar a necessidade da sentença 'a espiã mais baixa é uma espiã'. Apesar de seu ceticismo geral acerca da modalidade, Quine considerou este nível de envolvimento modal como tendo implicações metafísicas relativamente benignas. Por contraste, um 'terceiro grau', extremo, de envolvimento modal permite que os operadores modais sejam aplicados a sentenças, orações e mesmo a sentenças abertas.[6] De acordo com esse grau de envolvimento modal, argumentou Quine, afirmações sobre a necessidade envolvem a atribuição de propriedades essenciais às coisas no mundo.

Quine acreditou que poderíamos evitar a maior parte das confusões ao evitar claramente dizer algo sobre as propriedades essenciais de pessoas e de coisas. Enquanto predicar a necessidade da sentença 'a espiã mais baixa é uma espiã' parece colocar poucos problemas, atribuir propriedades essenciais a Veronica Little significa exatamente atrair problemas. Considere a afirmação de que o número nove é maior do que o número sete. Se as verdades da aritmética são verdades necessárias, então é inofensivo dizer o seguinte:

'Nove é maior do que sete' é necessariamente verdadeiro.

Mas, agora, considere a afirmação – com maior envolvimento modal – de que nove é, nele mesmo, maior do que sete. Ela atribui uma propriedade essencial ao número nove. Ora, se houvesse nove planetas no sistema solar, então nove também seria o número de planetas. Isso significa que o número de planetas seria necessariamente maior do que sete? Observe que esta questão só aparece se o discurso sobre a necessidade vai além da atribuição de um certo tipo de verdade às sentenças. Uma saída sensata para este problema pareceria ser a seguinte. Por que não dizer que, enquanto nove é necessariamente maior do que sete, o número de planetas é apenas contingentemente, ou acidentalmente, maior do que sete? Mas antes de adotar esta saída para o problema, retome a distinção entre *de re* e *de dicto*. Se estivéssemos realmente falando do número nove, e como estamos considerando que os números possuem propriedades essenciais, então por que não admitir que o mesmo número que numera os planetas é essencialmente maior do que sete? Por outro lado, se a sentença 'o número de planetas é maior do que sete' é apenas uma verdade contingente, nada dela se segue quanto ao estatuto da sentença 'nove é maior do que sete'. Em particular, nada se segue no que diz respeito a saber se esta última sentença é necessariamente ou contingentemente verdadeira.[7]

Isso tudo significa que os argumentos de Quine não são objeções ao projeto da lógica modal. Embora ele estivesse certo em afirmar que tratar a necessidade como algo a ser predicado de sentenças não conduz a enigmas quanto a saber se o número de planetas é essencialmente ou acidentalmente maior do que sete, isso não proíbe o uso de noções mais ricas de necessidade e de possibilidade – desde que a distinção entre *de re* e *de dicto* seja firmemente respeitada. Como resultado, os pensadores que o sucederam têm sido relutantes em abandonar completamente o discurso sobre a necessidade no primeiro grau de envolvimento modal, proposto por Quine. Em vez disso, eles têm acreditado que, enfatizando a distinção entre *de re* e *de dicto* será possível evitar as dificuldades formuladas por Quine e seus seguidores. Além disso, apesar de Quine ter considerado que os casos modais problemáticos são aqueles que envolvem a modalidade *de re*, não há uma maneira geral de traduzir todas as afirmações modais em afirmações puramente *de dicto*. Por exemplo, veja se você consegue encontrar uma versão *de dicto* para '(∃x)□Fx', ou seja, uma fórmula equivalente a esta, na qual o operador de necessidade se aplique à toda a sentença e não apenas à parte 'Fx'.[8] Você não conseguirá fazer isso. Isso não significa, naturalmente, que '(∃x)□Fx' expressa uma verdade. O que ela expressa é uma afirmação bem formada que pode ser verdadeira ou falsa. As preocupações de Quine com a metafísica das propriedades necessárias são uma coisa, a aceitabilidade da lógica modal e de suas formulações é outra coisa bem diferente.[9] Se esta linha de raciocínio está correta, então, ser claro em questões de escopo irá ajudar a evitar confusões desnecessárias. Aliás, distinções de escopo podem ser elucidadas mediante o recurso à própria noção de mundos possíveis. É verdade, em todos os mundos possíveis, que a espiã mais baixa é uma espiã, mas Veronica Little é uma espiã apenas no mundo atual e, talvez, igualmente em alguns outros. Portanto, não é verdade em todos os mundos possíveis que Veronica Little seja uma espiã.

5.3 O QUE SERÁ DEVERÁ SER, NÃO?

Enquanto os modernos teóricos modais normalmente concentram-se na noção de necessidade lógica, os filósofos tradicionalmente têm se preocupado com a inevitabilidade e com o destino. A uma pequena distância a oeste da antiga Atenas, havia um lugar agradável chamado Megara, onde os pensadores eram, aparentemente, fascinados pelos paradoxos e enigmas ligados à inevitabilidade. Um destes lógicos megáricos, Diodorus Cronus, que viveu por volta do final do século IV e início do século III a. C., deixou-nos alguns intrigantes fragmentos – os resquícios de seu famoso 'Argumento Dominador'[a] em favor do fatalismo. Ele pretendeu provar que o que quer que seja verdade, deve ser verdadeiro e que "o possível é aquilo que é ou será". As reconstruções modernas do Argumento Dominador o consideram como funcionando da seguinte maneira. Primeiro, há duas premissas encontradas nos fragmentos de manuscritos atribuídos a Diodorus:[10]

    P1 Todas as verdades passadas são verdades necessárias.
    P2 O impossível não se segue do possível.

---

[a] N. de T. Argumento algumas vezes também chamado de 'Argumento do Dominador'.

Suponha, agora, que amanhã um meteoro irá cair em algum lugar do deserto de Gobi,[a] fazendo poucos estragos além de deixar uma pequena cratera e atemorizar algumas poucas cabras. Ora, se essa suposição é verdadeira, então parece que era verdade ontem que um meteoro iria cair no deserto. Mas, então, isso é algo que é verdadeiro e que ocorre no passado, portanto, conforme P1, esta é uma verdade necessária. Mas se é uma verdade necessária que um meteoro irá cair no deserto amanhã, então não é possível que um meteoro não irá cair no deserto amanhã. Esse argumento parece mostrar que o futuro não está tão em aberto quanto poderíamos normalmente pensar. Apesar disso, parece possível que o meteoro não atinja o deserto: suponha, por exemplo, que ele colida com um satélite quando estiver próximo da Terra. Embora improvável, um tal incidente poderia desviar o meteoro de sua rota, fazendo com que ele caísse em algum outro lugar. Segundo P2, contudo, estamos perdendo nosso tempo ao considerar este tipo de caso. Pois, supor que o meteoro não cairá no deserto é justamente supor que não era verdadeiro ontem que ele iria cair no deserto amanhã. E, de acordo com P1, verdades passadas são necessárias. Dado que o meteoro efetivamente irá cair amanhã no deserto e amedrontar algumas cabras, então é impossível que tenha sido verdadeiro ontem que ele não faria tal coisa. E, como a premissa P2 torna claro, nenhuma impossibilidade segue-se de uma possibilidade. Portanto, nossa especulação de que o meteoro poderia desviar-se da rota, ou deixar de cair no deserto, não é, de modo algum, uma especulação sobre uma possibilidade!

Esse divertido enigma tem intrigado as pessoas desde que foi formulado. Se você não o vê como tendo implicações para o livre arbítrio, mude de exemplo. Em vez de imaginar um meteoro caindo em uma porção de um deserto remoto, considere que a suposição é que eu irei tomar café em algum momento amanhã. Mas não tomo café todos os dias e parece possível que não tome café algum durante todo o dia de amanhã. Suponha agora que, de fato, irei tomar café amanhã. Então, era verdade ontem que iria tomar café amanhã e todas as verdades passadas são necessárias e... assim por diante. Se o livre arbítrio significa alguma coisa, ele não significa que eu posso escolher tomar ou não café? No entanto, se as verdades passadas estão definidas, então o que quer que fosse verdade ontem determina se amanhã eu bebo ou não café.

Há boas e más notícias a respeito do Argumento Dominador. A boa notícia é que existem muitas saídas para o enigma de Diodorus. A má notícia é que cada uma parece exigir um preço que não estamos muito dispostos a pagar.

---

[a] N. de T. Deserto situado na Ásia, ao norte da China e ao sul da Mongólia.

Algumas vezes sugere-se que Aristóteles – vivendo não muito longe de Megara – tem uma solução especialmente boa para o enigma, a saber, abandonar o que é algumas vezes chamado de *princípio da bivalência* – a afirmação de que todo enunciado é determinadamente verdadeiro ou falso.[11] O princípio da bivalência exige que seja o caso que se alguém, ontem, fez uma afimação sobre a queda de um meteoro no deserto – ou sobre o fato de eu tomar café – esta afirmação será verdadeira ou falsa. Aristóteles poderia, contudo, ter pensado que se estivermos falando de coisas que não acontecem necessariamente, então algumas de nossas sentenças não são nem verdadeiras, nem falsas. Suponha que Laurence previu, ontem, que eu iria tomar café amanhã, ao passo que Joe insistiu que eu iria exercitar minha força de vontade e resistir a toda tentação de fazê-lo. Imagine agora que, quando chega o dia seguinte, eu cedo à tentação e tomo café. Laurence e Joe disseram alguma verdade ontem? Negar o princípio de bivalência nos permite dizer que eles não estavam nem certos, nem errados – pois nenhuma verdade ou falsidade foi proferida por eles naquele momento.[12]

Existem, igualmente, outras soluções para o enigma do Argumento Dominador, mas elas, de modo geral, envolvem um preço maior do que o abandono da bivalência. Pode ser que o que precisa ser confrontado é a premissa de que tudo que é passado e verdadeiro é, em si mesmo, necessário. O Argumento Dominador é um dos dois argumentos que levantam dúvidas quanto à possibilidade do futuro não estar em aberto. O outro – conhecido como o 'argumento da batalha naval' – deve-se ao próprio Aristóteles.[13] (O argumento da Batalha Naval irá reaparecer no próximo capítulo, em uma forma um pouco diferente, quando considerarmos como classificar os problemas relacionados à derivabilidade e às condicionais.) Nos dois casos, o argumento depende da ideia de que, se um enunciado ou proposição é verdadeira, então deve ser o caso que o que o enunciado declara que irá acontecer, de fato acontece. Isto pode, à primeira vista, parecer não ser nada mais do que a falácia que consiste em confundir '☐(A ⊃ B)' com '(A ⊃ ☐B)'. Parece correto afirmar que se é verdade que eu tomo café na terça-feira, então devo tomar café na terça-feira (o que parece um caso de implicação estrita no sentido de Lewis). Assim, seria insensato dizer que o fato de eu tomar café tenha sido necessário e que tinha que acontecer. Se esta é a ambiguidade no centro destes argumentos, então não vale a pena estudá-los.[14]

Contudo, parece que o Argumento Dominador e o da Batalha Naval assinalam um problema maior. O tratamento moderno da necessidade e da possibilidade estão relacionados às noções do que é logicamente exigido ou permitido. Até agora, temos tomado como exemplos de verdades logicamente necessárias fórmulas da forma 'A v ~A'. Neste sentido, o presente e o passado não são necessários de modo algum. Da mesma forma, a proposição de que eu posso pular de Melbourne[a] até a região de Perth[b] enuncia um estado de coisas possível. Não há nenhuma inconsistência lógica em considerar tal proposição como verdadeira. De acordo com a conhecida maneira pela qual Hume colocou isso, não se pode provar que seja falsa nem mesmo a proposição de que o sol não nascerá amanhã e, portanto, ela não pode ser descartada como sendo logicamente impossível (Hume, 1748/1999, 4, 1, ii[c]). A possibilidade lógica é uma noção muito generosa; na realidade, generosa demais para esclarecer aquilo que preocupou Aristóteles, Diodorus e outros pensadores tradicionais. Para eles, a questão de saber se o passado é necessário, ou se é possível alterar o presente, diz respeito ao que está no poder dos seres humanos fazer. Pode alguém mudar agora o que ocorreu ontem? Parece que não. Um certo dia, Grace e Bert casaram-se e Dick fez um discurso durante o casamento. Dois dias depois, um amigo diz a Dick: 'Pensei que você iria fazer uma piada quanto a Bert ter se "engraçado" com a Grace'. 'Meu Deus', pensou Dick, 'eu esqueci. Eu queria ter contado esta piada'. Mas Dick não pode desfazer esse erro de modo algum, pois não há como inverter as relações causais e, agora, alterar o passado. Naturalmente, existem estórias de ficção científica sobre viagens no tempo e algumas delas descrevem a alteração do que aconteceu como sendo uma possibilidade. Mas os filósofos e os físicos não estão certos se a alteração do passado é uma possibilidade física ou lógica.[15]

Ora, é esta compreensão da inevitabilidade ou da imutabilidade que parece estar no centro do pensamento antigo sobre a necessidade do passado. O que torna o passado necessário, neste sentido, é que eventos passados aconteceram e não podem ser desfeitos ou alterados de modo algum. Mas, então, se alguém diz algo verdadeiro (ou falha em dizer algo verdadeiro) em alguma ocasião, esta verdade (ou esta falha) tampouco pode ser alterada. Para Aristóteles, o que ocorre no passado é necessário neste sentido – fixo, inalterável e não modificável no presente. E sobre o presente? O presente não dura muito. Tão logo eu digo ou faço algo, esta ocorrência se acrescenta à lista das coisas feitas e é, assim, fixa, imutável exatamente do mesmo modo que o passado. Assim, o que atualmente acontece é tão fixo e imutável como o que aconteceu há centenas ou há milhares de anos. O problema colocado pelo argumento da Batalha Naval e pelo Argumento Dominador é se existe alguma chance do futuro não ser determinado, tendo em vista a imutabilidade

---

[a] N. de T. Melbourne é a capital do Estado de Victória, localizado no sudeste da Austrália.

[b] N. de T. Perth é a capital do Estado da Austrália Ocidental, que é o maior Estado da Austrália, cobrindo um terço do país.

[c] N. de T. Existem diversas traduções publicadas desta obra para o português. Dentre elas encontra--se: Hume (2004). *Investigações sobre o entendimento humano*. Editora da UNESP.

do presente e do passado.¹⁶ Pode ser prematuro, pois, rejeitar o fatalismo por meio da reinterpretação dos antigos argumentos em termos das noções modernas de possibilidade lógica. E, enquanto isso, talvez seja prudente tratar com precaução o princípio de bivalência.

A noção moderna de necessidade, explorada mediante o uso dos exemplos de mundos possíveis e de raciocínios da lógica modal, é um desafio diferente destas noções de inalterabilidade e de imutabilidade que estivemos considerando. O que é, pois, a noção moderna? Esta questão é bem mais fácil de se colocar do que de se responder. Os autores parecem enfrentar ambas a uma só vez – argumentando que as técnicas modais são úteis e valiosas, embora, ao mesmo tempo, não sejam capazes de dizer muita coisa sobre o que eles supõem ser a necessidade lógica e a necessidade metafísica. A consciência de não se saber o que está acontecendo tornou-se tão manifesta que os autores, frequentemente, empregam alguns equivalentes literários de sinais gestuais de incompreensão, como sacudir os ombros e gesticular com as mãos. Antes de confirmar um tal diagnóstico, porém, examinemos com mais detalhes exatamente sobre o que versa a lógica modal e o que os operadores modais significam. Eu irei argumentar a favor da tese de que existe um uso inofensivo do artifício dos mundos possíveis que permite explorar tipos diferentes de necessidade.

5.4 TIPOS DE POSSIBILIDADE

'□' e '◇' não são operadores verifuncionais. Livres das trevas que podem ter sido provocadas pela imersão demasiado longa no Argumento Dominador, acreditamos que quando 'p' é verdadeiro, '□p' pode ser falso. Grace e Bert tiveram azar porque choveu no casamento deles. Eles tiveram azar porque não era uma verdade necessária que iria chover naquele dia. Depois do casamento, Bert é um homem de sorte por ter se casado com Grace. Embora seja necessário que, se ele é casado com Grace, então ele é casado, é apenas contingente – uma questão de fato, ou não necessário – que ele, primeiramente, seja casado e é contingente que ele tenha tido sorte suficiente para encontrar Grace. O que é necessário não é questão de boa ou má sorte, as contingências o são.

Como mencionado anteriormente, os significados dos operadores modais são bastante flexíveis. Muito da lógica modal se concentra nas modalidades aléticas, ou seja, na verdade e na falsidade no mundo, as quais são frequentemente discutidas em relação aos exemplos de ficção científica.¹⁷ Estes, embora divertidos, podem também ser enganadores, especialmente se sugerem que mundos alternativos ao mundo em que vivemos podem ser acessados por viagens no tempo, fendas na trama do espaço-tempo, e outros artifícios.

Os mundos das possibilidades de que falam os filósofos não são, em geral, capazes de qualquer conexão causal entre eles ou com o mundo atual em que vivemos, comemos, dormimos e sonhamos. Ao invés disso, eles fornecem *insight* quanto a aspectos do mundo atual na medida em que retratam mundos que – como os mundos dos contos de fada, não têm nenhuma conexão causal com o mundo em que vivemos. Os essencialistas modais, como David Lewis, argumentam que todos os mundos possíveis existem exatamente da mesma maneira que o mundo atual (portanto, existe um mundo no qual um boneco de madeira se torna um menino, um outro no qual Alice visitou o País das Maravilhas, um onde os dinossauros e dodôs[a] não estão extintos, e assim por diante). Outros teóricos consideram os mundos possíveis apenas como conjuntos de proposições, ficções, imagens, ou meras maneiras de falar. Na medida em que há um desacordo real entre os teóricos quanto ao estatuto e a natureza dos mundos possíveis, há também um desacordo quanto ao que afirmar em relação à necessidade e à possibilidade.

O mundo atual não é apenas limitado à Terra ou ao sistema solar, mas abarca tudo que está no universo. Coisas que poderiam acontecer no universo, mas não acontecem, são coisas que acontecem em algum outro mundo possível. Foi oferecido a meu pai um emprego no Quênia quando eu tinha 18 anos. Se ele o tivesse aceitado, eu poderia ter vivido minha adolescência na África, mesmo que, de fato, eu a tenha passado (no mundo atual) na Escócia. Posso pensar sobre essas possibilidades sem imaginar nenhuma mudança na política do mundo, nos sistemas legais do Quênia e da Escócia, na ordem econômica global ou em dúzias de outras estruturas que caracterizam o mundo tal como nós o conhecemos. Todavia, as coisas poderiam ter sido diferentes no mundo atual de modo muito mais dramático. As estórias que descrevem a transformação de bonecos de madeira em seres vivos e nas quais a magia acontece de forma rotineira descrevem mundos onde são violadas as leis da física e da biologia, tal como as conhecemos. Nesses mundos, porém, uma sentença não é tomada como verdadeira e falsa ao mesmo tempo, portanto eles não são logicamente impossíveis. Uma vez que são, pelo menos consistentes, esses mundos estranhos pertencem ao conjunto de mundos logicamente possíveis, nos quais as alternativas ao mundo atual são normalmente escolhidas.[18]

Agora, algumas das coisas que dizemos sobre o que é possível ou impossível estão relacionadas a possibilidades físicas, legais, práticas ou causais.

---

[a] N. de T. Aves atualmente extintas que viviam nas Ilhas Maurício, no Oceano Índico. Os dodôs não voavam e tinham por volta de um metro de altura.

Tendo chegado mais cedo à parada de ônibus, por exemplo, Bert espera impacientemente, pensando:

> Não é possível que eu tenha perdido o ônibus.

Se é realmente impossível que ele tenha perdido o ônibus, isso pode ser explicado apelando-se para a ideia de uma estrutura ou conjunto de mundos que se agrupam em torno do mundo atual. Se o pensamento de Bert é verdadeiro, então o mundo atual é apenas uma parte de um conjunto de mundos, 'W', em cada um dos quais é verdade que Bert não perdeu o ônibus. A partir de nossas definições anteriores de '$\Box$' e '$\Diamond$', e dado um conjunto de mundos, 'W', bem como um mundo particular deste conjunto, 'w':

> $\Box A$ em w Sse para todo mundo w^i em W, TA em w^i.
> $\Diamond A$ em w Sse para pelo menos um mundo w^i em W, TA em w^i.

O pensamento de Bert é uma instância de:

> $\sim \Diamond A$ seja verdadeiro em w Sse para todo mundo w^i em W. T$\sim A$ em w^i.

Este conjunto de mundos agrupado em torno de um certo mundo é comumente chamado de conjunto de mundos *acessíveis* ao mundo em questão. Ele tem acesso a eles – estes são *alternativas* a ele – precisamente por serem aqueles nos quais é também verdadeiro tudo que é necessariamente verdadeiro no mundo em questão. E – para cada sentença que é possivelmente verdadeira no mundo em questão – haverá uma sentença correspondente que é verdadeira em algum (pelo menos um) dos mundos no conjunto associado. Uma verdade necessária em w, então, é verdadeira em todos os mundos possíveis aos quais w tem acesso; uma sentença é possivelmente verdadeira em w, quando ela é verdadeira em pelo menos um dos mundos aos quais w tem acesso. Ao se restringir, de modo perspicaz, à gama de mundos aos quais um certo mundo tem acesso, tipos diferentes de necessidade e de possibilidade podem ser estudadas.[19] Desse modo, noções como possibilidades legais, políticas, físicas, econômicas e outros tipos podem ser mapeadas. Bert não está pensando que é logicamente, ou mesmo fisicamente, impossível para ele ter perdido o ônibus. Em vez disso, ele está limitando seus pensamentos aos mundos que são alternativos em relação aos transportes do mundo atual – aqueles nos quais as tabelas de horários são as mesmas que as do mundo atual e as correlações entre os horários da tabela e os horários das paradas dos ônibus são exatamente as mesmas que as do mundo atual. Relativamente aos mundos deste conjunto, é possível que o ônibus esteja muito atrasado, ou mesmo que ele não esteja nem mesmo circulando, mas não é possível que Bert o tenha perdido. Para um caso diferente, suponha que estamos interessados no que é permitido ou proibido pelas leis de Hong Kong em uma certa época. Para estudar isso, consideramos uma gama de mundos que diferem do mundo atual em termos de como as pessoas agem, mas nas quais as leis de Hong Kong não mudam de modo algum. Ao pensar sobre que ações e comportamentos são legais ou ilegais neste conjunto de mundos alternativos, podemos começar explorando o que é legalmente possível e legalmente exigido, pelas leis de Hong Kong. Neste nível de análise, o artifício dos mundos possíveis parece útil e inofensivo, mesmo se a noções de necessidade lógica e de necessidade metafísica dão lugar, no final das contas, a enigmas inconvenientes.

5.5 IDENTIDADE E NECESSIDADE

Como vimos anteriormente, (na seção 4.3.2.1), existe um argumento modal contra a afirmação de que o significado de um nome é dado por alguma descrição. Os filósofos que rejeitam o descritivismo normalmente aceitam também a interessante afirmação de que os enunciados de identidade, quando verdadeiros, o são necessariamente. Lembre-se dos princípios de identidade introduzidos anteriormente neste capítulo. Todas as coisas são idênticas a si mesmas ($\forall x\, (x = x)$) e se x é idêntico a y, então toda propriedade de x é também uma propriedade de y ('$(x = y) \supset (Fx \equiv Fy)$' aplica-se a toda propriedade F). Agora, se o princípio de autoidentidade é como os outros princípios lógicos e matemáticos, ele será uma verdade necessária, ou seja:

$$\Box \forall x\, (x = x)$$

Imagine agora uma coisa que tenha dois nomes diferentes (como no caso de Bob Dylan e Robert Zimmerman). Uma vez que é necessariamente o caso que cada coisa seja ela mesma, pareceria que Bob Dylan é necessariamente idêntico a Bob Dylan; isto é, a propriedade de ser necessariamente idêntico a Bob Dylan é uma propriedade que o cantor de voz rouca indubitavelmente possui. Mas Robert Zimmerman também terá essa propriedade. Portanto, Robert Zimmerman tem a propriedade de ser necessariamente idêntico a Bob Dylan. Em outras palavras, se Bob Dylan e Robert Zimmerman são a mesma pessoa, então Bob Dylan é necessariamente idêntico a Robert Zimmerman.[20]

Isto não significa que Robert Zimmerman não poderia ter tido diferentes nomes artísticos. Ele poderia ter escolhido ser chamado de diversos nomes. Mas dado que ele escolheu 'Bob Dylan' como seu nome artístico, então é necessariamente o caso que Robert Zimmerman seja Bob Dylan. Alguém que não soubesse que o cantor chamado 'Bob Dylan' chamava-se originalmente 'Robert Zimmerman' teria que ter pesquisado para descobrir o fato de que os dois nomes referem-se a uma só e mesma pessoa. Mas o fato revelado pela pesquisa é um fato necessário. Se isso lhe aparece como sendo enigmático, pense no que dizer a respeito dos nomes de coisas naturais, como 'sal'. A coisa chamada de 'sal' na linguagem cotidiana é cloreto de sódio e não apenas é encontrado na água do mar, como também como um mineral (sal gema). Quando dizemos 'o sal é cloreto de sódio' – querendo dizer com isso que o sal é idêntico ao cloreto de sódio – proferimos também uma verdade necessária, embora, evidentemente, seja necessário um estudo bastante detalhado para descobrir esse fato. Além disso, é simplesmente um fato da linguística histórica que o sal seja chamado de 'sal' em português. A palavra 'sal' vem da palavra latina *sal*, em vez do vocábulo grego (*hals*) usado para designar a mesma coisa. O sal mineral, de fato, é algumas vezes chamado de 'halita', um vocábulo derivado do grego. Assim, o cloreto de sódio poderia ter sido chamado, de modo geral, de 'halita'. No entanto, sal e halita não são meramente a mesma coisa que o cloreto de sódio: eles são necessariamente a mesma coisa que o cloreto de sódio. Pois se um enunciado de identidade é verdadeiro, ele é necessariamente verdadeiro.

5.6 EPISTEMOLOGIA, METAFÍSICA E SIGNIFICADO

Se você está confuso quanto a como verdades necessárias podem depender de acidentes históricos (como o nome que Robert Zimmerman escolheu para seguir sua carreira) e podem, algumas vezes, ser revelados somente por meio de uma pesquisa científica e factual, então você não está sozinho. Muitos filósofos, ao longo da história, acharam que o que é necessariamente verdadeiro pode ser descoberto simplesmente por intermédio do raciocínio, e não depende de acidentes históricos, nem é revelado pelos estudos científicos e factuais. Para eles, era uma marca da verdade necessária que ela pudesse ser descoberta independentemente da experiência sensível e de estudos científicos. Este tipo de característica foi rotulada de '*a priori*', para distingui-la do tipo de descoberta que pode ser feita apenas por meio da experiência – a descoberta do que é cognoscível *empiricamente* ou '*a posteriori*'. Observe, porém, que *modo como algo pode ser descoberto* ou *cognoscibilidade* são categorias que se aplicam ao caminho por meio do qual conhecemos ou descobrimos algo. Elas pertencem à teoria do conhecimento, ou *epistemologia*. Que uma coisa seja necessariamente o caso, contudo, não é um fato sobre como esta coisa é descoberta. Este é, antes, um fato sobre o modo como o mundo é. Que o sal seja cloreto de sódio, que Robert Zimmerman seja Bob Dylan, isso é apenas como as coisas são, independente do fato de que nós as conhecemos ou não e independentemente de como podemos descobri-las ou não. Tais fatos sobre o modo como o mundo é são usualmente chamados de '*metafísicos*'. Em metafísica, os fatos que são necessários são distintos dos que são contingentes. Os fatos contingentes são aqueles que ocorrem, mas que poderiam não ter ocorrido. É necessariamente o caso que o cloreto de sódio seja idêntico ao sal, mas é um fato contingente que o cloreto de sódio chame-se 'sal' no português moderno.

No seu ensaio clássico de 1951, "*The two dogmas of empiricism*",[a] Quine parece não ter feito nenhuma distinção entre o *a priori* e o necessário, reflexo do que era, na época, uma maneira comum e arrogante de tratar de temas metafísicos e epistemológicos. Na realidade, no mesmo ensaio, ele discute o que seria, atualmente, considerado uma terceira distinção – entre as sentenças que são verdadeiras em virtude do significado dos termos que elas contêm (verdades *analíticas*) e aquelas cuja verdade não depende, deste modo, do significado (verdades *sintéticas*). Seu exemplo era a palavra 'solteiro' e a expressão 'homem não casado'. Como usadas no português cotidiano, elas parecem dizer o mesmo. Assim, a sentença 'todos os solteiros são não casados' aparece como sendo analiticamente verdadeira, isto é, verdadeira em virtude do significado dos termos que ela contém. Por outro lado, 'todos os cantores de *folk*[b] tocam violão' parece ser uma sentença que – se fosse verdadeira – certamente não seria uma verdade analítica. Se fosse, em algum sentido, verdadeira, a sentença seria sintética.

Todas as três distinções que acabam de ser introduzidas pretendem ser exaustivas e exclusivas. Ou seja, toda e qualquer sentença ou proposição será ou bem analítica, ou bem sintética (mas não ambas). Todo e qualquer estado de coisas no mundo será ou bem necessário, ou bem contingente (mas não ambos). E toda e qualquer situação que pode ser conhecida, será cognoscível *a priori* ou empiricamente (mas não dos dois modos). Por que, então, é tão fácil confundir-se quando se fala sobre estas coisas diferentes?[21] Um problema consiste na relação entre o que é o caso no mundo e a verdade das sentenças (ou – para colocar de forma mais cuidadosa – a verdade das proposições expressas pelo uso de certas sentenças). Por exemplo, dizer que o sal é necessariamente idêntico ao cloreto de sódio parece ser equivalente a dizer que a

---

[a] N. de T. Existe ao menos uma edição em português deste ensaio: Quine (1980). "Dois dogmas do empirismo". In: Ryle; Austin; Quine; Strawson. Col. Os Pensadores. São Paulo: Ed. Abril Cultural.

[b] N. de T. Embora a expressão possa designar a música folclórica em geral, neste contexto ela designa especificamente um gênero de música popular dos Estados Unidos, a *folk music*, que se caracteriza por ser um desenvolvimento recente (século XX) da música folclórica americana.

proposição 'o sal é idêntico ao cloreto de sódio' é necessariamente verdadeira. Assim, o enunciado sobre o sal e o cloreto de sódio expressa algo sobre a verdade de uma proposição ou sobre o modo como o mundo é? A falta de clareza quanto a este ponto significa que iremos passar facilmente de pensamentos sobre proposições para pensamentos sobre estados de coisas no mundo e vice-versa. Um sintoma dessa dificuldade é a própria palavra 'fato'. Dizer que é um fato que Robert Zimmerman e Bob Dylan são uma e a mesma pessoa é ambíguo. Dizer isto é, algumas vezes, apenas uma maneira de dizer que é verdade que Robert Zimmerman e Bob Dylan são a mesma pessoa. Eu digo 'É fato' quando concordo com o que alguém acaba de dizer, como se eu estivesse confirmando sua observação. 'É verdade' poderia igualmente servir para confirmar. Mas dizer que algo é um fato também pode ser uma maneira de dizer que existe alguma coisa no mundo – algum "fabricante de verdades"[a] que torne a sentença verdadeira. Esta maneira cotidiana de falar torna fácil confundir entre, de um lado, falar do mundo e, de outro, falar sobre proposições, pensamentos, sentenças e palavras. A analiticidade de sentenças ou proposições é facilmente confundida com a necessidade dos estados de coisas que elas descrevem. Se supusermos que a única via de conhecimento de que uma proposição é analítica, ou de que um estado de coisas é necessário, é por intermédio do conhecimento *a priori*, então é fácil pensar que 'analítico', 'necessário' e '*a priori*' são termos praticamente intercambiáveis.

Em uma análise mais atenta, é difícil dar sentido à ideia de que cada proposição verdadeira corresponde a algum fato no mundo. Tome como exemplos 'Sal-gema é halita', 'Sal-gema é cloreto de sódio' e 'Halita é cloreto de sódio'. Se cada proposição correspondesse a um fato no mundo que a tornasse verdadeira, quantos fatos, então, existiriam no mundo? Existem três fatos realmente diferentes "lá fora", um correspondendo a cada proposição? Se temos três proposições, então, ao juntarmos duas delas, formaremos uma nova proposição. Mas se cada proposição corresponde a um fato, então a conjunção de duas delas corresponde a algum novo fato (um fato que é uma conjunção de fatos)? Como foi mostrado no capítulo sobre a Verdade, este enigma fornece uma das muitas razões para duvidar de que a verdade de uma sentença ou proposição envolva uma relação com algum fato correspondente. Quaisquer que sejam as perplexidades associadas à noção de fato, parece ser o caso que – tal como a própria noção de necessidade – ela é ambígua quanto a aplicar-se a enunciados, proposições e sentenças, por um lado, e ao modo como o mundo é, por outro.[22]

---

[a] N. de T. Esta expressão procura traduzir, ainda que imperfeitamente, a expressão inglesa '*truthmaker*', que já havia ocorrido anteriormente no texto (ver N. de T. a na p. 92)

SUGESTÕES PARA LEITURAS ADICIONAIS

Muitos manuais oferecem introduções claras e concisas aos sistemas de lógica modal. Qualquer um dos mencionados no texto e nas notas fazem um bom trabalho ao introduzir o aparato formal principal – Melia (2003) é o mais fácil e o menos técnico, Sainsbury (2001) e Girle (2003) exigem uma dedicação técnica maior e Hughes e Cresswell (1996) exige ainda mais. Se você já possui um treino lógico e matemático, você pode achar o capítulo de Max Cresswell (Cresswell, 2001) uma boa fonte para uma visão rápida e uma introdução ao tratamento formal da modalidade.

Stephen Read dedica algum tempo a criticar o realismo modal (Read, 1995, Cap. 4) ou o platonismo modal – a posição segundo a qual, em certo sentido, todos os mundos possíveis são igualmente reais. O quão insana ou perigosa é essa posição, depende – de acordo com Joseph Melia – da intensidade com que suas implicações extremas são proclamadas. Ele articula uma defesa do 'realismo moderado e sereno' (Melia, 2003, Cap. 6). A distinção entre as noções epistemológicas de *a priori* e *a posteriori*, de um lado, e as noções metafísicas de necessidade e de contingência, de outro, deve muito ao trabalho de Saul Kripke (Kripke, 1972/80). As questões de escopo, *de re* e *de dicto* são melhor abordadas voltando-se a antigas coletâneas, como a de Linsky (1971).

NOTAS DOS AUTORES

1. O excepcional pioneiro da área foi o lógico Americano Clarence Irving Lewis, cujos sistemas de lógica modal foram delineados em Lewis (1918) e ganharam ampla divulgação por meio do texto de lógica do qual foi coautor (Lewis e Langord 1932). Para uma introdução mais atualizada à lógica modal, ver Sainsbury (2001, Cap. 5) ou Girle (2003). Melia (2003) apresenta uma visão geral legível e relativamente informal dos tópicos discutidos no presente capítulo. O texto moderno definitivo – embora difícil – sobre a própria lógica modal é Hughes e Cresswell (1968), atualizado em Hughes e Cresswell (1996). Para um exemplo divertido – apenas ligeiramente técnico – do uso da noção de mundos possíveis como um artifício analítico, ver Lewis (1973, Cap. 1.2).
2. Quine apresentou suas concepções céticas em alguns dos ensaios publicados na coleção *From a logical point of view*, os quais foram discutidos em Linsky (1971). Para uma discussão recente do ceticismo de Quine, ver Melia (2003, Cap. 3).
3. Smith (2003, p. 44).
4. Isto é, na realidade, uma modificação do que diz Quine sobre verdade lógica (ver, por exemplo, '*Truth by convention*' em Quine (1976)), ampliado de forma a aplicar-se a argumentos.
5. Ver Melia (2003, Cap. 1) para uma objeção em termos similares à definição de validade da teoria dos modelos.

6. O intermediário para Quine, ou seja, o segundo grau de envolvimento modal, considera a necessidade e a possibilidade como operadores de sentenças e cláusulas, exatamente como a negação. Para maiores detalhes, ver 'Three Grades of Modal Involvement', in Quine (1976) e a discussão realizada em diversos artigos de Linksy (1971). Melia (2003, Cap. 3) é uma introdução relativamente pouco técnica ao problema colocado por Quine em relação à lógica modal.
7. A razão para isso é simples: as aspas simples impedem a substituição de sentenças equivalentes, ou de termos correferenciais, para cada um. Por exemplo, Claudius foi imperador de Roma no período em que ele desembarcou na Bretanha, em 43 a. C. Logo, de

Claudius desembarcou na Bretanha.

segue-se que

O imperador de Roma desembarcou na Bretanha.

Este é um caso em que um termo foi substituído por um outro, ambos se referindo à mesma pessoa. Mas, agora, considere:

Grace disse a Bert: 'Claudius desembarcou na Bretanha em 43 a. C.'

Certamente não se segue daí que Grace disse a Bert 'O imperador de Roma desembarcou na Bretanha em 43 a. C.' Assim como as aspas simples impedem a substituição de termos correferenciais neste caso, assim também bloqueiam a substituição em casos como:

'Nove é maior do que sete' é uma verdade necessária.

Enquanto estivermos limitados ao primeiro grau de envolvimento modal proposto por Quine, será impossível derivar deste enunciado algo como:

'O número de planetas é maior do que sete' é uma verdade necessária.

8. A distinção entre *de re* e *de dicto* é frequentemente definida em termos de *escopo*. Lembre-se que o escopo da negação é a menor fórmula ou sentença que ocorre após o operador. As diferenças de escopo contribuem para diferenças relevantes quanto ao significado, visto que, por exemplo, '~(p ⊃q)' tem como consequência lógica 'p ⊃ ~q', mas não ao contrário. Diferenças de escopo no que se refere aos operadores de necessidade e de possibilidade são igualmente significativas. Na fórmula *de re* que ocorre no texto, o escopo de '□' contém uma ocorrência livre da variável 'x' – a que é, em seguida, ligada pelo quantificador inicial '(∃x)'. Algumas autoridades no assunto usam o escopo para definir a noção de *de re* – ver Hughes e Cresswell (1968, p. 184). Combinar a negação e a modalidade proporciona alguns exemplos divertidos. Eis um deles: da verdade de que não é necessariamente o caso que o espião o mais baixo seja uma mulher, seria errado inferir que espião o mais baixo não seja uma mulher. [N. de T.: Sem dúvida, esse exemplo funciona melhor na língua inglesa, que permite que a expressão em questão ('o espião mais baixo') seja escrita sem referência a nenhum dos dois gêneros, sendo, pois, linguisticamente neutro quanto à questão de saber se o espião é ou não uma mulher, o que não é permitido, porém, pela língua portuguesa.]

9. Para uma discussão mais detalhada do que significa *de re* e *de dicto*, juntamente com reflexões sobre o ceticismo de Quine, ver Melia (2003, Cap. 3).
10. Ver Kneale e Kneale (1984, p; 119). [N. de T. Esta obra foi traduzida para o português e editada em 1962 pela Fundação Calouste Gulbenkian, de Lisboa. Para a referência dada pelo autor, ver a p. 120 dessa edição.]
11. Hugh Rice discute a solução aristotélica, bem como outras soluções propostas ao desafio fatalista em Rice (2002). Como ele assinala, a rejeição, por parte de Aristóteles do princípio de bivalência é somente uma das leituras [possíveis] do que o filósofo argumenta em seus textos *Categorias* e *Da Interpretação*. (*Stanford Encyclopedia of Philosophy*, artigo *'Fatalism'*, http://plato.stanford.edu/entries/fatalism#2). [N. de T. Para uma tradução destas obras para o português, ver Aristóteles (1985).*Organon I e II: Categorias e Da Interpretação*. Lisboa, Guimarães Editores.]
12. Observe que esta concepção é compatível com a ideia de que quando o amanhã chega, descobre-se que um deles falou a verdade: suponha que eu tome café, então a proposição de Laurence não era verdadeira quando ele a proferiu (pois, naquele momento, não era nem verdadeira, nem falsa), mas tornou-se verdadeira quando o primeiro gole passou pelos meus lábios.
13. Suponha que haverá uma batalha naval amanhã. Então, é verdade hoje que haverá uma batalha naval amanhã. Suponha agora que o presente é imutável. O que é verdadeiro agora é necessariamente assim e não pode ser mudado. Portanto, é necessário que uma batalha naval ocorra amanhã (Aristóteles, *Da interpretação*, Cap. 9).
14. Ver Priest (2000, Cap. 6) para a sugestão de que o argumento de Aristóteles no *Da interpretação*, é vítima de uma falácia. Rice, todavia, dá uma explicação mais sutil do pensamento de Aristóteles (Rice, 2002). De fato, embora Aristóteles possa ser lido como rejeitando o princípio da bivalência, ele associa esta rejeição à aceitação do princípio do terceiro excluído, a saber que qualquer proposição da forma 'A v~A' é necessariamente verdadeira, Aristóteles, de acordo com Rice, sustenta que, ainda que não seja nem verdadeiro nem falso ontem que haverá uma batalha naval amanhã, a afirmação segundo a qual ou haverá ou não haverá uma batalha naval amanhã não é apenas verdadeira, mas necessariamente verdadeira. Como Aristóteles formula de modo conciso: "Tudo necessariamente é ou não é, e será ou não será; mas não se pode dividir e dizer que um ou outro é necessariamente".
15. Para algumas especulações interessantes, ver os ensaios em Le Poidevin e MacBeath (1993).
16. Richard Gaskin sugere que foi o filósofo e lógico medieval Duns Scotus quem primeiro tentou o desafio do fatalismo mediante o recurso da possibilidade lógica de que as coisas poderiam ser diferentes do que elas são de fato. Gaskin argumenta que essa manobra oferece pouco conforto real quando a necessidade e a possibilidade são pensadas em termos de inevitabilidade e de mutabilidade, respectivamente (Gaskin 1995, p. 93-94).
17. Por exemplo, Rod Girle recorre a exemplos da série americana de TV, *Sliders* (Girle 2003, Introdução), Raymond Bradley e Norma Swartz iniciam seu primeiro capítulo com a estória de Lazarus Long, do romance de Robert A. Heinlein, *Time enough to love* (Bradley e Swartz, 1979) e Stephen Read usa o

romance de Isaac Asimov, *The gods themselves* (Read, 1995, Cap. 4). [N. de T. A série americana de TV a que se refere o autor foi exibida no Brasil com o título: 'Sliders – Meu Universo Paralelo'. Ela narra as aventuras de quatro amigos que descobrem um portal que lhes conduz a diversos universos paralelos. Sem conseguir achar o caminho de volta para casa, viajam em milhares de mundos diferentes, onde são todos a mesma pessoa, vivendo na mesma época, mas onde todo o resto é diferente. O romance de Heinlein foi traduzido e editado em português com o título *A história do futuro* e o de Isaac Asimov, com o título *Despertar dos deuses*]

18. Você poderia se perguntar por que não podemos incluir mundos possíveis na gama de possibilidades. Esta é uma questão embaraçosa para a qual não existe uma resposta curta. De fato, existem lógicos que aceitam a concepção *dialeteísta* segundo a qual algumas contradições são verdadeiras e que estão dispostos a aceitar que alguns mundos possíveis são impossíveis. A discussão apropriada desta questão vai além do escopo deste livro.

19. A propósito, ao brincar com diferentes tipos de relação de acessibilidade, podemos definir diferentes sistemas de lógica modal. Suponha que se o mundo w tem acesso ao mundo k e k, por sua vez, tem acesso ao mundo i, então w tem acesso a i. Neste caso, a relação de acessibilidade é transitiva. Ao tornar a acessibilidade reflexiva (cada mundo tem acesso a si mesmo) e simétrica (se w tem acesso a i, então i tem acesso a w), definimos o sistema S_5, um dos mais simples, mas também o menos plausível, dos sistemas de lógica modal. Ver Sainsbury (2001) e Girle (2003) para uma introdução a diversos sistemas de lógica modal.

20. Jonathan Lowe objeta a este argumento com base na consideração de que a propriedade que deveria ser a atribuída a Bob Dylan é a de ser necessariamente idêntico a si mesmo (ver Lowe, 2002, p. 84-89). De acordo com ele, '$\Box$(x) ($x = x$)' enuncia a afirmação de que cada coisa é necessariamente idêntica a si mesma. Robert Zimmerman tem esta propriedade também (a de ser necessariamente idêntico a si mesmo), mas nada se segue destas suposições quanto à identidade entre Bob Dylan e Robert Zimmerman, se ela é necessária ou não. O argumento no texto procede somente para o caso em que a propriedade atribuída a Bob Dylan é a de ser necessariamente idêntico a Bob Dylan.

21. Uma discussão muito proveitosa dos diferentes sentidos de '*a priori*' é fornecida em Kitcher (1990, p. 15-17); Ela mostra como Immanuel Kant passa de um sentido a outro sem, aparentemente, se dar conta.

22. O conteúdo e a estrutura deste capítulo deve muito às sugestões de Richard Borthwick e Y. S. Lo. As sugestões de Y. S. Lo também ajudaram a moldar os argumentos dos Capítulos 2 e 6.

6

A derivabilidade[a]

6.1 DERIVABILIDADE, IMPLICAÇÃO E RACIOCÍNIOS ESTRANHOS

Bert e Grace estavam viajando juntos pela Europa por um algum tempo. Mas Bert queria admirar o rio Moldava da Ponte Charles, em Praga, enquanto Grace estava fascinada com a arquitetura exótica de Budapeste. Então, eles tiraram alguns dias de folga um do outro para se entregar às suas diferentes paixões. Dick, sem conhecer ao certo a geografia da Europa Oriental, tentava imaginar onde estavam seus amigos. 'Se Bert está em Praga', ele raciocinou, 'então, ele está na República Tcheca. Mas se ele está em Budapeste, então está na Hungria'. Ele parou por um momento, perguntando-se se havia relacionado corretamente as duas cidades e nos países adequados. Ele pensou muito e por muito tempo. 'E se eu estiver errado?', ele se perguntou. 'E se Bert estiver em Praga, mas Praga for na Hungria?' Então, uma ideia lhe passou pela cabeça. Afinal, ele estava exatamente estudando lógica elementar para ajudá-lo a evitar cometer erros crassos de raciocínio. Ele, então, rapidamente simbolizou os dois enunciados da seguinte maneira:

$p \supset c$
$b \supset h$

---

[a] N. de T. No original: '*entailment*'. A respeito da tradução deste termo, ver nota na p. 13.

De repente, ele sorriu. Não importava se ele estava ou não errado, pois, de acordo com o seu recente estudo de lógica, ele podia ver que o seguinte argumento era válido:

$$(p \supset c), (b \supset h) \models (p \supset h) \vee (b \supset c)$$

Mesmo que eu esteja errado, ainda estou certo', ele pensou, 'Pois, se é verdade que, se Bert está em Praga, então ele está na República Tcheca e que, se está em Budapeste, então está na Hungria, então se segue, de modo claro como o dia, que, se ele está em Praga, então está na Hungria ou se ele está em Budapeste, então está na República Tcheca. Hummm, não sei por que perdi meu tempo me preocupando com isso!'

Algo está muito errado aqui, mesmo que Dick pareça não ter ainda notado isso. Em termos da lógica clássica, a inferência que foi posta no papel é certamente válida. Ainda assim, o senso comum se rebela contra ela. A versão de C. I. Lewis para a implicação estrita foi em parte motivada pela insatisfação, não apenas com inferências como a de Dick, mas também com todos os paradoxos associados à condicional e às inferências paralelas a esta. Na época em que Lewis estava trabalhando nos primeiros estágios da lógica modal, o símbolo '⊃' era frequentemente tratado como o sinal da 'implicação material'. A implicação material deu origem a duas preocupações muito importantes. Em primeiro lugar, havia o problema das contradições. Parece estranho afirmar que qualquer enunciado ou proposição possa seguir-se logicamente de uma contradição. Ainda assim, como foi visto no Capítulo 2, uma condicional verifuncional que tenha um antecedente contraditório é verdadeira e um argumento que tenha uma premissa contraditória é válido (ver o final da Seção 2.4). Em segundo lugar, se o consequente de uma condicional material é certamente verdadeiro, então a própria condicional como um todo é verdadeira e – de modo correspondente – todo argumento com uma conclusão certamente verdadeira é válido.

Para perceber o quanto são intrigantes os 'paradoxos' da implicação material, apenas confira a tabela de verdade relacionada a '(p & ~p) ⊃ q' e observe que – exatamente como 'p ⊃ (q v~p)' – esta fórmula será verdadeira em todos os casos. Uma contradição implica materialmente qualquer enunciado (verdadeiro ou falso), enquanto uma verdade lógica segue-se do que você quiser. O problema é que na lógica verifuncional uma condicional é falsa somente quando possui duas características: primeiro, o antecedente é verdadeiro e, segundo, o consequente é falso. Esta é apenas uma das quatro possibilidades da tabela de verdade. Uma vez que em todos os outros casos a condicional é verdadeira, então uma condicional cujo antecedente seja certamente falso por razões lógicas (como a primeira fórmula acima) e cujo consequente seja verdadeiro por razões lógicas (o segundo caso), é obrigatoriamente verdadeira. Na verdade, esses não são paradoxos genuínos, se paradoxos são definidos como raciocínios aparentemente cogentes que conduzem de premissas obviamente verdadeiras a uma clara contradição. Mas eles são claramente resultados intrigantes que lançam dúvidas se as condicionais verifuncionais oferecem uma descrição razoável de 'se..., então...' tal como ele é normalmente usado nos raciocínios do dia a dia. Paralelas a estes resultados, existem estranhas deduções:

$$p \mathrel{\&} {\sim}p \models q$$
$$p \models q \vee {\sim}p$$

que parecem claramente ser tão estranhas quanto o argumento peculiar de Dick.[1]

A introdução da implicação estrita tem um sucesso limitado. A relação simbolizada pelo novo operador em forma de anzol, proposto por Lewis, visava expressar uma noção de 'seguir-se de' mais restrita do que aquela expressa na tabela de verdade padrão de '⊃'. Lewis sugeriu que 'se p, então q' deveria ser lido como significando 'não é possível que seja o caso que p e não q'. Colocado de outra forma, a implicação estrita era uma relação do antecedente ao consequente na qual a verdade do antecedente *exige* a verdade do consequente. Podemos formular isso em termos da noção de mundos possíveis, introduzida no capítulo precedente: a verdade de 'p' exige a verdade de 'q' quando no mesmo mundo em que 'p' é verdadeiro, 'q' também é verdadeiro. Em vez de usar o símbolo especial em forma de anzol, podemos simbolizar isso usando simplesmente o operador em forma de quadrado do último capítulo: '☐(A ⊃ B)' é lido como 'necessariamente A implica B' ou 'não é possível que A e não B'. Usando este simbolismo e imaginando que Dick estava tentando raciocinar de modo estrito, temos a seguinte versão de seu argumento:

$$\Box(p \supset c),\ \Box(b \supset h) \models \Box(p \supset h) \vee \Box(b \supset c)$$

Mas este argumento não é válido. Por que não? Bem, porque a verdade das premissas é compatível com a falsidade da conclusão. A conclusão é uma disjunção e ela não será falsa apenas se ambos os seus componentes forem falsos. Suponha que seja necessário que se Bert está em Praga, então ele está na República Tcheca. Isso é compatível com a possibilidade de não ser verdade que se ele está em Praga, então está na Hungria. E também é compatível com a possibilidade de ser falso que se ele está em Budapeste, então está na República Tcheca. Da mesma maneira, a segunda premissa também é compatível com a situação em que nenhuma das partes da conclusão seja necessariamente o caso. (Se você ainda não percebe isso, confira a nota para um raciocínio mais detalhado.[2])

Por mais que esta descoberta seja útil a Dick, o trabalho de Lewis sobre a implicação estrita não foi, infelizmente, muito útil no que diz respeito aos problemas mais sérios colocados pelos "paradoxos" da implicação material. Pois eles simplesmente reapareceram como enigmas da implicação estrita. Uma contradição implica estritamente todo e qualquer enunciado e uma verdade lógica é, lamentavelmente, estritamente implicada por qualquer enunciado. De fato, estes "paradoxos" são simplesmente sintomas de um problema em geral mais fundamental, a saber, o problema de como as condicionais usadas no raciocínio e nas reflexões do dia a dia estão relacionadas aos operadores formalmente definidos nos sistemas lógicos. Existem muitas dessemelhanças entre as condicionais e qualquer tipo de operador verifuncional como '⊃'. Por exemplo, as condicionais em português não são, normalmente, transitivas,[3] ao passo que '⊃' certamente o é. Assim, enquanto que a forma '((A ⊃ B) & (B ⊃ C)) ⊃ (A ⊃ C)' sempre expressa uma verdade lógica, muitos enunciados desta forma parecem totalmente falsos. (Pense no estranho enunciado: 'Se é o caso que se Bert jogar futebol, Grace irá jogar críquete e que se Grace jogar críquete, Dick ficará satisfeito, então – no caso de tudo isso acontecer – se Bert jogar futebol Dick ficará satisfeito.' Não é difícil pensar em uma situação na qual o antecedente seja verdadeiro e o consequente seja falso.)

Uma vez que '□' e '◇' não são operadores verifuncionais e a implicação estrita não é um tipo de implicação definida verifuncionalmente, os pioneiros da moderna lógica modal esperavam ser capazes de expressar os aspectos não verifuncionais do raciocínio hipotético e condicional. Eles estavam certos quanto a observar que os enunciados condicionais têm implicações que excedem o que é dado pela tabela de verdade de '⊃'. O que os atrapalhou, porém, é um problema para o qual ainda hoje não se encontrou uma solução – o fato de que a palavra 'se' realiza diferentes funções em contextos diferentes. Se os lógicos e os filósofos quiserem evitar a situação embaraçosa de teorizar de modo prematuro – *speculatio praecox*[a] – deve ser feita uma tentativa de identificar e classificar as ambiguidades que aparecem no uso cotidiano da palavra 'se'. Dada a relação estreita entre as condicionais, a consequência lógica e as deduções válidas, qualquer problema associado a 'se' (e suas soluções) corresponderá a problemas e soluções relativos à consequência lógica e à dedução válida. Em especial, se é correto considerar que 'se' é ambíguo no mais alto grau, então as noções de derivabilidade, de dedução e de consequência lógica serão igualmente ambíguas.

---

[a]N. de T. Expressão em latim no original que significa, literalmente, 'especulação precoce'.

6.2 CONDICIONAIS, RACIOCÍNIOS CONDICIONAIS E CONTRAFACTUAIS

Toda fórmula na lógica verifuncional é equivalente a alguma outra que pode ser escrita usando-se apenas os símbolos '&' e '~' (ou 'v' e '~'). Para propósitos puramente formais, a condicional e a bicondicional são operadores supérfluos. A verdade lógica "paradoxal" 'p ⊃ (q ⊃ p)', por exemplo, é logicamente equivalente a '~p v (~q v p)', a qual, por sua vez, é logicamente equivalente a 'p v ~p'. Enquanto a fórmula paradoxal enuncia que se 'p' é verdadeiro, então ele se segue de, ou é implicado por, 'q' (o que pode representar qualquer enunciado que se queira), sua versão equivalente mais simples apenas enuncia que ou 'p' é verdadeiro, ou '~p' é verdadeiro. Procurar por equivalências lógicas pode levar ao completo desaparecimento de um conectivo. Isso significa que podemos também fazer desaparecer, por completo, os paradoxos da implicação material apelando para equivalências lógicas? A resposta evidente é: 'Não!'. Diferentemente de 'p ⊃ (q ⊃ p)', 'p v ~p' não parece enigmática. Este fato aumenta o enigma ao invés de resolvê-lo. Antes de mais nada, é o sistema de tradução do português para a notação lógica e as definições dos conectivos em termos de tabelas de verdade que provocam o paradoxo da implicação material. Afirmar que a adoção do mesmo simbolismo, e das equivalências que ele produz, irá ajudar a eliminar os paradoxos, é simplesmente tomar como já resolvido exatamente o que está em questão.

A mesma resposta pareceria excluir qualquer solução simples para o problema das condicionais – por exemplo, a que insiste em tomar '⊃' como sendo interdefinível com a negação e a disjunção (ou a conjunção). Não podemos esperar acabar com a difícil questão das condicionais simplesmente reescrevendo as fórmulas e os enunciados enigmáticos de modo a evitar qualquer tipo de cláusula 'se' – isto é, evitar completamente o uso de '⊃'. Como no caso precedente, essa manobra parece tomar como já resolvido exatamente o que está em questão – na medida em que pressupõe a tradução controversa do português para a lógica formal que está na raiz do problema.[4] Os "paradoxos" da implicação material, afinal, são o resultado da teoria e do simbolismo e não algo a ser resolvido que existisse antes dos lógicos proporem a definição verifuncional de '⊃' para parafrasear o sentido que 'se... então' possui em português.

Uma estratégia melhor poderia consistir em tentar uma solução para o problema antes de começar a fazer qualquer tradução para os símbolos lógicos. Pense nisso da seguinte maneira. Suponha que os enigmáticos enunciados condicionais *em português* pudessem ser traduzidos, de modo não controverso, em enunciados não condicionais *em português*. Nós, então, descobriríamos se os equivalentes não condicionais em português dão lugar a enigmas como aqueles que cercam a implicação material e a implicação estrita, a falta de transitividade e assim por diante. No entanto, esta abordagem simplesmente não irá funcionar. Não há uma tradução "natural" de um típico condicional em português para uma forma não condicional menos problemática. Todavia, existe um exemplo muito comum no debate sobre as condicionais que parece poder ser resolvido pela aplicação deste tipo de remédio. O mundo ficou chocado quando, em 22 de novembro de 1963, o presidente dos Estados Unidos, John F. Kennedy, foi morto a tiros em Dallas, Texas. O homem detido pelo assassinato foi Lee Harvey Oswald, que, por sua vez, foi assassinado pouco tempo depois, enquanto estava sob a custódia da polícia. Ora, havia um certo ceticismo na época quanto a Oswald ter realmente assassinado Kennedy ou se ele foi vítima de uma armadilha planejada por outras pessoas. Em um clássico artigo publicado em 1970, Ernest Adams apresentou duas "condicionais", afirmando que a primeira era verdadeira e a segunda, provavelmente falsa.[5]

> Se Oswald não assassinou Kennedy, então outra pessoa o fez.
> Se Oswald não tivesse assassinado Kennedy, então outra pessoa o teria feito.

Desde então, esses exemplos têm sido reaproveitados, mesmo que nenhum deles seja uma condicional típica. Pense em como fornecer uma tradução natural de cada uma delas para uma forma não condicional em português. Considere o primeiro enunciado. Ele parece ser equivalente à afirmação: 'Alguém assassinou Kennedy'. Note que podemos fazer esta afirmação sem nenhum artifício pomposo de tradução: não estamos afirmando que algum conectivo lógico expressa o significado ou o uso de 'se'. Em vez disso, o enunciado condicional parece ser apenas um modo sofisticado de enunciar que alguém assassinou o presidente.

O segundo exemplo também pode ser reduzido a uma forma mais simples. Ele apenas diz que alguém estava destinado a assassinar Kennedy. As condicionais desta forma são frequentemente usadas como consolo diante da desgraça. Imagine que, certa vez, Bert dobrou o seu dinheiro especulando no mercado de câmbio. Um dia, ele é surpreendido por uma súbita queda no valor do iene,[a] no qual havia investido todos os seus ganhos em uma corajosa – mas muito imprudente – última cartada. 'Se você não tivesse perdido dinheiro com o iene', Dick diz a Bert, tentado consolá-lo, 'você o teria perdido com alguma outra coisa'. Este é um tipo de consolação fatalista: supostamente, Bert tira algum conforto do pensamento de que ele estava destinado a perder o dinheiro, mais cedo ou mais tarde. Esta equivalência pode ser proposta sem que se faça nenhuma referência explícita a características de traduções lógicas

---

[a] N. de T. Unidade monetária japonesa.

de sentenças do português. Assim, agora, sem qualquer apelo à compreensão lógica de 'se', podemos perceber que nossas duas sentenças, supostamente "condicionais", resumem-se ao seguinte par de afirmações:

> Alguém assassinou Kennedy.
> Alguém estava destinado a assassinar Kennedy.

Mesmo que o primeiro enunciado seja verdadeiro, parece altamente improvável que o segundo o seja. O desaparecimento das duas construções condicionais em favor de enunciados mais simples não prova que os exemplos de Adams sejam "realmente" não condicionais. Ele sugere, no entanto, que os exemplos de Adams podem não ser típicos e que seria prudente ser cauteloso ao se fazer generalizações prematuras com base em tais casos.

As sentenças condicionais em que ocorre uma mudança do tempo presente para o tempo passado[a] são frequentemente chamadas de 'irreais', 'subjuntivas' ou 'contrafactuais'.[6] Nenhum destes termos é especialmente adequado. Aqui está um exemplo típico daquilo com que uma condicional 'contrafactual' deve se parecer. Se Dick não tivesse comido o chucrute, então – pensa Grace – ele não teria tido uma intoxicação alimentar. Em casos como este, o elemento irreal ou contrário-ao-fato na oração contendo 'se' é claro: Dick efetivamente comeu chucrute e ficou doente. O antecedente especifica algo que não aconteceu, convidando-nos a pensar no que teria acontecido se ele não tivesse comido o chucrute. Ora, de acordo com a tabela de verdade de '$\supset$', qualquer coisa que se queira pode ser colocada na posição do consequente sem que a condicional que disso resulte seja falsa. Qualquer condicional que tenha um antecedente falso é verdadeira. Assim, sob o ponto de vista da lógica verifuncional, dado o fato de que Dick efetivamente comeu chucrute, é verdade que:

> Se Dick não tivesse comido o chucrute, ele não teria tido uma intoxicação alimentar.

mas também é verdade que:

> Se Dick não tivesse comido o chucrute, ele ainda assim teria tido uma intoxicação alimentar.

---

[a] N. de T. No original: "*backward tense shifting*". Esta expressão retoma o conceito de '*backshift*', próprio da gramática de língua inglesa, que designa a alteração exigida, em algumas situações linguísticas, do tempo do verbo, do presente para qualquer uma das formas do passado, particularmente no discurso indireto.

Para o senso comum, parece muito mais provável que uma destas duas condicionais seja verdadeira e a outra falsa. Diante deste conflito entre a lógica verifuncional e o bom senso, muitos lógicos e filósofos voltaram-se para a lógica modal, na esperança de resolver o problema.[7] Talvez, nestes casos "contrafactuais", a situação era algo do seguinte tipo. Pense em todos os mundos nos quais o antecedente falso realmente ocorre, ou seja, pense em todos os mundos nos quais Dick não comeu o chucrute. Agora, a afirmação de que se ele não tivesse comido o chucrute, ele não teria ficado doente significa que: primeiro, existe pelo menos um dentre estes mundos possíveis no qual Dick não ficou doente; segundo, a "contrafactual" é verdadeira quando pelo menos um mundo no qual o antecedente e o consequente ocorrem é mais semelhante ao mundo atual do que qualquer mundo alternativo nos quais o antecedente ocorre.[8]

A adequação desta explicação é altamente discutível. Ainda que o discurso sobre relações de similaridade entre mundos possíveis forneça uma nova maneira de falar sobre estes casos, ela também faz surgir questões quanto a que novos *insights* são conquistados com este modo de falar. Menos discutível é a questão de saber se existe alguma razão para chamar todas estas condicionais de 'contrafactuais'. É óbvio que, em muitos casos, a alteração do tempo do verbo do presente para o passado é usada quando o falante não sabe se o antecedente é ou não verdadeiro. Mas não há nada no uso habitual desta construção que sugira que o antecedente seja falso ou que esteja sendo tomado como falso pelo falante. Bert, suponhamos, está surpreso com o fato de que algum dinheiro sumiu do cofrezinho onde ele e Grace colocam seus trocados. Ele não consegue lembrar se foi ele mesmo que o pegou. 'Se Grace tivesse pegado o dinheiro', ele pondera, 'ela, provavelmente, me teria dito'. Parece bastante claro que Grace não pegou o dinheiro: mais precisamente, o uso do tempo passado[a] expressa incerteza. Assim, condicionais "contrafactuais" não são sempre contrárias-ao-fato! Isso pode parecer um ponto pequeno. Todavia, ele chama nossa atenção para o fato de que o termo comum usado para designar um fenômeno pode muitas vezes ser enganador e pode encorajar análises tendenciosas.[9]

---

[a] N. de T. Em português, teríamos dito: "o uso do subjuntivo passado expressa incerteza". A ausência do modo subjuntivo dos tempos dos verbos na língua inglesa certamente dificulta a tarefa de comentar e explicar a relação peculiar entre o sentido "irreal", "contrafactual" dos exemplos e os recursos linguísticos disponíveis para expressá-los; afinal, o mesmo tempo verbal é usado para formular sentenças no passado que não são contrafactuais e sentenças que são contrafactuais. No português, como nas línguas latinas citadas pelo autor, dispomos do modo subjuntivo para expressar – no tempo do verbo – este sentido "irreal".

6.3 DERIVABILIDADE, RELEVÂNCIA E RAZÕES

As construções condicionais são frequentemente usadas para enunciar razões. Em um caso comum, a oração contendo a partícula 'se' de uma condicional é proposta como enunciando as razões ou fundamentos para o que é enunciado pela oração contendo a partícula 'então'. O conteúdo da oração que contém 'então' é explicada pela, ou fundada na, oração que contém 'se'.[10] Esta fundamentação não precisa envolver referências a causas ou a sistemas causais. De fato, as construções condicionais são normalmente usadas quando o raciocínio não é nitidamente causal – quer dizer, de maneiras diversas, bastante diferentes dos casos do chucrute e do cofrezinho. Suponha que Bert, lendo sobre a última aparição do falecido Elvis Presley, exclama: 'Se Elvis estiver vivo, eu sou um rato do campo!'. Visto que Bert evidentemente não é um rato do campo, então, se aceitarmos o enunciado de Bert, é igualmente evidente (por contraposição[11]) que Elvis não está vivo. A construção condicional, neste caso, parece ter sido usada principalmente para enfatizar o caráter absurdo do pensamento de que Elvis ainda possa estar vivo. No exemplo de Oswald e Kennedy, a condicional parece ter sido usada como uma maneira de enfatizar que Kennedy está realmente morto. Compare com o seguinte enunciado:

Se Grace não pegou o dinheiro, então ele ainda está no cofrezinho.

Aqui, o fato de que Grace não pegou o dinheiro fornece uma razão perfeitamente boa para pensar que o dinheiro ainda está no cofrezinho e – além disso – fornece uma razão que explica por que o dinheiro ainda está no cofrezinho. No primeiro dos exemplos relativos a Oswald e a Kennedy:

Se Oswald não assassinou Kennedy, então outra pessoa o fez

o fato de Oswald não ter assassinado Kennedy não seria uma razão que explicasse por que uma outra pessoa o fez. No entanto, se é verdade que Oswald não assassinou Kennedy, isso daria uma razão para pensar que alguma outra pessoa o fez. Voltando a um dos argumentos mencionados no capítulo anterior – o de Aristóteles sobre a famosa 'batalha naval' – podemos começar a esclarecer exatamente que tipo de condições estão envolvidas nas condicionais. Com base nestes exemplos, farei a sugestão de que existem diferentes funções que são desepenhadas por condicionais. Esta é uma ideia controversa; portanto, para ter certeza, pense por conta própria em alguns casos de modo a verificar as minhas afirmações.

Tratemos, pois, do velho enigma da batalha naval. Considere se os seguintes dois enunciados são diferentes quanto à fundamentação que o antecedente proporciona para o consequente (ver Wertheimer, 1968, p. 363-364):

(a) Se uma batalha naval ocorrer amanhã, então o enunciado 'Haverá uma batalha naval amanhã' é verdadeiro hoje.
(b) Se o enunciado 'Haverá uma batalha naval amanhã' é verdadeiro hoje, então uma batalha naval ocorrerá amanhã.

Algum destes enunciados é mais razoável do que o outro? Ao escrever sobre um par de exemplos relacionados, David Sanford disse: "o enunciado sobre a batalha, se verdadeiro, é verdadeiro por causa da ocorrência da batalha. A batalha não ocorre por causa da verdade do enunciado".[a12] O que Sanford pode estar dizendo é que a ocorrência da batalha explica a verdade do enunciado em vez da explicação ser no sentido contrário. Assim, (a) colocaria as coisas do modo correto e (b) pareceria um pouco estranha. Mas precisamos ser cuidadosos aqui. Sugiro que, na realidade, tanto (a) quanto (b) colocam as coisas do modo correto.

Tomemos S como sendo o enunciado 'Haverá uma batalha naval amanhã'. Alguma coisa pode ser inferida da verdade de S? Parece que sim: se S é verdadeiro hoje, então é correto inferir que haverá uma batalha naval amanhã. Ou seja, mesmo que a verdade de S não *explique* a ocorrência da batalha, o fato de que S é verdadeiro permite a inferência da ocorrência do evento. Suponha que inferências apliquem-se a enunciados. Seria, então, correto inferir da verdade de S hoje que algum outro enunciado é verdadeiro amanhã – por exemplo, 'Há uma batalha naval hoje' (quando proferido amanhã). Uma vez que 'Há uma batalha naval hoje' é verdadeiro amanhã se e somente se houver uma batalha naval amanhã, então podemos inferir do fato de que S é verdadeiro hoje que uma batalha naval irá ocorrer amanhã. Sendo assim, (b) não é tão estranho no final das contas. Ele coloca as coisas do modo correto no que concerne às inferências.

Mas o que dizer, então, sobre a assimetria entre (a) e (b)? Parece haver uma diferença entre eles quanto a seu caráter explicativo. Se (a) parece mais razoável do que (b) de um ponto de vista explicativo, isto acontece porque a ocorrência da batalha fornece uma razão que explica por que S é verdadeira. O 'se..., então...' em (a) parece ter uma força explicativa que falta a (b). Assim, parece que há diferentes maneiras nas quais as condicionais podem funcionar: o antecedente pode fornecer a fundamentação para se fazer uma inferência ou – como em (a), mas não em (b) – pode realmente dar uma razão que explique por que o consequente se sustenta. A verdade de S é uma condição para *inferir* a ocorrência da batalha naval. Todavia, a ocorrência da batalha naval é uma condição da *explicação* da verdade de S. Ainda assim, é a mesma construção

---

[a] N. de T. No original: "... *the statement about the battle, if true, is true because of the occurrence of the battle. The battle does not occur because of the truth of the statement*" (Sanford, 1989, p. 176-177).

condicional que é empregada tanto em (a) quanto em (b). A mesma formação de palavras em português é suscetível de receber diferentes interpretações.

Se isto está correto, então pode haver uma ambiguidade significativa na maneira como as condicionais são utilizadas. Além disso, uma tal ambiguidade explicaria por que a tradução de 'se' por '⊃' é tão insatisfatória. A tabela de verdade para '⊃' fornece uma especificação sem ambiguidades de tudo que é relevante para o significado do conectivo – mas apenas sob o ponto de vista lógico. Sob este ponto de vista, nada do que dá sentido à ideia de 'seguir-se de' parece central ao uso de 'se' em português e ao modo como usamos argumentos em nosso dia a dia. Lembre-se das definições modais de validade: um argumento é válido quando não é possível que as premissas sejam verdadeiras se a conclusão é falsa. Por que não é possível que as premissas sejam verdadeiras se a conclusão é falsa? Em outras palavras, *por que* as premissas de argumentos válidos exigem suas conclusões? A resposta óbvia é que não é possível que as premissas sejam verdadeiras se as conclusões são falsas porque as conclusões *seguem-se de* suas premissas, são fundadas nelas ou explicadas por elas. Apesar disso, as noções de *seguir-se de*, *fundar* e *explicar* são estranhas à lógica das tabelas de verdade.[13]

As coisas são também um pouco enganadoras quando se trata da conexão entre condicionais e conexões causais. As condicionais são frequentemente utilizadas para descrever situações de causa e efeito, nas quais deve haver uma falta de simetria entre um acontecimento e outro. Não há, porém, um sentido constante para a explicação causal: algumas vezes, a oração que contém 'se' identifica um fator causal, mas, outras vezes, a relação causal vai em sentido contrário (da oração contendo 'então' à oração contendo 'se'). Bert e Grace, sabendo o quão pouca força de vontade eles têm, compraram um cofrezinho com uma chave. Enquanto estava tentando entender para onde o dinheiro tinha ido, e quem o pegou, Bert examinou o cofrezinho e notou que ele não estava danificado. Ele, então, formulou a seguinte condicional:

> Se Grace abriu o cofrezinho, ela usou uma chave.

O fato dela ter usado uma chave explica por que Grace foi capaz de abrir o cofrezinho sem danificá-lo. A conexão causa-efeito aqui vai de usar a chave (causa) a abrir o cofrezinho sem danificá-lo (efeito) – isto é, do conteúdo do consequente ao conteúdo do antecedente. Por outro lado, que Grace tenha aberto o cofrezinho dá um fundamento para a inferência feita por Bert de que Grace usou uma chave. Portanto, há uma via inferencial que vai de abrir o cofrezinho (antecedente) a usar a chave (consequente) – que é exatamente o oposto da via causa-efeito. Eis um outro exemplo, proposto por McCawley (1993):

Se John ganhar a corrida, ele irá celebrar.

Que John ganhe a corrida fornece uma razão que explica por que ele estará celebrando. Nossa celebração, contudo, não é, provavelmente, a razão que explica por que ele ganhou a corrida. Qual é a conexão entre a celebração e o fato de John ganhar a corrida? Mais uma vez, há um fundamento para a inferência: o fato de não estarmos celebrando é um fundamento para inferir que John não ganhou a corrida. Como no exemplo anterior, existe uma defasagem entre a simetria inferencial e a assimetria explicativa. A defasagem não chega a ser surpreendente: as inferências podem funcionar do 'se' para o 'então' e vice-versa, mas as explicações causais funcionam, na maioria das vezes, em apenas um sentido, da causa para o efeito.[14]

Parece haver ao menos três relações que podemos distinguir no uso cotidiano de enunciados condicionais. Em primeiro lugar, há uma relação simbolizada pelo operador em forma de gancho, '⊃'. Para tentar evitar os paradoxos da implicação material, alguns teóricos defenderam uma forma mais forte de implicação, na qual as premissas têm que ser relevantes para a conclusão.[15] Mas o conectivo para a implicação relevante – tal como o conectivo para a implicação estrita – herda muitas das características problemáticas de '⊃'. Qualquer operador semelhante ao operador em forma de ganho pode expressar algumas relações inferenciais – aquelas como as que vimos no caso da batalha naval e em outros casos aqui discutidos. Se o operador em gancho (ou o operador em forma de anzol, ou qualquer outro operador similar) conecta duas proposições, A e B, haverá também, em geral, uma conexão em sentido inverso. O exemplo clássico disto é a contraposição: se 'A ⊃ B' é verdadeira, então '~B ⊃ ~A' também é verdadeira.

Duas outras relações, contudo, são frequentemente expressas pelo uso de condicionais em português, mas não são supridas pelo operador em gancho e seus similares. Para identificá-las, considere as diferentes coisas que se pode querer dizer, quando se diz:

Se Grace estava presente, foi um bom seminário.

Suponha que a surpreendente Grace[a] seja, invariavelmente, uma participante animada de qualquer seminário que assista, sempre fazendo observações provocantes, construtivas e perspicazes. Sua participação, em outras palavras, garante momentos interessantes para todos os presentes. Neste caso, sua presença foi a *razão pela qual* o seminário foi bom. Isto parece um tipo de uso

---

[a] N. de T. No original: *'The amazing Grace'*. A respeito desta expressão, ver a p. 69.

explicativo da construção condicional, no qual o sentido da explicação vai do conteúdo da oração que contém 'se' para o da oração que contém 'então'. Isto fornece um segundo caso expresso por alguns dos usos cotidianos da condicional.

Pense agora em uma situação muito diferente. De acordo com essa estória, Grace é tímida, mas é alguém com o talento de reconhecer quais seminários serão bons, embora seja sempre reservada demais para participar das discussões. A presença de Grace em um seminário, de acordo com esta estória, fornece uma *razão para pensar* que o seminário será bom. De acordo com a estória anterior, era a boa qualidade do seminário que era explicada pela presença de Grace. Assim, parece que as condicionais do tipo 'razões para pensar' fornecem um terceiro tipo de uso do 'se' em português. Casos destes dois últimos tipos foram primeiramente introduzidos em Wilson (1979). Observe que o operador em forma de gancho (como entendido pela lógica clássica) não apreende a relação 'razão que explica por que'. Ele tampouco apreende a relação '*razão para pensar*', pois ele permite que qualquer verdade seja inferida de qualquer outro enunciado, qualquer que ela seja.[16] Portanto, parece haver pelo menos dois usos de 'se' que não são expressos pelo uso do conectivo em forma de gancho, ou de seus similares.

As condições *razão que explica por que* e *razão para pensar que* ajudam a esclarecer os casos discutidos anteriormente. Que Grace tenha aberto o cofrezinho sem danificá-lo é uma razão para pensar que ela usou uma chave e não uma razão que explique por que ela o fez. Nossa celebração é uma razão para pensar que John ganhou a corrida, mas não uma razão que explique por que ele a ganhou. Embora algumas vezes haja uma correlação entre, de um lado, razões que explicam por que e, de outro, razões para pensar, nenhuma generalização sobre isso pode ser feita de modo seguro. Se A é uma razão que explica por que B ocorre, então a ocorrência de B, algumas vezes, será uma razão para pensar que A ocorre, embora não seja uma garantia disso. Se A é uma razão para pensar que B ocorre, então, algumas vezes, será uma razão que explica por que B ocorre, embora não seja uma garantia disso. Parece, então, que a oração contendo 'se' em uma condicional pode fazer uma dessas três coisas: (i) introduzir uma oração a partir da qual algum consequente se segue no sentido regulado pelos operadores do tipo do operador em gancho; (ii) enunciar uma razão que explica por que o que é enunciado no consequente é o caso; (iii) enuncia uma razão para pensar que o que é enunciado no consequente é o caso.

Correspondendo a essas três maneiras de pensar sobre proposições condicionais, haverá três maneiras de pensar sobre a relação entre as premissas e a conclusão nos argumentos – os argumentos podem ser pensados como: (i) inferencial; (ii) dando razões que explicam por que a conclusão se segue e (iii) dando razões para pensar que a conclusão se segue.[17] De fato, não há mais razões para se pensar que um argumento realize somente uma função do que para se pensar que a partícula 'se' desempenha uma função. Em vez disso, as questões sobre inferência, deduções e derivabilidade estão todas relacionadas às questões que temos formulado sobre as condições e as condicionais. Deste modo, não é surpreendente que investigação sobre qualquer um deles possa se beneficiar de um bom exame do modo como 'se' realmente funciona na linguagem cotidiana.

Buscar uma explicação da derivabilidade que atenda às nossas exigências quanto à noção de consequência lógica mostrou-se uma tarefa complicada. Em vez de encontrar uma maneira pela qual a conclusão de um argumento segue-se das premissas, encontramos três modos de se pensar sobre o que se segue do quê. A abordagem clássica padrão produziu os assim chamados "paradoxos" da implicação material, paradoxos que não são evitados nem pelos sistemas da implicação estrita, nem pelos sistemas, mais recentemente introduzidos, da lógica relevante (ver Nota 15). O exame do uso das condicionais revelou três modos surpreendentemente diferentes de usar as construções condicionais em português. É claro que pode haver mais. Cada um dos três usos das condicionais mencionados no presente capítulo correspondem a maneiras particularmente diferentes de pensar a relação entre as premissas e a conclusão em um argumento. A lógica, na medida em que diz respeito somente à inferência e não a razões que explicam por que e a razões para pensar, utiliza uma noção de consequência que é puramente inferencial, que corresponde ao modo como o operador em forma de gancho apresenta um sentido muito fraco no qual um consequente "segue-se" de um antecedente. Este sentido é tão fraco, que o uso da expressão 'segue-se de' para descrevê-lo não é, de maneira alguma, apropriado. Porém, quando tentamos dar uma explicação de 'seguir-se de' que evoque razões que explicam por que, ou razões para pensar, deslocamos a discussão para fora do escopo da lógica formal.

Isso significa, portanto, que estamos diante de um novo "paradoxo" da derivabilidade. Tentamos apreender o que há em um argumento válido que faça com que as premissas exijam a conclusão usando definições verifuncionais ou modais. Mesmo assim, os conceitos lógicos – inclusive aqueles que envolvem necessidade e possibilidade – deixaram escapar a própria noção de *seguir-se de* que estávamos tentando analisar. Suponha que de A derive-se B, nós analisamos isto como se significasse que é impossível que seja o caso que A e $\sim B$. Em seguida, segundo a lógica elementar, se A é uma contradição, então, naturalmente, é impossível que A se sustente e, por conseguinte, é impossível que seja o caso que A e $\sim B$. Ao reduzir a derivabilidade a alguma forma de condicional, implicação estrita ou implicação relevante, o sistema lógico introduz um resultado estranho. Nosso senso comum nos diz que a redução lógica simplesmente não apreende a conexão relevante que supostamente existe entre as premissas e a conclusão ou o modo pelo qual as premissas fornecem razões que explicam por que (ou razões para pensar que) a conclusão se sustenta – as razões em virtude das quais a conclusão *se segue das* premissas. Mas como podemos ir além da explicação lógica? Se tentarmos definir a validade, a derivabilidade e a consequência por outros meios, então não estaremos mais fazendo lógica formal. Portanto, as tentativas de apreender as noções de *derivabilidade* e de *seguir-se logicamente de* no interior da lógica fracassam e a tentativa de apreendê-las fora da lógica significa que não estamos mais dando definições "lógicas" dessas noções.

Diante desse "paradoxo", o que temos a dizer? Uma ideia é que devemos adotar uma concepção modesta do que pode ser alcançado pela lógica. Ela pode, com sucesso, formalizar algumas inferências, organizar a estrutura de muitos argumentos e parafrasear algumas das proposições condicionais que propomos. Mas ela não pode apreender completamente o poder inferencial da mente humana e da linguagem cotidiana e muito menos explicar satisfatoriamente as noções básicas nas quais se apoia e que usa nos primeiros passos da construção de seus sistemas formais. Estas não são más notícias. Como foi visto anteriormente, o estudo da lógica não transformará nenhuma pessoa ilógica em uma pessoa lógica e – como o pobre Aquiles descobriu em sua discussão com a esperta tartaruga – a dedução estaria arruinada para aquele que não aceitasse de antemão o *modus ponens*. Este capítulo e o anterior mostraram como o acréscimo das noções de necessidade e de possibilidade aos recursos da lógica formal pode produzir resultados proveitosos e interessantes e nos ajudar a representar e pensar sobre muitos problemas fascinantes. Seria pedir demais que o acréscimo destas noções à lógica fosse uma maneira de fornecer definições e explicações para as próprias noções de consequência lógica e de derivabilidade, e isso, tanto nos casos do *modus ponens*, como nos outros casos que examinamos. Para formalizar e regulamentar nossa compreensão da necessidade, da derivabilidade e da dedução, a compreensão da questão tem que ser previamente dada.[18]

A mesma consideração sobre a compreensão prévia aplica-se também a uma noção que não tivemos tempo de discutir neste livro: a de pressuposição. Os lógicos, já há muito tempo, notaram que a pressuposição é uma relação do tipo da de consequência. No século XIX, Gottlob Frege provou que "se alguém assere 'Kepler morreu na miséria', existe uma pressuposição de que o nome 'Kepler' designa algo' (Frege,1892, p. 69[a]). Os pensadores que o sucederam frequentemente tomaram essa noção de pressuposição como significando algo assim: para que seja verdade que Kepler tenha morrido na

---

[a]N. de T. Para uma referência a uma edição em português da obra citada nesta passagem, ver nota na p. 12.

miséria, a proposição 'Kepler existiu' deve ser, ela mesma, verdadeira. Em geral, se a proposição *B* pressupõe a proposição *A*, então *B* é verdadeira ou falsa *somente se A* é verdadeira. Mediante um passo relativamente curto, esta última formulação parece ser equivalente a: se *B* pressupõe *A*, então de *B* se deriva *A* e de ~*B* também se deriva *A*. Mas, se compreendermos a pressuposição nesse sentido, ela não será, evidentemente, mais suscetível de receber uma definição lógica do que os outros conceitos que têm sido discutidos.

Este fato, naturalmente, não impediu que os lógicos desenvolvessem cálculos de derivabilidade, pressuposição, implicação e assim por diante.[19] Esses sistemas, normalmente, apresentam algum *insight* quanto ao modo como vários conceitos estão inter-relacionados, quanto ao modo como a extensão da lógica modal conduz, mediante a introdução de operadores modais, a novas maneiras de organizar nosso pensamento sobre as relações dedutivas e esboçam o escopo e os limites da sistematização. Ao mesmo tempo, esses tratamentos formais também dão origem a alguns paradoxos e enigmas – alguns dos quais acabamos de explorar. Observe que nenhum desses fascinantes enigmas ocorreria se qualquer um dos sistemas desse uma definição não problemática, abrangente, precisa e não paradoxal dos conceitos que têm sido estudados aqui. Assim, a formalização nos proporcionou um benefício surpreendente e inesperado – ao produzir novos problemas ao mesmo tempo em que tentava resolver os antigos. Enquanto a lógica continuar a apelar para o nosso desejo de exatidão e de sistematização, ela irá também nos estimular a explorar os limites de uma tal exatidão e colocar questões até mesmo sobre o papel da exatidão como um ideal. Como vimos ao longo do livro, as tentativas de dar formulações exatas das noções de derivabilidade, de consequência lógica, da função da condicional, da natureza da verdade – deparam-se, todas, com problemas que não podem, eles mesmos, ser resolvidos por meio do recurso aos sistemas formais ou a alguma nova forma de discurso preciso. Como Wittgenstein nos preveniu, no §81 de *Philosophical investigations*,[a] pensar que nossa linguagem cotidiana apenas se aproxima de alguma linguagem ideal ou cálculo é colocar-se no limiar de um mal-entendido (Wittgenstein, 1953). Esperamos que a filosofia da lógica, tal como nós a apresentamos aqui, seja um forte antídoto contra qualquer mal-entendido como esse.

SUGESTÕES PARA LEITURAS ADICIONAIS

A derivabilidade e a consequência lógica são amplamente discutidas em Read (1995), Capítulos 2 e 3, do ponto de vista de um lógico da relevância.

---

[a] N. de T. Para uma referência a uma edição em português da obra citada nesta passagem, ver N. de T. na p. 33.

Os Capítulos 5 e 6 de Sainsbury (2001) discutem, de modo interessante, muitos dos temas tratados neste capítulo e no anterior. Esses capítulos, porém, fazem pesadas exigências ao leitor do ponto de vista formal e devem ser enfrentados apenas por aqueles que já possuem algum domínio da lógica formal. As condicionais são discutidas pelos autores que contribuíram para a coletânea editada por Jackson (1991) e os protestos feitos, nesta edição, por Vic Dudman em seu capítulo complementam, em certo sentido, os desafios apresentados neste capítulo. Outros trabalhos sobre as condicionais podem ser encontrados em Woods, Wigguns e Edgington (1997). Apesar de Bennett (2003) ser abrangente, ele visa uma audiência com um *background* considerável em lógica e filosofia. De modo ideal, qualquer explicação da derivabilidade e da implicação deve discutir os tópicos a eles relacionados, como a implicatura conversacional e a assertabilidade – apesar dos limites de espaço nos terem forçado a mencioná-los somente nas notas. Para uma introdução nesta área, ver Walker (1975).

NOTAS DOS AUTORES

1. Como foi antecipado, o símbolo '⊨' está sendo usado agora para representar a relação de consequência semântica, em vez de dedutibilidade em termos de regras de provas.
2. O raciocínio é simples desde que você se lembre de que 'não necessariamente' é equivalente a 'possivelmente não'. A primeira premissa sustenta-se em um certo mundo – presumivelmente o mundo no qual Dick se encontra. Suponhamos que seja o mundo atual. Ela diz que 'p ⊃ c' é verdadeira em todos os mundos possíveis acessíveis ao mundo atual w, ao passo que a conclusão insiste que tanto 'p ⊃ h', quanto 'b ⊃ c' são verdadeiras em todos esses mesmos mundos possíveis. Vejamos, pois, um contraexemplo. Tome a primeira cláusula da conclusão e pense em sua negação. Ou seja, suponha que '~□(p ⊃ h)' é verdadeira no mundo w, o que significa que dizer que '◇~(p ⊃ h)' é verdadeira em w. Consequentemente, há um mundo acessível a w no qual '~(p ⊃ h)' é verdadeira. Suponha que esse mundo seja o mundo w^*. Agora, 'p ⊃ c' é verdadeira em w^* (pois ela é verdadeira em todos os mundos acessíveis a w) e isto não é incompatível com a verdade de '~(p ⊃ h)' em w^*. Afinal, se neste mundo é possível que seja falso que se Bert está em Praga, então ele está na República Tcheca, então existe um mundo no qual esta mesma falsidade se realiza. E daí? Pode existir também um mundo em que no qual se ele está em Praga, então ele está na República Tcheca. E o que dizer da segunda premissa (segundo a qual (b ⊃ h) é necessariamente verdadeira). Dela se pode deduzir que 'b ⊃ h' é verdadeira em w^*. Mas isto não é, de maneira nenhuma, inconsistente com o fato de que '~(p ⊃ h)' seja verdadeira em w^*. Assim, a verdade das premissas é compatível com a falsidade do primeiro disjunto da conclusão.

O segundo disjunto da conclusão recebe o mesmo tratamento. Suponha que a cláusula seja falsa. Em outras palavras, suponha que não seja necessariamente

verdadeiro que se Bert está em Budapeste, então está na República Tcheca. Logo, pode ser falso que se ele está em Budapeste, então está na República Tcheca. Passemos a este mundo no qual esta falsidade se realiza. Não haverá, porém, mundo w^*. O que é possível em um certo mundo realiza-se em algum mundo alternativo. Mas nem todas as possibilidades precisam realizar-se no mesmo mundo. É possível que eu encontre Joe na terça-feira e também é possível que não o encontre neste dia. Mas não há nenhum mundo no qual estas duas possibilidades se realizem! Portanto, não podemos nos basear na ideia de que '~(b ⊃ c') sustenta-se no mundo w^*. Ao invés disso, precisamos considerar um terceiro mundo, w^{**}, no qual seja verdade que ~(b ⊃c'). Mas em w^*, será verdade tanto que 'p ⊃ c' quanto que 'b ⊃ h' (pois elas são verdadeiras em todos os mundos acessíveis a w). A verdade delas em w^{**} é perfeitamente consistente com o fato de que '~(b ⊃ c)' é verdadeira em w^{**}. Deste modo, negar a primeira parte da conclusão não conduz a nenhuma inconsistência e negar a segunda parte da conclusão não conduz a nenhuma inconsistência. Logo, toda a conclusão pode ser negada enquanto as premissas são verdadeiras. Por conseguinte, o argumento é inválido.
3. Uma relação é transitiva se, dado que ela se aplica a uma coisa e a uma segunda coisa e também à segunda coisa e a uma terceira coisa, então ela se aplica à primeira e à terceira. Isto é, R é transitivo quando: (a possui uma R com b & b possui uma R com c) ⊃ a possui uma R com c.
4. Este fato não dissuadiu heroicos filósofos de, infelizmente, defender a tradução lógica padrão de condicionais com '⊃', esbanjando ingenuidade ao explicar os usos cotidianos que não se ajustam ao paradigma verifuncional. Uma maneira de fazer isso consiste em considerar certas proposições condicionais – digamos, aquelas com antecedentes obviamente falsos – como sendo verdadeiras, mas como não podendo ser asseridas de modo apropriado. Elas podem ser tais por diferentes razões. Por exemplo, pode ocorrer que, ao asseri-las, o falante sugira que ele ou ela é menos bem-informado(a) do que realmente é. Ver Walker (1975) para uma introdução à teoria de H. P. Grice da implicatura conversacional e também Grice (1991). A explicação de Grice para a implicatura parece explicar por que algumas condicionais são tais que não se deve asseri-las e possui o mérito de ter uma ampla aplicabilidade para além do tema das condicionais. É discutível o quanto ela proteje e preserva a explicação verifuncional padrão das condicionais. Ver Read (1995, cap. 3). [N. de T. Uma 'implicatura' é algo que é significado, de modo subentendido, do que é explicitamente dito. É usado como termo técnico em teorias sobre a linguagem para distinguir um tipo de relação entre enunciados que, embora semelhante, é distinto da derivabilidade: ele designa a relação entre dois enunciados na qual a verdade de um *sugere*, mas não exige, como acontece com a relação derivabilidade, a verdade do outro.]
5. Ver Adams (1970).
6. O inglês, diferentemente do latim ou do francês, não possui construções subjuntivas e uma gramática simplificada do inglês precisa postular somente dois tempos de verbo – presente e passado (Huddlestonte 1984). O que é frequentemente chamado de condicionais 'subjuntivas' são aquelas em que o componente 'modal' (no sentido gramatical) dos verbos auxiliares está no passado. Por exemplo, 'se ele pode abrir a porta...' e 'se ele pudesse abrir a porta...' diferem simplesmente quanto ao fato de que o modal 'pode' está no

presente, no primeiro caso, e no passado, no segundo. [N. de T. Esta nota refere-se à língua em que este livro foi originalmente escrito, o inglês. No que diz respeito à língua portuguesa, considere-se o que o autor diz sobre o latim e o francês.]

7. Um dos mais conhecidos tratamentos destes problemas que usam lógica modal é o de Lewis (1973), que desenvolve uma análise contrafactual de condicionais causais.

8. Esta é a ideia básica tirada de Lewis (1973). Uma explicação posterior, mais elaborada, de relações causais e de condicionais é apresentada em Lewis (2001). Para uma explicação do raciocínio causal que não é simpático à abordagem de Lewis, ver o apêndice a Pearl (2000).

9. Jonathan Bennett, que afirma "tapar o nariz" quando usa o rótulo 'subjuntivo' (Bennett 2003, p. 12), parece concordar que os condicionais que utilizam '*would*' e '*were*' são geralmente aceitos e asseridos por aqueles que duvidam do antecedente. Ele argumenta que condicionais 'subjuntivas' têm "tolerância zero", isto é, são perfeitamente utilizáveis em contextos em que o falante e a audiência estão certos de que o antecedente é falso. Se ignoramos o fato de que as condicionais 'subjuntivas' são frequentemente utilizadas onde há apenas uma incerteza quanto ao valor de verdade do antecedente, então existe um risco de nos concentrarmos no aspecto de "tolerância zero" e de negligenciarmos os outros. Esta atenção pode esclarecer a explicação unilateral que Bennett fornece para a questão de saber se – e em que circunstâncias – podemos aplicar o *modus ponens* à condicional "contrafactual" (ver Bennett 2003, § 88). [N. de T. O que o autor diz a respeito de '*would*' e '*were*' equivaleria, em português, ao uso dos verbos no futuro do pretérito do indicativo.]

10. Eu devo muito das minhas ideias sobre condicionais às conversas de muitos anos atrás com Ian Wilson, na época meu colega em Stirling.

11. '~q ⊃ ~p' é a contrapositiva de 'p ⊃ q'.

12. A discussão feita por Sanford e por Wertheimer é em termos de condições necessárias e suficientes. Contudo, estas são apenas maneiras diferentes de se falar dos enigmas das condicionais, da inferência e da derivabilidade. Existe uma explicação padrão – frequentemente encontrada em textos de lógica – que é a seguinte (ver, por exemplo, Blumberg 1976). Quando a condicional 'p ⊃ q' é verdadeira, a verdade do consequente, 'q', é *necessária*, para a verdade do antecedente, 'p', e a verdade do antecedente, por sua vez, é *suficiente* para a verdade do consequente. A bicondicional 'p ≡ q', conforme esta explicação, enuncia que *p* e *q* são conjuntamente necessárias e suficientes para cada uma delas.

13. Pode ser útil descartar a ideia de que os métodos lógicos explicam ou justificam nossa compreensão da consequência, da derivabilidade e da validade. Em vez disso, a lógica proporciona os instrumentos para testar e explorar a derivabilidade e a validade. Pense nisso da seguinte maneira. Se (i) das premissas A e B deriva-se a conclusão C (isto é, C segue-se logicamente de A e B), então (ii) se A e B são ambas verdadeiras em uma certa circunstância, C é igualmente verdadeira nesta mesma circunstância. Suponha que a condicional que liga (i) e (ii) seja, ela mesma, explicativa. Seria estranho tentar fazer a explicação funcionar em sentido contrário – de (ii) para (i) – como se aprender tabelas de verdade, interpretações e mundos possíveis fornecesse explicações

para as noções de *derivabilidade* e de *seguir-se de*. Uma vez que explicações são, usualmente, unidirecionais, então, se nossa compreensão prévia de derivabilidade explica a descrição da validade em termos de verdade e de condicionais, seria improvável que este último explicasse o primeiro. Se abandonarmos a ideia de que tabelas de verdade, etc., *explicam* a validade e a derivabilidade, então podemos ver a lógica como uma sistematização altamente eficiente, mas parcial, das capacidades e compreensões que já possuímos, incluindo a compreensão prévia do que seja consequência e derivabilidade. Esta maneira de pensar sobre a lógica, influenciada pelo trabalho mais tardio de Wittgenstein, foi defendida em alguns estudos clássicos, como de Strawson (1952). É esta concepção que está na base da minha discussão sobre o novo "paradoxo", proposto no final deste capítulo.

14. Em sistemas de *feedback*, a causa e o efeito estão interligados: quanto mais rápido a máquina opera, tanto mais o dispositivo gerenciador reduz o fluxo de combustível, fazendo a máquina funcionar mais lentamente, o que faz com que o dispositivo gerenciador aumente o fluxo de combustível e a máquina passe a funcionar mais rapidamente, e assim por diante.

15. Para os adeptos da lógica relevante, os paradoxos são embaraçosos porque não há elementos na premissa, ou nas premissas, que sejam relevantes para a conclusão. A condição mínima de relevância parece ser que a conclusão contenha pelo menos uma oração que também esteja presente em uma das premissas do argumento, ou que exista algum conteúdo comum entre as premissas e a conclusão. Stephen Read ressalta que é improvável que essa condição funcione e sugere uma maneira alternativa de assegurar a relevância (1995, Cap. 2). Não existem, infelizmente, introduções fáceis, não técnicas às lógicas relevantes (ou da relevância). Os trabalhos de referência são os de Anderson e Belnap (1975) e Anderson, Belnap e Dunn (1992). Extamente como no caso do trabalho de Lewis sobre a implicação estrita, as tentativas dos lógicos da relevância para esquivar-se dos paradoxos da implicação material são, em geral, mal sucedidas. Por exemplo, qualquer enunciado pode ser inferido de uma contradição em quase todos os sistemas de lógica relevante (a menos que a semântica para a lógica em questão permita a inclusão de mundos inconsistentes).

16. Em teoria moral, normalmente é feita a distinção entre dois tipos de razões – as que explicam uma ação e as que a justificam. Apesar de parecer que as condicionais associadas às 'razões que explicam por que' podem desempenhar ambas as funções, este tópico é demasiado amplo para ser explorado neste momento e o autor não tem ideia para onde nos conduziria uma tal exploração.

17. Maiores detalhes sobre estas maneiras de se pensar as condicionais e sua importância para a compreensão de condições necessárias e suficientes podem ser encontrados em Brennan (2003).

18. Este resultado está de acordo com muitas coisas sugeridas por Wittgenstein e pelos filósofos influenciados por sua abordagem das questões sobre a linguagem. Por exemplo, em seu ensaio clássico sobre a referência, P. F. Strawson escreveu que "nem as regras aristotélicas, nem as regras russellianas [ele está se referindo aos dois gigantes da teoria lógica] fornecem a lógica

exata de qualquer expressão da linguagem ordinária, pois a linguagem ordinária não possui uma lógica exata" Strawson 1950). [N. de T. Para uma tradução em português desta obra de Strawson, ver Strawson, 1980. "Sobre Referir". In: Ryle; Austin; Quine; Strawson. Col. Os Pensadores. São Paulo: Abril Cultural.]
19. Uma revisão desses cálculos encontra-se em Beaver (1997), mas é acessível apenas para os que dispõem de um conhecimento de lógica formal.

7

As críticas à lógica

7.1 INTRODUÇÃO

A lógica é frequentemente compreendida como o estudo sistemático dos princípios do raciocínio correto. Assim compreendida, poderíamos nos perguntar por que alguém gostaria de criticar a lógica. O tema deste capítulo é, de fato, argumentar que as críticas à lógica são, na maioria das vezes, mal-orientadas. Mas é importante distinguir entre tipos diferentes de críticas, de modo a ver, com clareza, as motivações particularmente diferentes que elas abrigam e os diversos temas que envolvem.

7.2 LÓGICA E CRIATIVIDADE

Uma censura comum à lógica consiste em dizer que ela é, de algum modo, incompatível com a criatividade. De acordo com essa crítica, o raciocínio lógico exige consistência e um cuidadoso raciocínio passo a passo. Porém, é duvidoso que um processo de pensamento tão rígido possa melhorar a criatividade. As leis lógicas certamente não proporcionam uma receita para gerar *insights*. Além disso, as novas ideias são, muito frequentemente, originadas de intuições vagas e metáforas que podem não sobreviver a um escrutínio crítico rigoroso. Assim, seria possível argumentar que o estudo da lógica pode ser prejudicial à criatividade de alguém. Um experimento em favor desta conclusão é citado, com aprovação, no livro sobre administração de empresas, *best-seller* segundo o *New York Times*,[a] *In search of excellence*,[b] de Peters e Waterman,

---

[a] N. de T. Jornal de circulação diária publicado na cidade de Nova York e internacionalmente conhecido.

[b] N. de T. *Best-seller* polêmico, publicado pela primeira vez em 1982, que defende uma proposta de gestão de alto desempenho para empresas que envolve o marketing voltado para o cliente. O livro teve grande repercussão no mercado americano e internacional, estando na origem da disseminação da adoção de estratégias de marketing nas empresas de todos os portes, ainda que, mais tarde, os autores tenham confessado ter forjado alguns dados apresentados no livro. Recebeu uma tradução para o português em 1987, sob o título *Na senda da excelência*, publicado em Lisboa pela editora Dom Quixote.

> Se você colocar em uma garrafa meia dúzia de abelhas e o mesmo número de moscas e posicionar a garrafa horizontalmente, com a sua base (a parte fechada) voltada para a janela, você verá que as abelhas irão insistir em seu esforço de descobrir uma abertura através do vidro até morrer de fome ou de exaustão, ao passo que as moscas, em menos de dois minutos, terão todas batido em retirada através do gargalo no lado oposto. (...) É o amor das abelhas pelo voo, é a sua própria inteligência que as destrói neste experimento. Elas, evidentemente, imaginam que a fuga de toda prisão deve ser lá onde a luz brilha mais claramente e elas agem de acordo com isso e persistem nesta ação demasiado lógica. Para as abelhas, o vidro é um mistério sobrenatural. (...) E, quanto maior for sua inteligência, mais inadmissível, mais incompreensível lhes parecerá o estranho obstáculo. Enquanto as moscas, cabeças de vento, voam desatentas à lógica (...), agitam-se desordenadamente de cá para lá e, encontrando aqui a boa sorte que frequentemente reside no simples (...), necessariamente acabam por descobrir a amistosa passagem que lhes devolve sua liberdade.[a]

Esta observação é interessante, mas é questionável que um único experimento envolvendo abelhas e moscas possa levar à conclusão de que o pensamento lógico é indesejável para seres humanos. Na melhor das hipóteses, o problemas com as abelhas é que elas não raciocinaram suficientemente, persistindo em uma estratégia que não conduz ao sucesso.

Neste contexto, pode ser útil traçar uma distinção geral entre dois tipos de criatividade. Primeiro, existe a criatividade em arte, como pintar um quadro ou compor uma sinfonia. É verdade que um bom raciocínio lógico não é nem necessário, nem suficiente para o talento artístico, que depende mais da sensibilidade estética e de habilidades artísticas. O raciocínio lógico, porém, não é necessariamente incompatível com a criatividade artística. Leonardo da Vinci[b] foi um pensador inteligente e um talentoso cientista e inventor; podemos, pois, supor com segurança que ele podia raciocinar bem. Sua criatividade

---

[a] N. de T. No original: "*If you place in a bottle half a dozen bees and the same number of flies, and lay down the bottle horizontally, with its base (the close end) to the window, you will find that the bees will persist, till they die of exhaustion or hunger; in their endeavor to discover an opening through the glass; while the flies, in less than two minutes, will all have sallied forth through the neck on the opposite side. (...) It is the bees´ love of flight, it is their very intelligence, that is their undoing in this experiment. They evidently imagine that the issue from every prison must be where the light shines clearest; and they act in accordance, and persist in too-logical action. To bees glass is supernatural mystery. (...) And, the greater their intelligence, the more inadmissible, more incomprehensible, will the strange obstacle appear. Whereas the featherbrained flies, careless of logic (...) flutter wildly hither and thither, and meeting here the good fortune that often waits on the simple (...) necessarily end up by discovering the friendly opens that restores their liberty to them.*" (Peters e Waterman, 1998, p. 108).

[b] N. de T. Pintor, escultor, cientista, arquiteto, engenheiro e inventor renascentista, nascido em 1452 em uma região que hoje pertence à Itália. Sua extraordinária genialidade e ampla notoriedade dispensam comentários. Entre suas famosas obras de arte encontra-se o quadro '*La Gioconda*' (mais conhecido por 'Monalisa' – 1502) e entre suas inúmeras e surpreendentes invenções, uma das primeiras versões do helicóptero.

como artista está, certamente, para além de toda dúvida. Da mesma forma, o famoso pintor renascentista, Albrecht Dürer,[a] era conhecido não apenas como pintor, mas também como matemático. Estes são, naturalmente, casos excepcionais, mas não parece haver evidência alguma que mostre que as habilidades básicas de raciocínio sejam nocivas à criatividade artística.

Fora da arte, um outro tipo de criatividade que é, talvez, mais preponderante é a 'criatividade cognitiva'. A criatividade cognitiva é aquela que é usada na solução de problemas complexos, como a invenção de teorias científicas para explicar novos fenômenos. Mas a criatividade cognitiva é ainda necessária quando tratamos de resolver inúmeros problemas em nossas vidas diárias. Quando precisamos descobrir por que o computador continua travando ou como uma relação pode ser aperfeiçoada, podemos precisar fazer uso de criatividade cognitiva para descobrir explicações e soluções.

Contrariamente ao que se pode pensar, a lógica é crucial para a criatividade cognitiva. Para resolver problemas, precisamos não apenas de ideias, mas de ideias que realmente funcionem e que possam resolver nossos problemas de maneira efetiva e apropriada. Por exemplo, é possível facilmente propor centenas de maneiras diferentes para reduzir os gazes que causam o efeito estufa na atmosfera, tais como fechar todas as fábricas, parar de usar carros em uma de cada duas semanas, etc. Estas ideias, porém, são impraticáveis e não são realmente úteis, mesmo que ninguém tenha pensado nelas antes. Para ser verdadeiramente criativo na solução de problemas, temos que determinar se uma nova ideia é boa ou não e a lógica é indispensável para esta tarefa. Se quisermos construir um foguete que chegue a Marte, é melhor que estejamos certos que os princípios do projeto para o foguete são consistentes com as leis da física apropriada. A inovação não é somente o momento do 'eureca'.[b] A utilização da lógica na avaliação, no teste e na modificação de ideias é parte igualmente integrante do processo criativo completo.

---

[a]N. de T. Artista e matemático renascentista, nascido em 1471 em uma região que hoje pertence à Alemanha. Entre seus quadros mais famosos encontra-se a 'A Ascensão da Virgem' (1508). Além de ser também um dos primeiros a desenvolver a técnica de gravuras em madeira e em cobre, Dürer também se dedicou, no melhor espírito humanista do Renascimento, a diversos campos do saber como a geografia, a arquitetura e a fortificação.

[b]N. de T. Termo de origem grega que reproduz uma exclamação famosa atribuída a Arquimedes, físico, matemático e engenheiro grego do século III a. C., Segundo a lenda, Arquimedes a teria pronunciado entusiasticamente, enquanto corria sem roupas pelas ruas de Siracusa, depois de descobrir, de repente, durante o banho, a lei que leva seu nome, que determina a relação entre o volume de um corpo imerso, total ou parcialmente, em um fluido (líquido ou gasoso), e o volume de fluido deslocado por sua imersão. Esta exclamação, composta do verbo grego antigo *'heuriskein'* flexionado na primeira pessoa do singular do perfeito indicativo ativo, foi incorporada ao léxico da língua portuguesa, cuja tradução literal seria 'Achei!', 'Descobri!', pode ser usada para celebrar uma descoberta.

Naturalmente, é possível que a criatividade seja atrapalhada por um pensamento lógico rígido e inflexível. Esta é, talvez, a moral da estória das abelhas e das moscas. Não é incomum se analisar excessivamente um problema sem deixar espaço suficiente para a imaginação vagar. No entanto, este é um problema ligado ao mau uso da lógica, e não à própria lógica. No primeiro capítulo deste livro, traçamos uma distinção entre lógica e raciocínio. Os princípios da lógica são formulados em termos de conceitos como verdade, validade, consistência e prova. Nesta medida, estes princípios não dizem nada acerca do que deveríamos almejar alcançar ao aplicar a lógica. A lógica nos diz que certos padrões de argumentos são válidos, mas a lógica, ela mesma, não nos diz que não devemos nunca usar qualquer argumento inválido (digamos, com objetivos retóricos). A lógica fornece os instrumentos para avaliar a consistência, mas a lógica não nos diz que devemos ser consistentes o tempo todo. De fato, Cherniak (1986) argumentou que o cérebro humano, provavelmente, consumiria recursos computacionais em excesso se tivéssemos que verificar, de modo exaustivo, a consistência de todas as nossas crenças. Isto não implica, naturalmente, que crenças contraditórias sejam verdadeiras. Isso apenas prova que não precisamos realizar raciocínios lógicos a qualquer custo em todas as situações, assim como não tem sentido engajar-se em um raciocínio lógico quando tudo que queremos é sentar calmamente e saborear uma boa refeição. Se suspender a análise lógica em algumas fases do processo criativo facilita o aparecimento de novas ideias, não há razão para não fazê-lo. A habilidade de aplicar o raciocínio lógico de modo criterioso é um elemento-chave de uma mente aguçada e flexível.

7.3 LÓGICA E RELIGIÃO

A distinção entre lógica e raciocínio é de especial relevância quando estamos lidando com as críticas da lógica baseadas em considerações religiosas. Considere, por exemplo, os seguintes comentários feitos por D. T. Suzuki, um famoso autor que trata do Zen Budismo:[a]

---

[a]N. de T. O Budismo é uma religião de origem indiana, fundada por Siddhartha Gautama, o Buda histórico, que viveu aproximadamente entre 563 e 483 a.C., que se disseminou por toda a Ásia e cuja presença na Europa e nas Américas se intensificou durante o século XX. Ele possui três grandes divisões: Theravâda, Mahâyâna, e Vajrayâna. Zen é o nome japonês de uma das vertentes do Budismo Mahâyâna, praticada particularmente na China, Japão, Vietnã e Coreia. Uma de suas características mais importantes reside na prática de uma espécie de meditação contemplativa, cujo objetivo é fazer com que o praticante veja as coisas como elas realmente são, superando as ilusões que permeiam o nosso dia a dia, e podendo, assim, alcançar a iluminação, um estado espiritual superior.

O processo lógico comum é incapaz de satisfazer completamente as nossas mais profundas necessidades espirituais.[a]

A razão pela qual Zen é tão veemente em seu ataque à lógica (...) é que a lógica entrou de modo tão impregnante em nossa vida a ponto de nos fazer concluir que a lógica é a vida e sem ela a vida não tem significação.[b]

É verdade que os cursos sobre pensamento crítico e sobre lógica frequentemente enfatizam a importância da lógica para praticamente quase tudo que fazemos. Isto não significa que o raciocínio lógico sempre conduz ao sucesso, uma vez que fatores como sorte, conhecimento e personalidade são também relevantes. Assim, é intrigante por que alguém desejaria dizer que "a lógica é a vida e sem ela a vida não tem significação". No entanto, Suzuki não apresentou nenhuma evidência de algum filósofo ou lógico que tenha alguma vez proposto uma tal concepção. Suzuki está certo se o que ele quer dizer é que o mero raciocónio lógico não é suficiente para nos ajudar a descobrir o significado e o valor da vida. Aliás, a lógica tampouco é suficiente para garantir a fama, a fortuna ou para alcançar plena satisfação nas relações pessoais. Todavia, esta não é, obviamente, a tarefa da lógica e isso é tão equivocado quanto criticar a Química ou a Física pelas mesmas razões.

Suzuki fala, algumas vezes, como se o problema com a lógica estivesse no fato de que há regras a serem seguidas, e que estas regras são prejudiciais à saúde espiritual das pessoas:

> Em lógica existem marcas de esforço e de sofrimento; a lógica é autoconsciente. (...) A vida, de acordo com o Zen, deve ser vivida como um pássaro que voa pelo ar ou como um peixe que nada na água. Tão logo haja sinais de elaboração, o homem está condenado, ele não é mais um homem livre. (...) Não ser limitado por regras, mas criar suas próprias regras – este é o tipo de vida que o Zen está tentando nos fazer viver. Daí os seus enunciados ilógicos, ou melhor, superlógicos.[c]

---

[a]N. de T. No original: *"[T]he ordinary logical process of reasoning is powerless to give final satisfaction to our deepest spiritual needs"* (Suzuki, 1986, p. 59).

[b]N. de T. No original: *"[T]he reason why Zen is so vehement in its attack on logic (...) is that logic has so pervasive entered into life as to make most of us conclude that logic is life and without it life has no significance"* (Suzuki, 1986, p. 63).

[c]N. de T. No original: *"In logic there is a trace of effort and pain; logic is self-conscious. (...) Life, according to Zen, ought to be lived as a bird flies through the air or as a fish swims in the water. As soon as there are signs of elaborations, a man is doomed; he is no more a free being. (...) Not to be bound by rules, but to be creating one's own rules – this is the kind of life which Zen is trying to have us live. Hence its illogical, or rather superlogical, statements"* (Suzuki, 1986, p. 64).

A lógica não é, certamente, suficiente para a iluminação, mas isto não significa que ela não possa nos ajudar em nossa busca pela felicidade ou pelo sentido da vida. Suponha que uma pessoa queira viver uma vida tranquila e autossuficiente. Ela, porém, gosta de ser elogiada e é obcecada pelo modo como as outras pessoas a julgam. É importante perceber que seus ideais são inconsistentes com sua prática real e perceber a inconsistência permitiria que ela pensasse mais profundamente sobre o que mais importa em sua vida. Uma parte do que faz o treinamento em lógica é tornar-nos alertas quanto a inconsistências ocultas. Sem nem um pouco de pensamento lógico, uma pessoa confusa por valores contraditórios pode acabar vivendo uma vida insatisfatória.

Nós também deveríamos lembrar da distinção entre os princípios da lógica e o uso que deles é feito no raciocinar. É improvável que uma pessoa que devote sua vida inteira à lógica em detrimento de todo o resto seja uma pessoa iluminada. Mas esta é uma crítica à sua obsessão em relação à lógica e não uma crítica da lógica *per se*.[a] Mesmo que fosse possível ser uma pessoa mais feliz pela asserção repetida de contradições, isto não significa que as asserções sejam, por esta razão, verdadeiras. Em muitas tradições budistas, a meditação desempenha um papel importante na aquisição da iluminação. A meditação, neste caso, envolve entrar em um estado especial de consciência, privando-se de fazer juízos e deliberações e, ainda assim, permanecendo alerta e concentrado. Neste estado de consciência, não se deve levar a cabo nenhum raciocínio lógico. Isto, porém, não é o mesmo que rejeitar os princípios da lógica como incorretos.

No entanto, como Suzuki assinala, muitos textos budistas contêm, frequentemente, enunciados que são totalmente contraditórios e inconsistentes. Por exemplo, no famoso Sutra do Diamante (o *Vajracchedika-prajñāpāramitā-sûtra*[b]), encontramos muitas afirmações da forma '*x* é não *x*, portanto é *x*', por exemplo:

> O mundo não é o mundo, portanto é o mundo.
>
> A perfeição da sabedoria não é a perfeição da sabedoria, portanto é a perfeição da sabedoria.[c]

---

[a]N. de T. Expressão em latim no original, que significa 'por si'. Embora a expressão não esteja sendo usada neste contexto com um sentido particularmente técnico, ela é parte integrante do vocabulário técnico em filosofia.

[b]N. de T. Expressão em sânscrito no original, por ser o título completo e original do Sutra do Diamante, e cuja tradução seria algo como 'O Sutra da Perfeição da Sabedoria que Corta como um Raio' (observe-se que o termo '*vajra*' pode significar tanto 'raio' quanto diamante'). Este é um dos mais importantes sutras, isto é, escrituras canônicas consideradas registros dos ensinamentos orais de Buda, e ensina uma prática para alcançar um estado de desprendimento mental. Sua mais antiga cópia data de 868 a.C.

[c]N. de T. No original: "*The world is not the world, therefore is the world.*" e "*The perfection of wisdom is not the perfection of wisdom, therefore is the perfection of wisdom*".

De modo similar, encontramos a seguinte passagem maravilhosamente inconsistente no *Mūlamadhyamakakārikā*[a] (*Versos fundamentais sobre o caminho do meio*) de Nagarjuna.[b]

> Tudo é real e não é real,
> Tanto real quanto não real
> Nem real, nem não real.
> Este é o ensinamento do Senhor Buda.[c]

Muitas pessoas argumentariam que a inconsistência, em religião, vai além do Budismo ou da Filosofia oriental. Por exemplo, muitas pessoas consideram difícil aceitar a doutrina da Trindade, pertencente ao cristianismo predominante. De acordo com a doutrina tal como ela é apresentada no Credo de Atanásio[d]

> ... a pessoa do Pai é uma, a do Filho é outra, e a do Espírito Santo outra (...) O Pai é Deus; o Filho é Deus; o Espírito Santo é Deus. (...) Porém, não há três deuses, mas um Deus.[e]

Seria possível pensar que, se o Filho, o Pai e o Espírito Santo são o único verdadeiro Deus, e que se não existe outro Deus, então o Filho é idêntico ao Pai, e também idêntico ao Espírito Santo. Porém, foi o Filho que morreu na cruz e não o Pai ou o Espírito Santo. Isto parece violar o princípio da lógica conhecido como o da indiscernibilidade dos idênticos – se x e y são uma e a

---

[a]N. de T. Expressão em sânscrito no original e cuja tradução é apresentada logo em seguida pelos autores. Um dos textos clássicos do Budismo Mahâyâna e considerado atualmente central para a análise e compreensão da filosofia Madhyamaka, a tradição filosófica budista em que os elementos que constituem a experiência humana são puros fenômenos, desprovidos de essência própria e, portanto, de alguma realidade que seja independente das causas que os engendram.

[b]N. de T. Filósofo e escritor budista, de origem indiana, que viveu por volta dos séculos II e III, fundador da escola do Caminho do Meio, ligada ao Budismo Mahâyâna e um dos mais influentes pensadores budistas.

[c]N. de T. No original:
"*Everything is real and not real,*
Both real and not real,
Neither real nor not real.
This is Lord Buddha's teaching."

[d]N. de T. Texto escrito entre os séculos IV e V, uma declaração de fé tradicionalmente atribuída a Atanásio, Bispo de Alexandria, embora seja provável que tenha sido produzido em uma época posterior à sua morte. Este credo, elaborado para defender e sustentar a doutrina bíblica da Trindade contra algumas seitas cristãs do período que a contestavam, é reconhecido e aceito pelos principais ramos da Igreja Cristã.

[e]N. de T. No original: "*...there is one Person of the Father, another of the Son, and another of the Holy Spirit... the Father is God; the Son is God; the Holy Spirit is God. And yet there are not three Gods, but one God*".

mesma coisa, então o que quer que seja verdadeiro de *x* é também verdadeiro de *y*. Assim, se Aristóteles é um e o mesmo que o mais famoso dos professores de Alexandre e Aristóteles foi um filósofo, então, deve ser também o caso que o mais famoso dos professores de Alexandre tenha sido um filósofo.

Existem várias maneiras de se lidar com as afirmações religiosas aparentemente inconsistentes. Pode-se considerar a inconsistência como uma evidência para rejeitar as doutrinas que acarretam estas afirmações. Ou se pode sugerir que as afimações em questão não devem ser tomadas literalmente, reinterpretando-as de tal modo que as inconsistências desapareçam. Assim, no caso do Budismo, pode-se sugerir que dizer que um objeto é tanto real quanto irreal é dizer que mesmo que o objeto exista de acordo com a maneira como convencionalmente compreendemos isso (portanto, 'real' em um sentido), sua existência depende de condições contingentes e transitórias e, dessa forma, o objeto não tem uma essência distintiva inerente em sua realidade última (portanto, 'irreal' em um sentido diferente). Quanto ao problema da Trindade, alguns filósofos argumentaram que ele pode ser resolvido recorrendo-se à noção de identidade relativa. Conforme esta linha de pensamento, a identidade é relativa a um tipo de entidade. Assim, por exemplo, é possível sugerir que a Torre Eiffel,[a] que existiu há uma centena de anos é a mesma torre que a Torre Eiffel que existe hoje, mas não são o mesmo objeto físico porque muitas partes têm sido substituídas desde então e estas são fisicamente distintas. Da mesma forma, talvez Jesus seja o mesmo Deus que o Espírito Santo, mas eles são Personalidades Divinas diferentes. Portanto, pode-se argumentar, mais ou menos dessa maneira, que não há inconsistência alguma.[1] É um ponto controverso se estas interpretações são ou não coerentes ou fiéis às doutrinas originais. Observe, porém, que todas estas tentativas de recuperar a consistência são motivadas pelo desejo de ser lógico – de resgatar estas doutrinas de sua aparente incoerência.

Alguns autores optaram por uma alternativa muito mais radical à abordagem da reinterpretação, adotando alguma versão do dialeteísmo, que é a concepção segundo a qual existem contradições verdadeiras. No quadro da lógica clássica, não é possível que um enunciado e sua negação sejam verdadeiros ao mesmo tempo. Contudo, os dialeteístas negam isso e afirmam que algumas contradições podem, efetivamente, ser verdadeiras. Esta não é, certamente, uma posição popular em filosofia e em lógica, mas tem sido sugerido que o dialeteísmo pode ser adotado por outras razões e que ele provê soluções

---

[a] N. de T. Célebre monumento francês, um dos símbolos da cidade de Paris, projetado por Gustave Eiffel em homenagem aos 100 anos da Revolução Francesa, e construído para Exposição mundial de 1889. Originalmente concebida para ser uma estrutura apenas temporária, a ser desmontada após a exposição.

para diversos paradoxos, tal com o Paradoxo do Mentiroso (ver Capítulo 3). Também é sugerido que o dialeteísmo está na base de algumas das mais importantes ideias de filósofos como Hegel, Heidegger e Marx. A respeito do *Mûlamadhyamakakârikâ* de Nagarjuna, Garfield e Priest (2003) argumentaram que o texto pode ser compreendido como uma expressão da lógica dialeteísta na investigação da realidade, conduzindo à conclusão paradoxal de que a natureza última de todos os fenômenos é não ter natureza última.

Está fora do escopo deste livro discutir os prós e os contras do dialeteísmo. Apesar de ser difícil aceitar que possa haver contradições verdadeiras, é importante assinalar que endossar o dialeteísmo não é o mesmo que rejeitar a lógica ou a argumentação racional. Primeiro, os dialeteístas não precisam pensar que todas as contradições são verdadeiras, mas apenas que algumas o são. Segundo, embora os dialeteístas recusem a lógica clássica, isso não os impede de elaborar sistemas alternativos de lógica para sintetizar o raciocínio dialeteísta de maneira rigorosa e este é, de fato, um projeto de pesquisa em andamento que alguns lógicos estão desenvolvendo. Na lógica clássica, a contradição acarreta tudo.[2] Um dialeteísta deve, portanto, assegurar-se de que seu sistema de lógica não tenha essa característica, ou então todos os enunciados seriam verdadeiros de acordo com seu sistema. É difícil imaginar por que alguém iria querer adotar um tal sistema, pois aceitar todos os enunciados como sendo verdadeiros equivale, na realidade, a desistir de raciocinar e isso, muito provavelmente, traria consequências práticas desastrosas.

O exemplo do dialeteísmo mostra que é possível engajar-se em uma crítica dos princípios amplamente aceitos em lógica sem, com isso, desistir também da argumentação racional. Mas é importante fornecer justificações fundadas para uma tal concepção e estar ciente de suas implicações. Isto é preferível a dizer que Deus ou a realidade última está para além da lógica e não ir além disto. Esta resposta fraca e irresponsável bloqueia a possibilidade de qualquer diálogo construtivo ou qualquer investigação séria do assunto, e é improvável que mude a opinião de outras pessoas.

7.4 CRÍTICAS FEMINISTAS À LÓGICA

Voltemo-nos agora para críticas mais recentes da lógica advindas do feminismo. Segundo algumas autoras feministas, os filósofos e lógicos do sexo masculino por muito tempo dominaram a disciplina da lógica, propondo conceitos de lógica e de racionalidade que oprimiram as mulheres e os indefesos. Em um livro polêmico, *Words of power*, Andrea Nye chega ao ponto de associar a lógica a Hitler, proclamando que "a lógica, em sua mais perfeita forma, é insana". Naturalmente, é impossível resumir em um capítulo as diversas posições no interior do feminismo quanto a este assunto. O que faremos é nos concentrar em alguns dos principais temas da crítica feminista à lógica, mantendo em mente que nem todas as feministas criticam a lógica e que aquelas que o fazem podem endossar apenas alguns dos elementos destes temas.

Um grupo significativo de escritos feministas relacionados à lógica têm um caráter histórico. De acordo com algumas autoras, uma leitura cuidadosa da história da lógica e da filosofia de Platão a Kant, Hegel e assim por diante, revela uma história de misoginia e de opressão. No interior desta tradição, os homens são idealizados como a personificação da razão e as mulheres são retratadas como emotivas e desprovidas de racionalidade. Por exemplo, Aristóteles tem sido um dos alvos principais do ataque, desconsiderando o fato dele ser uma das maiores figuras na história da lógica e de sua lógica silogística ser ainda ensinada nos dias de hoje. Notoriamente, Aristóteles acreditou que as mulheres são "homens mutilados" (*Generation of animals*, §737a 25-28[a]) e que "o homem é por natureza superior e que a mulher é inferior; que um governa, e que o outro é governado" (*Politics*, Livro I, §5[b]). Como para Kant, as mulheres, supostamente, possuem "um entendimento belo" em contraste com o "entendimento profundo" dos homens e, por causa disso, uma mulher "não aprenderá geometria... Sua filosofia não é a razão, mas o sentimento".[3] As feministas sustentam que estas concepções hierárquicas dos gêneros não apenas exerceram uma imensa influência na tradição filosófica ocidental, como também levaram a consequências práticas prejudiciais às mulheres. Se as mulheres são vistas como inferiores e deficientes quanto à racionalidade, elas podem ser excluídas das tomadas de decisão e da participação política, e privadas de sua própria autonomia.

A associação da lógica e da filosofia com a misoginia e estereótipos sexistas são realmente lamentáveis. Contudo, muitas das visões em questão, contra as quais se objeta, estão relacionadas a concepções equivocadas da racionalidade ou a teorias incorretas sobre o gênero ou sobre a natureza humana. É certamente legítimo criticá-las e expressar nossa indignação. Mas por que pensar que a lógica deve ser incorporada a essas posições contestáveis? Muitas das leis e dos princípios da lógica, tal como o *modus ponens*, têm caráter abstrato. Alguns filósofos sugeriram que uma das características da lógica é que ela é neutra em relação a temas. Por exemplo, a validade de se inferir P de (P e Q) não depende da motivação, da raça, do gênero da pessoa que estiver levando

---

[a] N. de T. Título original: *Perí zoon genéseos* ('Da geração dos animais'). Ainda não está disponível uma tradução desta obra publicada em língua portuguesa.

[b] N. de T. Existem diversas traduções, para o português, publicadas desta obra. Dentre elas encontra-se: Aristóteles (1998). *Política*. São Paulo: Martins Fontes e Aristóteles (1998). *Política*. (ed. bilíngue), Lisboa: Edições Vega.

a cabo a inferência. Ela tampouco depende de quais são as sentenças a que P e Q podem estar associadas. É difícil perceber como estes princípios, aparentemente neutros em relação ao conteúdo, podem perpetuar uma dominação.

Todavia, é precisamente com a natureza abstrata da lógica que muitas feministas estão preocupadas. Um tema recorrente no livro de Nye, *Words of power*, é que a lógica concentra-se nas formas ao invés dos aspectos substanciais e dos conteúdos reais, e sua busca de generalidade pode apenas levar a negligenciar as sutilezas das situações concretas. Segundo Nye, uma vez que a generalidade é uma característica essencial da lógica, a lógica não pode ser purgada de seus preconceitos e deve ser totalmente abandonada, para ser substituída pela prática da leitura:

> Se a lógica nos ensina a ignorar as circunstâncias nas quais algo é dito, a leitura nos pede que as consideremos cuidadosamente. Se a lógica nos ensina a esquecer quem diz algo e por que o disse, isto é, precisamente, o que precisamos saber para ler corretamente.[a]

Nye argumenta que, diferentemente da lógica, a leitura exige atenção cuidadosa ao contexto e ao background, e isso é essencial para desmascarar a retórica política e distinguir o certo do errado. Nye está, sem dúvida, certa em dizer que a leitura assim considerada é uma importante habilidade, mas seria muito errado pensar que a leitura ocupa o lugar da lógica. Porém, a leitura envolve interpretação e, a menos que a interpretação seja arbitrária, teremos que apelar para razões e padrões para determinar se uma interpretação é apropriada e, para criticar ou defender interpretações particulares, teremos que fazer uso da lógica.

Todavia, a visão de que a lógica é problemática, por causa de sua natureza formal e abstrata, não é incomum nos textos feministas. Assim, de acordo com Cope-Kasten (1989), porque a lógica tem uma natureza formal, a impessoalidade é enfatizada à custa da empatia. O silogismo de Aristóteles é supostamente um exemplo[4] e sustenta que a fascinação pelo formalismo pode, algumas vezes, "impedir o controle de impulsos agressivos, ao distanciar o agente do sentimento de empatia com a vítima como uma pessoa de carne e osso". Pam Oliver se queixa de que a lógica leva a uma simplificação excessiva ao ignorar as complexidades e as considerações pragmáticas das atividades humanas. A "dedução lógica é bem-comportada, ordenada, limpa", mas ela resulta em "decisões simplistas que podem ser desastrosas em

---

[a] N. de T. No original: "*If logic teaches us to ignore the circumstances in which something is said, reading asks us to consider it carefully, if logic teaches us to forget who says something and why, this is precisely what we need to know if we are to read correctly*" (Nye, 1990, p. 183).

suas consequências", tais como "o genocídio dos judeus, (...) a invasão da Baía dos Porcos[a] (...) e, agora, uma tecnologia desenfreada que há muito tempo ultrapassou a habilidade humana de usá-la hoje, prudentemente, no interesse da humanidade" (Falmagne e Hass, 2002, p. 225-226).

Para avaliar apropriadamente estas objeções, é importante desembaraçar muitos assuntos diferentes, embora relacionados. Primeiro, há a questão psicológica se a competência em lógica é de algum modo incompatível com a empatia e com a habilidade interpessoal. Este é um assunto empírico que exige estudos científicos cuidadosamente controlados. Mas quaisquer que possam ser os fatos empíricos sobre a constituição cognitiva do homem, certamente a resposta apropriada é que um indivíduo normal e saudável deve cultivar os dois tipos de habilidade, e descobrir um equilíbrio adequado em relação à limitação de recursos e de tempo.

Quanto à acusação de que a lógica ignora o contexto, ela parece envolver a seguinte inferência equivocada: porque a avaliação da validade de um argumento é *independente* de seu contexto, argumentos, portanto, não podem ser *sobre* o contexto. É verdade que a validade de um argumento não depende do motivo ou da identidade da pessoa que apresenta o argumento. De fato, este ponto é frequentemente muito enfatizado no ensino de lógica. Mas isso não significa que tais fatores contextuais sejam insignificantes ou que a lógica não possa ser usada para analisar estes fatores. Se alguém dá um argumento que possui uma conclusão moralmente contestável, há muitas coisas que podemos fazer com a lógica além de nos concentrar na forma do argumento. Por exemplo, podemos dar nossos próprios argumentos para explicar por que as premissas do tal argumento estão erradas ou podemos usar um argumento diferente para criticar a motivação da pessoa que propôs o argumento contestável. Os princípios da lógica são suficientemente flexíveis para serem aplicados de modo dinâmico de acordo com o que se quer avaliar. Seria compreender muito mal a lógica pensar que ela não pode ser usada para analisar contextos ou assuntos substanciais. Naturalmente, talvez seja possível que um estudante que está aprendendo a forma dos argumentos possa ter a impressão errada de que o contexto é insignificante, mas isso é uma questão de pedagogia apropriada e não um problema da lógica como tal.

Quanto à possibilidade de que lógica "ordenada" se aplique às "confusas" situações da vida real, talvez dependa da situação particular que esteja em questão. Muitas regras de ação complexas ou assuntos morais exigem um

---

[a] N. de T. Referência a um dos mais tensos episódios do período da Guerra Fria ocorrido em abril de 1961 e que, supostamente, poderia ter degenerado em um conflito envolvendo armas nucleares: o plano norte-americano de apoiar uma revolta de exilados cubanos, invadindo Cuba pela Baía dos Porcos, situada no litoral sul da ilha, para derrubar o governo de Fidel Castro.

equilíbrio delicado entre direitos e valores concorrentes e, quando se chega a estas situações, a lógica pode não fornecer um método para determinar a solução ideal. Mas existem, inevitavelmente, prós e contras em qualquer solução que se proponha para um problema complexo e não está claro por que a lógica não poderia nos ajudar a analisar a consistência e a justificação destas razões.

Para resumir, embora os princípios da lógica sejam, de fato, gerais e abstratos, eles são inteiramente capazes de ser aplicados a situações concretas ou na análise de assuntos complexos. Da mesma forma, não devemos esquecer que a abstração é um aspecto fundamental do raciocínio. Em ciência e na vida comum, de experiências particulares, abstraímos crenças gerais sobre tendências e padrões. Em matemática, buscamos provas que revelem as propriedades gerais dos números ou dos objetos matemáticos. Na realidade, a abstração também tem um papel importante no interior do feminismo, por revelar tendências misóginas e maneiras de pensar contestáveis, gerais, mas poderosas, que devem ser desvendadas. Sem dúvida, é possível supervalorizar a abstração, mas isto é um uso inadequado da lógica e não deve indicar uma propensão inerente ao próprio tema.

Voltemo-nos, agora, para um conjunto diferente de críticas à lógica, que se propõe, especificamente, a mostrar que a lógica é tendenciosa em sua própria estrutura formal. De acordo com estas objeções, certas notações e certas leis da lógica formal distorcem a realidade na medida em que apresentam, de modo inapropriado, a feminilidade, ou incorporam valores problemáticos que perpetuam a dominação e o estereótipo. Neste capítulo, iremos nos concentrar na crítica da lei da identidade e da negação da lógica clássica.

A lei da identidade pode ser expressa pela fórmula $\forall x\, (x = x)$, que diz que todas as coisas são idênticas a si mesmas. Assim, Simone de Beauvoir[a] é idêntica a Simone de Beauvoir, Londres é idêntica a Londres, etc. Embora se tenha podido pensar que esta lei da identidade é trivialmente verdadeira, tem sido sugerido que a lei é, na verdade, uma distorção da identidade feminina. Segundo a autora francesa Luce Irigaray, o feminino é "o sexo que não é uno", pois a mulher "não é nem aberta, nem fechada. Ela é indefinida (...). Ela não é nem uma nem duas". A identidade feminina é supostamente fluida, mas a lei da identidade é determinada. Ao discutir a visão de Irigaray, Marjorie Hass escreve:

> ... apesar da identidade sexuada nos liberar do modelo de autossubstituição da identidade caracterizada pela lei lógica da identidade, ela também é o que

---

[a] N. de T. Famosa escritora e filósofa francesa do século XX (1908-1986), autora de importantes textos feministas, dentre os quais se destaca o livro *O segundo sexo*, (2000, 9.ed., Rio de Janeiro: Nova Fronteira, 2 v.).

torna possível a identidade individual: "tornar-se seu gênero também constitui um meio de retornar a si mesmo. Eu nasci mulher, mas ainda devo me tornar esta mulher que sou por natureza". Irigaray identificou um sentido, portanto, no qual a lei da identidade não se "aplica" às mulheres.[a][5]

É realmente verdade que a lei da identidade não se aplica às mulheres? 'Identidade' é uma palavra notoriamente imprecisa, para a qual se pode distinguir ao menos dois sentidos diferentes. Aquilo com que Irigaray e Hass estão preocupadas pode ser mais propriamente chamado de 'identidade de gênero', que se relaciona ao papel do gênero na sociedade ou na percepção de si mesmo, tal como o pensamento de que meninos deveriam brincar com carrinhos e meninas com bonecas. No entanto, a lei da identidade trata da 'identidade numérica' e não diz nada de controverso para além da afirmação de que cada coisa é idêntica a si mesma. A identidade numérica não tem relação com o gênero e se há um objeto C, então a lei nos diz que C é idêntico a C, quer C seja ou não uma pessoa e qualquer que seja o gênero ao qual ele ou ela pertença. Hass afirma que alguém que tenha nascido mulher ainda deve "tornar-se mulher". Isso pode ser considerado como significando que a identidade de gênero não é dada biologicamente, uma afirmação presumivelmente razoável. Mas, obviamente, a pessoa que ainda precisa "tornar-se mulher" já é idêntica a si mesma. Assim, é extremamente equivocado usar isto como um contraexemplo da lei da identidade.

Todavia, Hass poderia não ficar satisfeita com a resposta segundo a qual a identidade em lógica não é a mesma que a identidade de gênero. Ela escreve:

> A lógica simbólica fracassa ao representar a forma de diferença exibida pela diferença sexual genuína, a forma da identidade própria à identidade feminina e a forma da generalidade requerida para expressar um feminino genérico. Cada uma destas relações permanece externa à lógica, permanece 'ilógica'.[b]

Esta passagem sugere a concepção segundo a qual, se a identidade feminina não é explicitamente representada na lógica, então a lógica, de algum modo, difama estes conceitos. Este é, porém, um mal-entendido no que concerne à

---

[a]N. de T. No original: *"... although sexed identity free us from the self-substituting model of identity characterized by the logical law of identity, it is also what makes individual identity possible: 'becoming one's gender also constitutes the means for returning to the self. I am born a woman, but I still must become this woman that I am by nature'. Irigaray has identified a sense, then, in which the law of identity does not 'apply' to women"*.

[b]N. de T. No original: *"Symbolic logic fails to represent the form of difference exhibited by genuine sexual difference, the form identity proper to feminine identity, and the form of generality required to express a feminine generic. Each of these relationships remains outside logic, remains 'illogical'"* (Falmagne e Hass, 2002, p. 84).

lógica formal. Somente porque certos conceitos não aparecem no interior da notação central da lógica, não se segue que à lógica faltem recursos para expressar estes conceitos, nem que estes conceitos têm sido marginalizados.

Uma má compreensão similar da lógica pode também ser encontrada na crítica à linguagem da ciência feita pela autora francesa Luce Irigaray. Em "*Is the subject of science sexed?*", Irigaray afirma que a ciência deve sempre ser expressa em lógica formal, mas a lógica formal é tendenciosa, porque falha ao não incluir os conceitos importantes para as preocupações feministas, tais como 'reciprocidade', 'troca', 'permeabilidade' e 'fluidez' (Irigaray, 2002, p. 252).

É verdade que as linguagens formais usuais da lógica não contêm símbolos que expressem os conceitos listados acima. Isto não significa, porém, que a lógica formal é contrária a estes conceitos, uma vez que se pode introduzir, explicitamente, símbolos que os expressem. Por exemplo, é possível estipular que a expressão relacional 'Rxy' deve significar '*x ajuda y e y ajuda x*'. A razão pela qual as linguagens formais padrão não mencionam símbolos com tais significados é porque eles são conceitos opcionais que podem não ser úteis para todos os contextos de raciocínio e, assim, é melhor que eles sejam introduzidos quando se fizerem necessários.

7.5 A CRÍTICA DE PLUMWOOD À LÓGICA CLÁSSICA

Em uma série de livros e artigos, Val Plumwood apresentou uma crítica extensa à lógica clássica, concentrando-se, particularmente, no conceito de negação ('não') (ver, por exemplo, Plumwood, 1993, 2002a, 2002b). Na lógica clássica, um enunciado P e sua negação ~P sempre têm valores de verdade opostos e não é possível que P e ~P sejam ambos verdadeiros. A negação está intimamente relacionada com o estabelecimento de distinções, por exemplo, a distinção entre coisas que têm a propriedade F e as que não têm. Existe uma imensa literatura sobre o feminismo e o pensamento pós-moderno no que se refere ao modo como certas distinções criam opressão e hierarquias desiguais. O que é surpreendente e radical na posição de Plumwood é sua afirmação de que estes pensamentos contestáveis estão, supostamente, embutidos no modo como a negação opera na lógica clássica. Seu argumento é que certas distinções, que ela chama de 'dualismos', possuem características questionáveis que estão presentes também na negação clássica.

A homogeneização é uma dessas características e ela ocorre quando "as diferenças entre grupos inferiorizados são desconsideradas" (Plumwood, 1993, p. 53). Um exemplo dado por Plumwood é como imigrantes estrangeiros, cuja origem não é anglo-saxã, foram todos estigmatizados como 'invasores e '*wogs*'[a] na Austrália do pós-guerra. Esta prática envolve a homogeneização porque, ao estigmatizar estes grupos em um conjunto exterior à classe dominante, suas culturas distintivas, línguas e organização social são completamente negligenciadas. Plumwood acredita que a negação clássica é também culpada pela homogeneização. Aqui está sua explicação:

> Ela toma p como primário e toma sua negação como tendo um papel secundário, como delineando o que é deixado de lado depois que o termo primário 'p' acabou de se apossar de sua fatia do universo. O clássico não p não pode ser identificado independentemente e homogeneiza o Outro como um resíduo antagônico.[b] (Plumwood, 2002b, p. 62)

Para avaliar este argumento, notemos, primeiramente, que a homogeneização envolve dois aspectos essenciais: considerar um grupo como inferior e ignorar a diversidade no interior do grupo. Estes aspectos estão realmente presentes na negação clássica?

Considere a primeira suposição de que a negação clássica envolve tratar algo como inferior. Embora seja verdade que $\sim P$ é "secundário" a P no sentido que o primeiro é definido em termos do segundo, não é claro por que não P deveria, por essa razão, ser "inferior" a P. Para começar, símbolos como P, $\sim P$, por eles mesmos, não têm significado algum. A menos que saibamos o significado que está sendo atribuído a estes símbolos, não faz sentido dizer, abstratamente, que $\sim P$ está sendo tomado como inferior a P. Até onde sabemos, P pode designar um estado de coisas (por exemplo: todo mundo sofre) que não é muito mais desejável do que $\sim P$. Além disso, P é logicamente equivalente a $\sim\sim P$ na lógica clássica. Se o uso da negação conta como um ato questionável de homogeneização, então tal como $\sim P$ é homogeneizado por P, $\sim\sim P$ deveria, da mesma forma, ser homogeneizado por $\sim P$. Mas P não pode ser inferior a si mesmo e, por conseguinte, a homogeneização não pode ser inerente à negação clássica.

Plumwood reconhece a existência da dupla negação na lógica clássica e sua resposta é que, ainda que "toda proposição possa ocupar o papel primário, uma vez este estabelecido, o comportamento da sua negação é completa-

---

[a] N. de T. No original: '*wogs*'. Palavra de origem desconhecida, que assume vários significados, mas todos de caráter pejorativo e com forte traço racial. Por exemplo, a palavra foi usada pelos britânicos durante o período do Império Britânico, para designar, pejorativamente, as pessoas originárias da Índia, do Norte da África e do Oriente Médio. No contexto considerado, seu uso discriminatório na Austrália refere-se não apenas aos estrangeiros que não têm origem anglo-saxã, como também aos australianos de origem aborígene.

[b] N. de T. No original: "*It takes p as primary and treats its negation as having a secondary role, as delineating what is left over after the primary term 'p' has finished taking its slice of the universe. Classical not-p cannot be independently identified and homogenizes the Other as an oppositional remainder*".

mente determinado". Ela também critica a lógica clássica por ser "de centro", onde o "centro é a fonte de valor ou de significado e todos os outros são valorizados ou desvalorizados, em última análise, por sua relação pela falta de relação com o centro". A sugestão parece ser que ~P é, de algum modo, considerado como tendo menos valor por ser completamente dependente e controlado por P, o "centro de controle".

Ainda que a liberdade seja uma coisa boa e ser "controlado" não o seja, não ajuda em nada falar da negação clássica nesta linguagem metafórica. Primeiro, o que é questionável em relação a ~P ser "completamente determinado" e "controlado" não pode ser o fato de ~P ser definido em termos de P. Quando uma definição é introduzida, o termo definido necessariamente deriva seu significado dos outros termos que compõem a definição. Se esta dependência em relação ao significado for considerada como sendo questionável, então todas as definições deveriam ser rejeitadas, o que é, obviamente, insustentável. Assim, o que é problemático é, presumivelmente, a maneira pela qual a negação clássica é definida e, talvez, a objeção seja que a definição introduz uma hierarquia injustificável quanto ao valor entre P e ~P. No entanto, a menos que Plumwood forneça uma teoria mais substantiva do valor, é difícil ver como a negação clássica torna o valor (instrumental, moral ou outro qualquer) de ~P dependente de P. Suponha, por exemplo, que P signifique 'está chovendo'. O símbolo representa um estado de coisas que possui, talvez, algum valor, tal como o valor de limpar a poluição do ar e alimentar as plantas. Considere, agora, sua negação, ~P, que significa 'Não está chovendo'. Há, certamente, algum valor em não chover, visto que torna possível sair para um piquenique. Mas é duvidoso que alguém queira dizer que o chover controla o não chover, ou que não chover é inferior a chover, ou ainda que o valor de não chover deriva somente do valor de chover. Se a chuva é preferível, isso depende, presumivelmente, do tempo, do lugar e das consequências. A lógica clássica não tem nada a dizer sobre este assunto e seria absurdo, de fato, falar de homogeneização neste contexto. Na explicação de Plumwood para a homogeneização, esta exige que uma classe de indivíduos ou de entidades seja tratada como inferior. Este exemplo, porém, mostra que há muitos contextos nos quais a negação clássica é usada sem que tais juízos estejam envolvidos. Não seria plausível responder que o caráter tendencioso da lógica clássica opera apenas quando a negação é aplicada em um tema relacionado ao poder. Isto seria uma resposta *ad hoc*,[a] que supõe exatamente o que está em questão, e também não convincente,

---

[a] N. do T. Em latim no original. O significado literal desta expressão é "para isto", ou seja, para um determinado propósito. Neste contexto, seu uso significa que a resposta foi elaborada com a única finalidade de responder à questão feita o que comprometeria sua aceitabilidade.

pois o comportamento lógico da negação clássica não depende do tema ao qual se aplica.

Talvez a conclusão apropriada a ser tirada seja que a homogeneização não é um aspecto essencial da lógica clássica. Nessa concepção, o uso da negação clássica em um discurso não é uma razão suficiente para concluir que está ocorrendo homogeneização. Dependeria da natureza das suposições adicionais referentes ao valor e à prática presentes no discurso, as quais podem não ter nenhuma relação com a lógica formal. Plumwood chama esta posição de 'externalismo', que ela discute explicitamente somente para rejeitá-la. Contudo, parece que alguns dos próprios exemplos de Plumwood apoiam o externalismo. Considere seu exemplo do termo depreciativo '*wogs*' como um rótulo para todos os imigrantes estrangeiros, cuja origem não é anglo-saxã, usado na Austrália do pós-guerra. O segundo aspecto essencial da homogeneização está presente porque as diversas culturas dos imigrantes são desconsideradas no uso do termo. No entanto, a homogeneização não é uma consequência necessária do uso do termo geral '*wog*'. O que é contestável (entre outras coisas) era o pensamento adicional, implícito, de que o termo '*wog*' exaure a identidade dos imigrantes e que toda distinção adicional é desprovida de valor. De maneira similar, é possível argumentar que a negação clássica, nela mesma, não acarreta a homogeneização. O uso do termo 'não mamífero' como categoria geral não nos impede de reconhecer os diversos tipos de entidades que são não mamíferos. Ainda que ~P seja definido em termos de P, a lógica clássica não implica que não valha a pena distinguir entre diferentes situações que são suficientes para ~P, mesmo se a lógica clássica é incapaz de expressar tais distinções. Em qualquer evento, alguns destes recursos estão, de fato, disponíveis para a lógica clássica. Assim, por exemplo, as situações nas quais ~P é verdadeiro podem ser distinguidas em, pelo menos, dois casos: (Q e ~P) e (~Q e ~P), e se pode, do mesmo modo, fazer mais distinções. Para resumir, mostramos que a negação clássica não envolve necessariamente juízos de inferioridade e tampouco negligencia a diversidade. A homogeneização não resulta do uso da negação clássica para marcar uma distinção. Em vez disso, ela tem origem na adoção de suposições morais culturais problemáticas *sobre* a distinção proposta. Essas suposições são externas à lógica clássica e elas brotam das relações de poder no contexto particular em questão, quando novos termos são definidos para reforçar hierarquias de classe.

Respostas semelhantes podem ser oferecidas às outras objeções de Plumwood contra a lógica clássica. Na exclusão radical, por exemplo, "um membro de um par dicotômico, construído como superior, se define contra ou em oposição ao outro pela exclusão das características inferiorizadas do segundo".ª A ilustração apresentada é a definição de homem como ativo e intelectual e a da mulher como passiva e intuitiva. Essas definições transformam em uma verdade necessária que homens e mulheres tenham perfis psicológicos opostos e, assim, "características comuns e de ligação são ignoradas, desencorajadas ou efetivamente eliminadas". Mais uma vez, Plumwood acredita que a negação clássica exibe o problema da exclusão radical em sua rejeição da contradição:

> Os aspectos da exclusão radical da alteridade clássica são evidentes no tratamento clássico das contradições como implicando qualquer coisa, pois o efeito de p&~p→q é manter p e seu outro, ou sua negação, maximamente separados, de forma que eles nunca possam ser colocados juntos (mesmo no pensamento), sob a pena máxima que um sistema lógico pode proporcionar: o sistema colapsa.[b]

Não fica claro por que o apoio a causas progressivas ou feministas deveria exigir a adoção de contradições e seria útil se alguns exemplos concretos pudessem ser dados. Mas, quer endossemos ou não o dialeteísmo, deveríamos ser cautelosos ao considerar a lógica culpada pela exclusão radical. A exclusão radical está associada ao uso de definições opostas que distorcem a realidade, ignorando aspectos compartilhados pelas entidades definidas e sua mútua interação. A resposta óbvia é que a lógica clássica não exige que as definições sejam formuladas deste modo. Por exemplo, não é uma lei da lógica clássica que o masculino e o feminino sejam definidos de tal modo que seus aspectos significativos não se sobreponham. Naturalmente, se 'feminino' é definido como 'pessoa não masculina', então, necessariamente, os homens não são mulheres, porém, mais uma vez, a lógica clássica silencia quanto à legitimidade desta definição. Em outras palavras, se estas definições sofrem do problema da exclusão radical, é somente porque incorporam concepções errôneas (por exemplo, a do gênero) que são externas à lógica. Além disso, a lógica clássica contém grande quantidade de recursos para examinar características comuns. Na lógica clássica, duas posições inconsis-

---

[a]N. de T. No original: *"... one member of a dualistic pair, that construed as superior, defines itself against or in opposition to the other, by exclusion of the latter's interiorized characteristics"* (Plumwood, 2002a, p. 25-26).

[b]N. de T. No original: *"The radical exclusion aspects of classical otherness are evident in the classical treatment of contradictions as implying everything, for the effect of p&~p'!q is to keep p and its other negation at a maximum distance, so that they can never be brought together (even in thought), on pain of the maximum penalty a logical system can provide, system collapse"* (Plumwood, 2002 a, p. 32). Substituímos o símbolo da implicação material utilizado pela autora por aquele utilizado neste texto para evitar que o leitor, inadvertidamente, pense que um novo conectivo lógico, não definido anteriormente, está sendo empregado. A respeito da variedade de notações utilizadas em lógica e filosofia da lógica, leia a N. de T. à Caixa de Texto 3 do Capítulo 1.

tentes não precisam sempre ser formuladas como P e ~P. Se duas posições inconsistentes, de fato, possuem suposições compartilhadas, estas podem ser identificadas e introduzidas em conjunções complexas que expressam, de maneira mais exata, seus conteúdos. Assim, uma concepção poderia ser expressa por (P&Q&R), a outra por (~P&Q&S), onde Q seria seu solo comum e os símbolos R e S expressariam os conteúdos adicionais distintivos às respectivas posições. Naturalmente, é possível que existam diferenças sutis entre duas teorias que não possam ser apreendidas pelo formalismo da lógica clássica. Isto mostra apenas que a lógica clássica não é tão rica quanto a linguagem natural, mas este é um fato bem conhecido e está longe de ser a acusação de que a lógica clássica é culpada pela exclusão radical.

Uma outra objeção de Plumwood à lógica clássica é relativa a procedimentos de dissimulação.[a] A ideia é que embora o senhor dominante seja dependente dos serviços dos outros (por exemplo, as elites de Atenas e seus escravos), esta dependência é encoberta ou negada. No caso da lógica clássica, a dissimulação supostamente se reflete na maneira pela qual as premissas relevantes para a conclusão de um argumento podem ser suprimidas e, assim, suas contribuições são encobertas ou não reconhecidas. De acordo com Plumwood, isto é "mais claramente expresso no princípio (relacionado à Exportação): p & ((p&q)→r)→q→r, que, consequentemente, pode ser chamado Exploração".[6]

Os temas técnicos envolvidos aqui são interessantes, apesar de complicados. Para os nossos propósitos atuais, teremos que nos limitar às seguintes observações informais. Primeiro, a dissimulação como falha moral é muito diferente da noção de supressão de premissas ou suposições. O primeiro é, inevitavelmente, uma coisa nociva, mas a supressão de premissas não precisa sê-lo. Pois muitas vezes nós, de fato, parecemos suprimir suposições em consideração à eficiência e à concisão da expressão. Em certos contextos, onde há vazamento de gás, o princípio da "exploração", a que se refere Plumwood, nos permite asserir 'se você fumar, haverá uma explosão', em vez de ter que explicitar todas as condições necessárias que explicam por que a explosão irá ocorrer, como as leis da física e da química e o fato de que há um vazamento de gás.[7] Em tais contextos, parece que a supressão das premissas é antes um bem do que um mal.

---

[a] N. de T.: No original: *'backgrounding'*, neologismo cunhado no contexto da linguística para designar o efeito contrário àquele designado por *'foregrounding'*, que é a tradução para o inglês do conceito proposto pela Escola de Praga para designar o uso de artifícios suscetíveis de colocar a expressão linguística no primeiro plano de forma a criar um feito metalinguístico. *'Backgrounding'*, portanto, designa, em oposição, o processo de ocultação de certos elementos textuais, aproximando-se do recurso retórico conhecido por elipse. Pode ser algumas vezes também traduzido por 'distanciamento'.

A supressão das premissas pode, obviamente, ser um mal quando suposições problemáticas são ocultadas de modo a esconder a falha de um argumento. Se alguém argumentar que a clitorectomia pode ser permitida porque é um costume tradicional em muitas sociedades,[8] esta pessoa está provavelmente supondo, implicitamente, que costumes tradicionais devem ser respeitados e tolerados. Se este é efetivamente o caso, esta suposição crucial deveria ser trazida à superfície. Uma vez identificada, poderíamos objetar que práticas tradicionais (por exemplo, a tortura, a escravidão, etc.) não precisam ser moralmente aceitáveis. A lógica clássica nos ajuda a identificar essa suposição oculta porque o argumento original não é válido sem esta premissa. Assim, quando se trata de analisar o que realmente importa, não se deve subestimar o poder da lógica clássica em revelar premissas ocultas.

Em um trabalho monográfico sobre lógica relevante do qual Plumwood foi coautora, com o falecido Richard Routley e outros, é afirmado que a supressão de suposições é equivalente ao "poder nuclear e outros arranjos tecnológicos na medida em que permitem que a inteligência na técnica obscureça o fato de que se está pagando preços muito altos para um item tão desnecessário" (Routley, Meyer, Plumwood e Brady, 1982, p. 147). Nesse livro, a supressão é citada como uma razão crucial pela qual a lógica clássica deveria ser revista em favor da lógica relevante. No entanto, nem todos os pesquisadores em lógica relevante concordam que evitar suposições seja um aspecto necessário de uma boa lógica (ver, por exemplo, a discussão em Urquhart (1988) e Brady (2003)). Além disso, deixando as suposições de lado, a maioria dos sistemas de lógica relevante[9] ainda inclui o teorema 'P → P'. Isto tem o efeito de permitir argumentos circulares da forma 'A. Logo. A'. Deveríamos argumentar que estes sistemas são também politicamente incorretos porque refletem como um senhor acabar com os desafios e fornece uma autojustificação circular para manter a dominação? Em sua crítica da lógica clássica, Plumwood afirma que a popularidade da lógica clássica reflete uma "lógica da colonização". Pelo mesmo raciocínio, não deveríamos dizer que a maioria dos defensores da lógica relevante não está em situação melhor?

Existe, atualmente, uma interpretação disponível mais plausível, segundo a qual os diferentes sistemas de lógica formal têm seus respectivos pontos fortes e pontos fracos. A maioria dos defensores da lógica relevante, muito provavelmente, não aceitam o raciocínio circular, mas isso não significa que uma injunção contra o raciocínio circular deve sempre ser introduzida no formalismo lógico. Em circunstâncias normais, a proibição do raciocínio circular é parte dos princípios tácitos do discurso racional e da argumentação. Se estes princípios devem ser explicitamente incorporados ao sistema de lógica, depende do uso do sistema e do quanto irá custar esta incorporação em relação a outras preocupações, como a simplicidade e a força. A lógica clássica tem seus problemas e, como foi visto no Capítulo 4, alguns filósofos e lógicos argumentam que deveríamos introduzir mais de dois valores de verdade à luz do fenômeno da vagueza. Mas a lógica clássica permanece sendo um sistema simples e poderoso, de utilização relativamente fácil para muitas finalidades, e esta é, provavelmente, a razão de sua supremacia.

Plumwwod acredita que existe uma razão política sombria pela qual a lógica clássica é o sistema predominante de lógica. Esta explicação teria alguma plausibilidade se valores tendenciosos fossem, de fato, inerentes ao quadro conceitual da lógica clássica. Mas vimos que os argumentos a favor desta afirmação não são convincentes e existe uma explicação alternativa mais plausível.

O projeto da lógica relevante, ao qual Plumwood é favorável, é certamente um ramo frutífero e importante da lógica, e uma motivação louvável para esta linha de pesquisa reside na busca de uma explicação formal da prova e da validade que, esperamos, seja mais fiel às nossas intuições do que deve ser uma boa inferência. Mas a grande questão quanto à dissimulação é como este trabalho formal está efetivamente relacionado ao avanço do feminismo e de outras causas progressistas. Plumwood admite que ela não está "argumentando que a lógica clássica, nela mesma, seja a causa da opressão das mulheres, que precisamos apenas mudar a teoria lógica para que tudo fique bem" (Plumwood, 2002a, p. 32). Mas se estivermos corretos, a lógica clássica não é realmente opressiva e o tema central que resta vem a ser o quanto os princípios informais do bom raciocínio devem ser explicitamente formalizados e a que preço. Se acusarmos de misóginos aqueles que subscrevem a lógica clássica, estaremos adotando uma interpretação errada da natureza da lógica clássica e impondo um formalismo estrito desnecessário ao insistir que a igualdade e a racionalidade só podem ser expressas em um quadro formal simbólico, uma exigência que é frequentemente vista como estranha às preocupações práticas da maioria dos teóricos feministas e liberais.

7.6 FEMINISMO, LÓGICA E RACIONALIDADE

Isto conclui nossa discussão sobre as críticas feministas à lógica formal. O tema final da pesquisa feminista que devemos examinar não é tanto uma crítica da lógica, mas um projeto de reconceitualizar a racionalidade e sua relação com lógica. A ênfase, neste tipo de abordagem, não consiste em rejeitar uma parte particular qualquer da lógica, mas em mostrar que a racionalidade não é exaurida pela lógica. Esta é, talvez, a parte mais promissora e frutífera da discussão feminista acerca da lógica. Um assunto importante diz respeito ao uso da lógica no raciocínio real e seu papel na racionalidade. Enquanto muitos cursos de pensamento crítico continuam a enfatizar a necessidade de se estudar lógica formal para aperfeiçoar o raciocínio, as discussões filosóficas e os experimentos em psicologia têm questionado a centralidade dos princípios lógicos de domínio geral no pensamento da vida cotidiana.[10] As feministas também têm participado deste debate de vários modos e o diálogo em curso tem, certamente, enriquecido nossa compreensão da racionalidade.

Por exemplo, a teoria feminista tem, frequentemente, enfatizado a importância do contexto e da história para a racionalidade prática. A ideia é que fazer juízos morais sobre as pessoas e as ações não necessita ser uma dedução precisa que parta de princípios abstratos. Em vez disso, deveria ser uma ação "informada por uma compreensão detalhada de todo o contexto e da história do problema, incluindo as histórias e as personalidades das pessoas envolvidas, suas tradições culturais e assim por diante" (Nussbaum 1998, p. 253). Em outras palavras, uma compreensão adequada da vida moral depende de uma apreciação da complexidade das circunstâncias relevantes, mais do que de um repúdio da lógica. As feministas também têm argumentado a favor da importância das relações comunitárias e pessoais para o desenvolvimento cognitivo, especialmente no cultivo da racionalidade. Por fim, o feminismo tem também contribuído para uma melhor compreensão de como a emoção está relacionada à racionalidade. Uma ideia importante é que um estado emocional é um estado mental complexo, que usualmente tem em um juízo seu elemento desencadeador ou uma parte de seu componente cognitivo. O luto, por exemplo, envolve a crença de que algum objeto ou estado de coisas que se deseja não mais existe. Estes juízos podem, certamente, ser avaliados em termos de verdade e racionalidade. Esta observação, e outras, nos ajudam a compreender o caráter inadequado da simples dicotomia entre emoção e razão. Se compreendermos como crenças justificadas sobre o mundo podem requerer respostas afetivas apropriadas (que podem ser intensas), isso nos ajudará a propor argumentos que procurem apelar para as experiências emocionais das mulheres de modo a pôr em questão suas afirmações sobre a racionalidade.

7.7 CONCLUSÃO

Assim, para concluir, apesar de não termos conseguido encontrar nenhum argumento feminista especificamente direcionado às leis e aos princípios da lógica que fosse bem-sucedido, existem lições a serem aprendidas no que diz respeito à história da filosofia e à lógica, ao mau uso da lógica e à necessidade de repensar suas conexões com a racionalidade. As feministas fizeram contribuições valiosas ao enfatizar a importância do contexto, a diferenciação e o caráter relacional, mas estas preocupações legítimas não mostram que a lógica, nela mesma, é uma expressão da misoginia e da opressão. Na pior das hipóteses, a lógica é um instrumento essencial que nos ajuda a desmascarar a retórica e as práticas ocultas que são um obstáculo no caminho da igualdade genuína.

SUGESTÕES PARA LEITURAS ADICIONAIS

Os leitores são encorajados a procurar os livros e os artigos mencionados no capítulo para aprofundar a discussão. A literatura feminista é imensa, mas no que concerne ao tópico das relações entre o feminismo e a lógica, um bom lugar para se começar é Falmagne e Hass (2002). Read (1988) e Mares (2004) são textos úteis para a lógica relevante. Uma discussão mais geral sobre o feminismo e sua relação com a racionalidade e a filosofia analítica pode ser encontrada em Antony e Witt (1993), Jones (2004) e em numerosos artigos *online* na *Stanford encyclopedia of philosophy*: http://plato.stanford.edu/contents.html#f

NOTAS DOS AUTORES

1. Ver Geach (1972, pp. 238-49), Martinich (1978) e, mais recentemente, Rea (2003).
2. Há uma estória (provavelmente inexata) que conta que, um certo dia, alguém pediu ao famoso filósofo e lógico, Bertrand Russell, que provasse que qualquer coisa se segue de uma contradição: "Você quer dizer que do enunciado '2+2=5' se segue que você é o Papa? Você pode provar isso?" Russell apresentou imediatamente a seguinte prova:

   1. Suponha que 2+2 = 5
   2. Subtraindo 2 de ambos os lados, obtemos 2=3
   3. Invertendo, temos 3 = 2
   4. Subtraindo 1 de ambos os lados, obtemos 2 = 1

   "Agora", prosseguiu Russell, "o Papa e eu somos dois. Uma vez que dois é igual a um, então eu e o Papa somos um. Logo, eu sou o Papa."
3. Kant (1764/1960), Seção 3. [N. de T. Para uma edição em português desta obra, ver Kant (2000) *Observações sobre o sentimento do belo e do sublime*. Campinas: Papirus]
4. Um silogismo é um certo tipo de argumento sobre classes de objetos. Aqui está um exemplo: 'Todas as baleias são mamíferos. Todos os mamíferos têm sangue quente. Logo, as baleias têm sangue quente'. Ver as páginas 34-35.
5. Ver Falmagen e Hass (2002, p. 82). Argumentos semelhantes podem também ser encontrados no capítulo escrito por Hass no livro editado por Freeland (1998).
6. Plumwood (2002a, p. 40, nota 16). Presumivelmente, deveria ser lido assim: '(p &((p&q)→r)))→(q→r)'. O texto de Plumwood utiliza o símbolo '→', que é equivalente ao operador '⊃', que discutimos no Capítulo 2. [N. de T. A

substituição da notação foi feita já no corpo do texto para facilitar a leitura. Quanto às diferentes notações utilizadas em lógica, ver N. do T. no Capítulo 2, p. 63.
7. Portanto, 'p' abrevia ou representa as leis relevantes da física e da química ou outras condições de verdade, 'q' representa 'você fumar' e 'r', 'haverá uma explosão'.
8. Prática de extirpar os genitais femininos realizada sem anestesia em jovens mulheres ou em meninas ainda bebês.
9. Tais como os sistemas R e E e qualquer sistema mais forte do que o muito fraco sistema B. Ver Mares (2004, p. 201).
10. Ver, por exemplo, Barkow, Cosmides e Tooby (1992).

Referências

Ackrill, J. L. (1963). *Aristotle's Categories and De Interpretatione*. Oxford: Clarendon Press.

Adams, E. W. (1970). "Subjunctive and Indicative Conditionals". *Foundations of Language*, 6, 89-94.

Akiba, Ken (2004). "Review of Wolfgang Künne's *Conceptions of Truth*". *Australasian Journal of Philosophy*, 82, 525-7.

Anderson, A.R. & Belnap, N.D. Jr (1975). *Entailment: The Logic of Relevance and Necessity*. Princeton, NJ: Princeton University Press.

Anderson, A. R. & Belnap, N. D. Jr. & Dunn, J. M. (eds.) (1992). *Entailment, Volume II*. Princeton, NJ: Princeton University Press.

Anthony, Louise M. & Witt, Charlotte (eds.) (1993) (2002). *A Mind of One's Own: Feminist Essays on Reason and Objectivity* (2ª ed.). Boulder, CO: Westview Press.

Aristóteles (Séc. IV a. C.). *Categories*. Traduzido em Ackrill (1963).

Austin, J. L. (1950). "Truth". *Aristotelian Society* Supplement, vol. 24, p. 111-29 (reprod. in Blackburn & Simmons (1999)).

Austin, J. L. (1961). "Unfair to Facts". In *Philosophical Papers*, p. 102-22. Oxford: Clarendon Press (reprod. in Blackburn & Simmons (1999)).

Austin, J. L. (1962). *How to Do Things with Words*. Oxford: Oxford University Press.

Ayer, Alfred Jules (1936). *Language Truth and Logic*. (nova ed. 1971). Harmondsworth: Penguin.

Baghramian, Maria (2004). *Relativism*. Londres: Routledge.

Barkow, J. & Cosmides, L & Tobby, J. (eds.) (1992). *The Adapted Mind*. New York: Oxford University Press.

Beall, J. C. (ed.) (2004). *Liars and Heaps: New Essays on Paradox*. Oxford: Oxford University Press.

Beaver, D. (1997). "Presupposition". In van Bethem, J. & ter Meulen, A. *Handbook of Logic and Language*. Cambridge, MA: MIT Press.

Bennett, Jonathan (2003). *A Philosophical Guide to Conditionals*. Oxford: Clarendon Press.

Blackburn, Simon (2004). "Relativism and the Abolition of Other". *International Journal of Philosophical Studies*, 19, 243-58.

Blackburn, Simon & Simmons, Keith (eds.) (1999). *Truth*. Oxford: Oxford University Press.

Blumberg, A. E. (1976). *Logic: A First Course*. New York: Alfred E. Knopf.

Bradley, R. & Swartz, N. (1979). *Possible Worlds. An Introduction to Logic and Its Philosophy*. Oxford: Basil Blackwell.

Brady, Ross (ed) (2003). *Relevant Logics and Their Rivals. V. 2. A Continuation of the Work of Richard Sylvain, Robert Meyer, Val Plumwood & Ross Brady*. Aldershot: Ashgate.

Brandom, R. (1994). *Making it Explicit*. Cambridge, MA: Harvard University Press.

Brennan, Andrew (2003). "Necessary and Sufficient Conditions". In Zalta, E. (ed.). *Stanford Encyclopedia of Philosophy*. Acesso online: http://plato.stanford.edu/entries/necessary-sufficient/ .

Candlish, Stewart (1999). "A Prolegomenon to an Identity Theory of Truth". *Philosophy*, 74, 190-220.

Candlish, Stewart (2005). "Truth – Identity Theory of". In *Routledge Encyclopaedia of Philosophy On-line* Disponível online em: http://www.rep.routledge.com.

Candlish, Stewart & Damnjanovic, N. (2006). "A Brief History of Truth". In Dale, Jacquette (ed.). *Philosophy of Logic*, v. 11 de Dov Gabbay, Paul Thagard & John Woods (eds.). *Handbook of the Philosophy of Science*. Amsterdãm: North-Holland.

Carnap, Rudolph (1937). *The Logic Sintax of Language*. New York: Harcourt Brace.

Carroll, Lewis (1895). "What the Tortoise Said to Achilles". *Mind*, 4, 278-80. (Disponível online em http://www.ditext.com/carroll/tortoise.html ou http://www.lewiscarroll.org/achilles.html)

Carruthers, Peter (2004). "Pratical Reasoning in a Modular Mind". *Mind and Language*, 19, 259-78.

Casscells, W., Schoenberger, A. & Graboys, T. B. (1978). "Interpretation by Physicians of Clinical Laboratory Results". *New England Journal of Medicine*, 299, 99-101.

Chemla, Karine (1997). "What is at Stake in Mathematical Proofs from Third-century China?". *Science in Context*, 10, 227-51.

Chemla, Karine (2000). "Les Problèmes comme champ d' interprétation des algorithmes dans *Les neuf chapîtres sur les procédures mathématiques* et leurs commentaires. De le résolution des systèmes d'équations linéaires". *Oriens-Occidens*, 3, 189-234.

Cherniak, Christopher (1986). *Minimal Rationality*. Cambridge, MA: MIT Press.

Church, Alonzo (1956). *Introduction to Mathematical Logic*. Princeton, NJ: Princeton University Press.

Clack, Beverley (ed.) (1999). *Misogyny in the Western Philosophical Tradition*. London: Macmillan.

Collins, J., Hall, E. & Paul, L. (2001). *Causation and Counterfactuals*. Cambridge, MA: MIT Press.

Cope-Kasten, Vance (1989). "A Portrait of Dominating Rationality". *Newsletters on Computer Use, Feminism, Law, Medicine, Teaching (American Philosophical Association)*, 88 (2), 29-34.

Copi, Irving & Cohen, Carl (1998). *Introduction to Logic* (10 ª edição). Saddle River, NJ: Prentice-Hall.

Cosmides, Leda & Tooby, John (1996). "Are Humans Good Intuitive Statisticians after All? Rethinking some Conclusions from the Literature on Judgement under Unertainty". *Cognition*, 58, 1-73.

Cresswell, Max (2001). "Modal Logic". In Goble, Lou (2001) (ed.). *The Blackwell Guide to Philosophical Logic*. Oxford: Blackwell.

Davidson, Donald (1974). "On the Very Idea of a Conceptual Scheme". In *Inquiries into Truth and Interpretation* (2001, 2ª edição), p. 183-98. Oxford: Oxford University Press.

Davidson, Donald (1996). "The Folly of Trying to Define Truth". *Journal of Philosophy*, 93, 263-78.

Davidson, Donald (2004). *Problems of Rationality*. Oxford: Oxford University Press.

Devitt, M. (1981). *Desgination*; New York: Columbia University Press.

Dood, Julian (2000). *An Identity Theory of Truth*. New Iorque: St Martin´s Press.

Dood, Julian (2002). "Recent Work on Truth". *Philosophical Books*, 43, 279-91.

Dougherty, M. V. (2004). "Aristotle's Four Truth Values". *British Journal for the History of Philosophy*, 12, 585-609.

Dudman, Vic (1991). "Interpretations of 'if' sentences". In Jackson (ed.) (1991).

Dummett, Michael (1981). *Frege. Philosophy of Language* (2ª edição). London Duckworth.

Ellis, Brian (1990). *Truth and Objectivity*. Oxford: Blackwell.

Engel, Pascal (1991). *The Norm of Truth: An Introduction to the Philosophy of Logic*. Toronto: University of Toronto Press.

Engel, Pascal (2002). *Truth*. Chesham: Acumen.

Etchemendy, J. (1990). *The Concept of Logical Consequence*. Cambdrige, MA: Harvard University Press.

Evans, G. (1973). "The Causal Theory of Names". *Proceedings of the Aristotelian Society*. Supl. v. 47, 187-208.

Evans, G. (1982). *The Varieties of Reference*. Oxford: Oxoford University Press.

Falmagne, R. Joffe & Hass, M. (ed.) (2002). *Representing Reason: Feminist Theory and Formal Logic*. Lanham, MD: Rowman & Littlefield.

Feyerabend, Paul (1963). "How to Be a Good Empiricist – a Plea for Tolerance in Matters Epistemological". In Nidditch, P. H. (ed.) (1968). *The Philosophy of Science*, p. 12-39. Oxford: Oxford University Press.

Freeland, Cinthia (ed.) (1998). *Feminist Interpretation of Aristotle*. Pennsylvania: Pennsylvania University Press.

Frege, Gottlob (1879). *Begriffschrift*. Trad: *Concept Script* por S. Bauer-Mengelberg in J. van Heijenoort (ed.) (1967). *From Frege to Gödel: A Source Book in Mathematical Logic, 1879-1931*. Cambridge, MA: Harvard University Press.

Frege, Gottlob (1892). "On Sense and Reference". In Geach, P. & Black, M. (eds.) (1960). *Translations from the Philosophical Writings of Gottlob Frege*. Oxford: Blackwell.

Frege, Gottlob (1918). "The Tought: A Logical Inquiry" (reprod. in Blackburn & Simmons (1999), p. 85-105).

Frege, Gottlob (1964). *The Basic Laws of Arithmetic* (trad. Furth, Montgomery). Berkeley. University of Califórnia Press. Originalmente publicado como *Grundgesetze der Arithmetik, begriffshri ftlich abgeleite*. V. 1 (1893); V. 2 (1903). Jena: Hermann Pohle.

Garfield, J. L. & Priest, S. (2003). "Nagarjuna and the Limits of Thought". *Philosophy East and West*, 53 (1), 1-21.

Gaskin, Richard (1995). *The Sea Battle and the Master Argument: Aristotle and Diodorus Cronus on the Metaphysics of the Future*. Berlin: Walter de Gruyter.

Geach, Peter (1972). *Logic Matters*. Oxford: Basil Blackwell.

Girle, R. (2003). *Possible Worlds*. Chesham: Acumen.

Goldstein, L. (2002). "A Wittgenstein Lian (not Gricean) Approach to Substitutivity Puzzles". In Hallet, R & Puhl, K. (eds.) (2002). *Wittgenstein and the Future of Philosophy*, pp. 99-111. Viena: Holder-Pichler-Tempsky.

Grattan-Guinness, Ivor & Bornet, Gérard (eds.) (1997). *George Boole: Selected Manuscritps on Logic and its Philosophy*. Basel: Birkhäuser Verlag.

Greenspan, Stanley & Shanker, Stuart (2004). *The First Idea: How Symbols, Language and Intelligence Evolved from Our Primate Ancestors to Modern Humans*. Cambridge, MA: Da Capo Press.

Grice, H. P. (1991). "Logic and Conversation". In Jackson (ed.) (1991).

Grover, Dorothy (1992). *A Prosentential Theory of Truth*. Princeton, NJ: Princeton University Press.

Grover, Dorothy, Camp, Joseph & Belnap, Nuel (1975). "A Prosentential Theory of Truth". *Philosophical Studies*, 35, 289-97 (reprod. in Grover (1992)).

Hacking, Ian (1979). "What is Logic?" *The Journal of Philosophy*, 76, 285-319 (reprod. in Hughes (1993), p. 225-58).

Harman, Gilbert (1986a). *Change in View: Principles of Reasoning*. Cambridge, MA: Bradford Books.

Harman, Gilbert (1986b). "The Meaning of Logical Constants". In LePore (ed.) (1986). *Truth and Interpretation*, p. 125-34. Oxford: Blackwell.

Hartshorne, Charles & Weiss, Paul (eds). (1960). *Collected Papers of Charles Sanders Peirce*, V. V, Cambridge, MA: The Belknap Press of Harvard University Press.

Hass, Marjorie (1990). "Feminist Readings of Aristotelian Logic". In Freeland (1998), p. 19-40.

Hass, Marjorie (2002). "Fluid Thinking: Irigaray's Critique of Formal Logic". In Falmagne & Hass (2002), p. 71-88.

Hempel, Carl G. (1935). "On the Logical Positivist Theory of Truth". *Analysis*, 2, 49-59.

Hilbert, D. & Ackermann, W. (1950). *Principles of Mathematical Logic*. New York: Chelsea Publishing Company.

Hofstadter, Douglas (1979). *Gödel, Escher, Bach: an Eternal Golden Braid*. New York: Basic Books.

Horwich, Paul (1998). *Truth* (2ª edição). Oxford: Clarendon Press.

Huddlestone, R. (1984). *Introduction to the Grammar of English*. Cambridge: Cambridge University Press.

Hughes, R. & Cresswell, M. (1968). *Introduction to Modal Logic*. London: Menthuen.

Hughes, R. & Cresswell, M. (1996). *A New Introduction to Modal Logic*. London: Routledge.

Hughes, R. I.G. (ed.) (1993). *A Philosophical Companion to First-Order Logic*. Indianapolis: Hackett.

Hume, David (1748/1999). *Enquiry concerning Human Understanding*, ed. Beauchamp, T. Oxford: Oxford University Press.

Irigaray, Luce (2002). *To Speak is never Neutral* (trad.: Gail Schwab). New York: Continuum.

Jackson, Frank (ed.) (1991). *Conditionals*. Oxford: Oxford University Press.

Jackson, Frank (1998). *From Metaphysics to Ethics: A Defence of Conceptual Analysis*. New York: Oxford University Press.

James, William (1907). "Pragmatism's Conception of Thruth" (reprod. in Lynch (2001), pp. 211-28) e in Schmitt (2004), p. 59-73. As referências são feitas à paginação desta última edição).

Joachim, Harold H. (1906). *The Nature of Truth*. Oxford: Clarendon Press.

Jones, Karen (2004). "Gender and Rationality". In Mele, Alfred & Rawling, Piers (eds.) (2004). *The Oxford Handbook of Rationality*. Oxford: Oxford University Press.

Joyce, James M. (2004). "Bayesianism". In Mele, Alfred & Rawling, Piers (eds.) (2004). *The Oxford Handbook of Rationality*, p. 132-55. Oxford: Oxford University Press.

Kahneman, D., Slovic, P. & Tversky, A. (1982). *Judgement under Uncertainty: Heuristics and Biases*. Cambridge: Cambridge University Press.

Kant, I. (1764/1960). *Observations on the Feelings of the Beautiful and Sublime*. (Trad.: J. T. Goldthwaith), seção 3. Berkeley, CA: University of California Press.

Kirkham, Richard (1992). *Theories of Truth*. Cambridge, MA: MIT Press.

Kirwan, Christopher (trad.) (1993). Aristotle. *Metaphysics: Books Gamma, Delta and Epsilon* (2ª edição). Oxford: Clarendon Press.

Kitcher, Patricia (1990). *Kant's Transcendental Psychology*. Oxford: Oxford University Press.

Kneale, William & Kneale, Martha (1962/1984). *The Development of Logic*. Oxford: Oxford University Press.

Koehler., J. J. (1996). "The Base Rate Fallacy Reconsidered: Descriptive, Normative and Methodological Challenges". *Behavioral and Brain Sciences*. 19, 1-53.

Kölbel, Max (2002). *Truth without Objectivity*. London: Routledge.

Kripke, Saul (1972/1980). *Naming and Necessity*. Cambridge, MA: Harvard University Press.

Kripke, Saul (1976). "Is there a Problem about Substitutional Quantification?" In Evans & McDowell (eds.) (1976). *Truth and Meaning*. Oxford: Oxford University Press.

Künne, Wolfgang (2004). *Conceptions of Truth*. Oxford: Clarendon Press.

Le Poidevin, R. & MacBeath, A. M. (eds.) (1993). *The Philosophy of Time*. Oxford: Oxford University Press.

LePore, Ernest (2000). *Meaning and Argument. An Introduction to Logic Through Language*. Oxford: Blackwell.

Lewis, Clarence Irving (1918). *A Survey of Symbolic Logic*. Berkeley, CA: University of California Press.

Lewis, Clarence Irving & Langford, Charles H. (1932). *Symbolic Logic*. New York: The Century Company.

Lewis, David (1973). *Counterfactuals*. Oxford: Basil Blackwell.

Lewis, David K. (2001). "Causation as Influence". In Collins, Hall & Paul (2001).

Linsky, Leonard (ed.) (1971). *Reference and Modality*. Oxford: Oxford University Press.

Linsky, Leonard (1977). *Names and Descriptions*. Chicago: Chicago University Press.

Lowe, E. J. (2002). *A Survey of Metaphysics*. Oxford: Oxford University Press.

Lynch, Michael (ed.) (2001). *The Nature of Truth*. Cambridge, MA: MIT Press.

Lynch, Michael (2004). *True to Life: Why Truth Matters*. Cambridge, MA: MIT Press.

McCawley, James (1993). *Everything that Linguists have Always Wanted to Know about Logic But were Ashamed to Ask*. Chicago: Chicago University Press.

McGee, Vann (1985). "A Counterexample to Modus Ponens". *Journal of Philosophy*, 82, 462-71.

MacIntyre, Alistair (1999). *Dependent Rational Animals*. London: Duckworth.

Mackie, John (1973). *Truth, Probability and Paradox*. Oxford: Clarendon Press.

McLaughlin, Brian (1990). *On the Logic of Ordinary Conditionals*. Buffalo, NY: SUNY Press.

Mares, Edwin (2004). *Relevant Logic*. Cambridge: Cambridge University Press.

Martinich, A. P. (1978). "Identity and Trinity". *Journal of Religion*, 58, 169-81.

Melia, Joseph (2003). *Modality*. Chesham: Acumen.

Millican, Peter (2004). "The One Fatal Flaw in Anselm´s Argument". *Mind*, 113, 437-76.

Moore, G. E. "Four Forms of Scepticism". In *Philosophical Papers*, p. 193-222. London: George Allen Unwin.

Neale. S. (1990). *Descriptions*. Cambridge, MA: MIT Press.

Neurath, Otto (1931). "Soziologie im Physikalismus". Trad. In Neurath (1983), p. 58-90.

Neurath, Otto (1983). *Philosophical Papers*. Dordrecht Reidel.

Nozick, Robert (1993). *The Nature of Rationality*. Princeton, NJ: Princeton University Press.

Nussbaum, Martha (1998). "Aristotle, Feminism, and Needs for Functioning". In Freeland (1998), p. 248-59.

Nye, Andrea (1990). *Words of Power. A Feminist Reading of the History of Logic*. Londres: Routledge.

O´Grady, Paul (2002). *Relativism*. Chesham: Acumen.

O´Keefe, R. & Smith, P. (1997). *Vagueness: A Reader*. Cambridge, MA: MIT Press.

Over, David (1987). "Assumptions and the Supposed Counterexamples to Modus Ponens", *Analysis*, 47, 143.

Pearl, Judea (2000). *Causality: Models, Reasoning and Inference*. Cambridge: Cambridge University Press.

Peirce, Charles Sanders (1878). "How to Make Our Ideas Clear". In Hartshorne & Weiss (1960), p. 248-71 (reprod. in Schmitt (2004), p. 41-58).

Peirce, Charles Sanders (1905). "What Pragmatism Is". In Hartshorne & Weiss (1960), p. 272-92.

Peters, T. J. & Waterman, R. H. (1988). *In Search of Excellence*. (reedição) New York: Warner Books.

Pinto, Silvio (2001). "The Justification of Deduction". *Sorites*, 13, 33-47. Disponível online em: http://www.sorites.org/Issue_13/pinto.htm .

Pirie, Madsen (1985). *The Book of the Fallacy: A Training Manual for Intellectual Subversives*. London: Routledge.

Plumwood,Val (1993). *Feminism and Mastery of Nature*. London Routledge.

Plumwood,Val (2002a). "The Politics of Reason: Towards a Feminist Logic". In Falmagne, & Hass (2002), p. 11-44.

Plumwood,Val (2002b). "Feminism and the Logic of Alterity'. ". In Falmagne, & Hass (2002), p. 45-70.

Price, Huw (1990). "Why "Not"?" *Mind*, 99, 221-38.

Priest, Graham (1987). *In Contradiction*. The Hague: Martinus Nijhoff.

Priest, Graham (2000). *Logic. A Very Short Introduction*. Oxford: Oxford University Press.

Prior, Arthur (1960). "The Runabout Inference-Ticket". *Analysis*, 21, 38-9. (reprod. in Straubson (1967))

Prior, Arthur (1964). "Conjunction and Contonktion Revisited". *Analysis*, 24, 191-5.

Prior, Arthur (1971). *Objects of Tought*. Oxford: Clarendon Press.

Quine, W. V. (1960). *Word and Object*. Cambridge, MA: MIT Press.

Quine, W. V. (1961). *From a Logical Point of View*. Cambridge, MA: Harvard University Press.

Quine, W. V. (1976). *The Ways of Paradox, and Other Essays* (ed. revisada). Cambridge, MA: Harvard University Press.

Railton, Peter (2000). "A Priori Rules: Wittgenstein on the Normativity of Logic". In Boghossian, P. & Peacocke, C. (eds). *New Essays on the A Priori*, p. 170-96. Oxford: Clarendon Press.

Ramsey, Frank (1927). "Facts and Propositions". In Mellor, D. H. (ed.) (1990) *Philosophical Papers*, pp. 34-51. Cambridge: Cambridge University Press.

Rea, Michael C. (2003). "Relative Identity and the Doctrine of the Trinity". *Philosophia Christi*, 5 (2), 431-45.

Read, Stephen (1988). *Relevant Logic*. Oxford: Blackwell.

Read, Stephen (1995). *Thinking about Logic*. Oxford: Oxford University Press.

Read, Stephen (no prelo). *The Truth-Schema and the Liar*.

Rice, Hugh (2002). "Fatalism". In Zalta, E. (ed.). *Stanford Encyclopedia of Philosophy*. Acesso online: http://plato.stanford.edu/entries/fatalism/#2.

Rorty, Richard (1991). *Objectivity, Relativism and Truth*. Cambridge: Cambridge University Press.

Rorty, Richard (1995). "Is Truth a Goal of Inquiry? Donald Davidson vs. Crispin Wright". *Philosophical Quarterly*, 45, 281-300 (reprod. in Lynch (2001), p. 259-86).

Rorty, Richard (1998). *Truth and Progress*. Cambridge: Cambridge University Press.

Rorty, Richard (2000). "Universality and Truth". In Brandon (ed.). *Rorty and his Critics*. Oxford: Blackwell, p. 1-30.

Rorty, Richard (2002). "To the Sunlit Uplands" [Resenha de Bernard Williams (2002). *London Review of Books*, 24/21, 31, Outubro. Disponível online em: http://www.lrb.co.uk/v24/n21/rort01_.html.

Routley, R., Meyer, R. K., Plumwood, V. & Brady, R. T. (1982). *Relevant Logics and their Rivals. Part I: The Basic Philosophical and Semantical Theory*. Atascadero, CA: Ridgeview.

Russell, Bertrand (1905). "On Denoting". *Mind*, 14, 479-93.

Russell, Bertrand (1906-7). "On the Nature of Truth". *Proceedings of the Aristotelian Society*, 7, 28-49.

Russell, Bertrand (1917). "Knowledge by Acquaintance and Knowledge by Description" . In Russell (1957). *Mysticism and Logic*. Garden City, New York: Doubleday.

Sainsbury, R. M. (1995). *Paradoxes* (2ª edição). Cambridge: Cambridge University Press.

Sainsbury, R. M. (2001). *Logical Forms* (2ª edição). Oxford: Blackwell.

Salmon, N. (1986). *Frege's Puzzle*. Cambridge, MA: MIT Press.
Salmon, N. (1989). "Reference and Information Content: Names and Descritptions". In Gabbey and Guenther (eds.). *Handbook of Philosophical Logic* V. IV, p. 409-61. Dordrecht: Reidel.
Salmon, N. (1991). *Frege's Puzzle*. Altascadero, CA: Ridgeview.
Salmon, N. & Soames, S. (eds.) (1988). *Propositions and Attitudes*. Oxford: Oxford University Press.
Samuels R., Stich, S & Faucher, L (2004). "Reason and Rationality". In: Niiniluoto, I., Sintonen, M. & Wolenski, J. (eds). *Handbook of Epistemology*, p. 1-50. Dordrecht: Kluwer.
Sanford, David H. (1989). *If P, then Q: Conditionals and the Foundations of Reasoning*. London: Routledge.
Schimtt, Frederick (ed.) (2004) *Theories fo Truth*. Oxford: Blackwell.
Searle, John (1958). "Proper Names". *Mind*, 67, 166-73.
Searle, John (2001). *Rationality in Action*. Cambridge, MA: MIT Press.
Sher, Gila (2004). "In Search of a Substantive Theory of Truth". *The Journal of Philosophy*, 101-5-36.
Simmons, Keith (1999). "Deflationary Truth and the Liar". *Journal of Philosophical Logic*, 28, 455-88.
Smiley, T. J. (1995). "A Tale of Two Tortoises". *Mind*, 104, 725-36.
Smiley, T. (1998). "Consequence, Conceptions of". In Craig, E. (ed.) *Routledge Enciclopedia of Philosophy*, pp. 599-603. London: Routledge.
Smith, Peter (2003). *An Introduction of Fomal Logic*. Cambridge: Cambridge University Press.
Soames, Scott (1999). *Understanding Truth*. Oxford: Oxford University Press.
Soames, Scott (2002). *Beyond Rigidity*. Oxford: Oxford University Press.
Stanovich, Keith (1999). *Who is Rational? Studies of Individuals Differences in Reasoning*. Mahwah, New Jersey: Lawrance Erlbaum.
Stich, Stephen (1990). *The Fragmentation of Reason*. Cambridge, MA: MIT Press.
Strawson, P. F. (1949). "Truth". *Analysis*. 9, 83-97.
Strawson, P. F. (1950). "On Referring". *Mind*, 59, 320-44.
Strawson, P. F. (1952). *Introduction to Logical Theory*. London: Methuen & Co.
Strawson, Peter (ed.) (1967). *Philosophical Logic*. Oxford: Oxford University Press.
Stroll, Avrum (1994). *Moore and Wittgenstein on Certainty*. Oxford: Oxford University Press.
Sutherland, Stuart (1992). *Irrationality: The Enemy Within*. London: Constable.
Suzuki, D. T. (1986). *An Introduction to Zen Budhism*. London: Rider and Company.
Tarski, Alfred (1933). "The Concept of Truth in Formalised Languages". In Tarski (1983), p. 152-278.

Tarski, Alfred (1969). "Truth and Proof". *Scientific American*. Junho, 63-77 (reprod. in Hugues (1993), p. 101-25).

Tarski, Alfred (1983). *Logic, Semantics, Metamathematics* (2ª edição). Indianapolis: Hackett.

Ten Classics (1963). *Suanjing shishu. Qian baocong jiaodian* (edição crítica e pontuada dos *Dez Clássicos da Matemática*), 2 v., Zhonghua Shuju.

Thomson, J. F. (1960). "What Achilles Should Have Said to the Tortoise". *Ratio*. 3, 95-105.

Urquhart, A. (1988). "Review of *Relevant Logic and their Rivals*: Part I". *Studia Logica*, Junho, 1988, 47 (2), p. 168-71.

Vision, Gerald (2003). "Lest We Forget 'the Correspondance Theory of Truht'". *Analysis*, 63, 136-42.

Von Wright, G. H. (1974). *Causality and Determinism*. New York: Columbia University Press.

Walker, Ralph (1975). "Conversational Implicatures". In: Blackburn, S. (ed.) *Meaning Reference and Necessity*. Cambridge: Cambridge University Press.

Walker, Ralph (1989). *The Coherence Theory of Truth*. London: Routledge.

Walker, Ralph (1997). "The Theories of Truth". In Hale, Bob & Wright, Crispin (eds.). *A Companion to the Philosophy of Language*, p. 309-30. Oxford: Blackwell.

Walker, Ralph (2001). "The Coherence Theory". In Lynch (2001), p. 123-58.

Wertheimer, R. (1968). "Conditions". *Journal Philosophy*, 65, 355-64.

Wheen, Francis (2004). *How Mumbo-Jumbo Conquered the World*. London: Fourth Estate.

Williams, Bernard (2002). *Truth and Truthfulness: An Essay in Genealogy*. Princeton, NJ: Princeton University Press.

Williamson, Timothy (1994). *Vagueness*. London: Routledge.

Wilson, Ian R. (1979). "Explanatory and Inferential Conditionals". *Philosophical Studies*, 35, 269-78.

Wittgenstein, Ludwig (1953). *Philosophical Investigations*. Anscombe, G. E. M. & Rhees, R. (eds.) (Trad.: Anscombe). Oxford: Blackwell.

Wittgenstein, Ludwig (1961). *Tractatus Logico-Philosophicus*. London: Routledge.

Wittgenstein, Ludwig (1979). *Notebooks 1914-1916* (2ª edição revisada). Oxford: Blackwell.

Wittgenstein, Ludwig (1980). *Remarks on the Philosophy of Psychology*. Oxford: Blackwell.

Woods, M., Wiggins, D. & Edgington, D. (eds.) (1997). *Conditionals*. Oxford: Clarendon Press.

Índice

analítico/sintético 152-153
   e necessidade 150-152
   e uma prioridade 151-154
Antony, Louise M. 203-204
a posteriori 112-116, 133n.10 e 11
a priori 112-116, 151-154, 133n.10
Aquiles e a tartaruga 52-55, 39n.7
Aristóteles 10-11, 32-37, 42-44, 81-84,
      97n.6, 98n.9 e 10, 144-147,
      189-192
Armstrong, Lance 31-32, 36-37
aspas simples 74-75, 78-79
atitudes proposicionais, contexto de 109,
   118-119
ato
   de fala 77-78, 97n.6
   fonético 77-78
Austin, J. L. 77-78, 79-86

Batalha Naval, Argumento da 167-169
Bayes, Pierre-Simon 23-24, 39n.9
Bennett, Jonathan 177n.9
Bivalência, Princípio de 128-129
Blanshard, Brand 86-87, 99n.19
Boole, George 38n.3, 43-44
Bradley, F. H. 86-87, 99n.19
Brady, Ross 200-202
Bridgman, Laura 38n.3

Candlish, Stewart 99n.18
Carnap, R. 63-65
Carroll, Lewis 32-33, 39n.7, 52-53
categorial, erro 74-75
Cave, Peter 98n.8

Chemla, Karine 43-44
Cherniark, Christopher 183-484
ciência 12-13
completude 52-53, 63-64
composicionalidade 124
conceito 78-79
condicionais 13-15, 36-37, 82-83, 160-163
   e assertabilidade 176n.4
   e contrafactuais 165-167, 177n.7
   e paradoxos da implicação 162-167
   e razões 168-172
   subjuntivas 165-166, 176n.6
conectivos. *Ver* constantes lógicas
conjunção 35-36
consequência. *Ver também* derivabilidade
   e seguir-se de 169-170
   lógica 44-49
   semântica versus sintática 63-64,
      68n.10
consistência 27-28, 52-53, 63-64
contingência 12-13, 142, 147-148, 151-152
contradição 9, 13-14, 32-33, 35-36, 186-189, 199-200
convenção 79-81
Cope-Kansten, Vance 190-191
Credo de Atanásio 187-188
criatividade 13-14, 181-184
Crísipo 41

da Vinci, Leonardo 182-183
Davidson, Donald 94-95, 38n.6, 97n.7,
   100n.27

de re e *de dicto* 140-143, 155n.8 e 9
dedução 27-29
    natural 10
deflacionismo 11-12, 90-96
demonstrativos 85-86, 98n.8
derivabilidade 13-14, 16, 38n.1, 159-175,
descrições definidas 105-106, 107-112, 117-118, 131, 132n.5, 133n.15
descritivismo 107-118, 122-127, 131
    argumento epistemológico de Kripke 112-113
    e argumento de Kripke do erro 113-117
    argumento modal de Kripke 110-113
Dewey, John 87-88
dialeteísmo 188-189, 39n.14, 157.18
Diodorus Cronos 142-145
Disjunção, Regra da Introdução da 57
dissimulação, procedimentos de 199-201
Dodd, Julian 98n.14
Dominador, Argumento 142-145
Dürer, Albrecth 182-183

Engel Pascal 37-38
enunciado 11-12, 33-35, 71-72, 75-83
escopo 59-60, 142-143, 155n.8
Esquema-T 84-85
Estoicos, lógicos 41, 43-44
Evans, Gareth 125-126

Falácia 9, 18-19, 28-31
    da taxa básica 23-24
    negação do antecedente 18-19, 24-25
    equivocação 24-26
feminismo 14
Feyerabend, Paul 99n.20
forma 16-17
    sistema formal 27-28
    formalização 17
fórmula bem-formada (fbf) 22-23
Foucault, Michel 96-97
Frege, Gottlob 12-13, 19-20, 26-27, 43-44, 90-91, 94-95, 104-109, 126-127, 131, 173-174
Freud, Sigmund 38-39n.6

Garfield, Jay 188-189
Gaskin, Richard 156n.16

Grover, Dorothy 92-95

Harman, Gilbert 27-28, 37-38
Hass, Marjorie 192-195, 203-204
Hempel, Carl 87-88
Hilbert, David 43-44, 64-65
Hofstadter, Douglas 68n.9
Horwich, Paul 94-96, 100n.27 e 28

idealismo 86-87
identidade
    de gênero 194-195
    leis da 62-63, 106-107, 192-193
    numérica 194-195
    relativa 187-188
implicatura 175, 176n.4
indexicais 85-86
indução 28-29
inferência 38n.1
informativo, caráter 104-105, 106-109
instanciação universal 71
intuicionistas 56-57
Irigaray, Luce 192-196

James, Williams 87-91
Joachim, Harold 86-87, 99n.19
jogo de linguagem 35-36
Jones, Karen 203-204

Kripke, Saul 105-106, 109-115, 116-119, 121-122, 124-125, 131, 133n.13, 154
Künne, Wolfgang 98n.10

legitimidade 16
Leibniz, Gottfried Wilhelm von 22-23, 39n.8, 138-139
Lewis, Clarence Irving 140-141, 154n.1, 160-161
Lewis, David K. 177n.8
lógica
    clássica 188-189, 195-196, 199-202
    difusa 130
    e homogeneização 195-199
    relevante 56-57, 178n.15, 201-204
    trivalente 129
lógicas, constantes (conectivos) 11-12, 17, 44-45, 63-64, 66, 78-80

Lowe, E. J. 157n.20
Lynch, Michael 88-90

Mackie, Johnn 98n.10
McGee, Vann 27-28, 36-37, 54-55, 39n.13
Melia, Joseph 154
metafísica 151-152
metalógica 52-53
metateoria 28-29
Meyer, R. 200-201
modalidades 135-137
   envolvimento modal 141-142, 155n.6
   lógica modal 157n.19
   operadores modais 135-136
   realismo modal 154
   teoria modal 28-29
modus ponens 17, 27-29, 47-48, 50, 52-53, 128-129, 131, 173-174
modus tollens 46-47
Moore, George Edward 24-25

Nagarjuna 186-188
Não-Contradição, Princípio da (PNC) 32-33
necessárias e suficientes, condições 42-43, 177n.12, 178n.17
necessidade 12-14
   verdade necessária 117-118, 135-137, 140-142,
negação 27-28, 32-36, 195-200
Neurath, Otto 87-88
Nietzsche, Friedrich 97n.3
nomeação original 105-106, 124
nomes 11-13, 57-59,
   e necessidade 110-111, 117-118, 124
   próprios 101, 125-126, 132n.6
   teoria causal dos 105-106, 121-122, 124-127
   teoria dos agregados para os 133n.13 e 15, 147-149, 161-162
Nussbaum, Martha 202-203
Nye, Andrea 189-191

Oliver, Palm 191-192
operadores. *Ver* constantes lógicas
Over, David 28-29

paradoxos 9, 11-12, 25-26, 70, 85-86,
   da derivabilidade 172-174
   da implicação estrita 161-163
   da implicação material 160-161
   do Exame Surpresa 25-27
   do Mentiroso 25-27, 40n.17, 70, 84-85
   dos Sorites 25-26
   Sancho Pança 97n.1,
patriarcado 14
Peirce, Charles Sanders 43-44, 75-76, 87-89
Peters, Tom 181-182
Platão 98n.9
Plumwood, Val 195-203
possibilidade 12-13
   mundos possíveis 138-139, 147-151, 154n.1
   relações de similaridade entre 165-167
pragmática 120-121
premissa 10-11, 18-19
Price, Huw 33-35
Priest, Graham 97n.2, 156n.14, 188-189
Prior, Arthur N. 68n.12
probabilidade 23-26, 39n.9
proposição 11-12, 71-72, 76-78
prova 10-11, 50-52

quantificadores 11-12, 17, 58-62
   existencial 58-61
   universal 60-62
Quine, W. V. 136-139, 141-143, 152-153, 154n.2

raciocínio 9-11, 15-38,
   prático 29-31
racionalidade 202-204
Ramsey, Frank 90-91, 100n.25
Rea, M. C. 214
Read, Stephen 85-86, 203-204
referência. *Ver também* descritivismo
   direta, teoria da 104-106, 118-122, 125-126
   fixação da 117-118
   mudança de 125-127
relativismo 96-97, 100n.29,
religião 13-14

Rice, Hugh 156n.14
Rorty, Richard 90-91
Routley, Richard 200-201
Russell, Bertrand 86-87, 107-109, 126-127, 132n.6

Salmon, Nathan 120-121, 132n.3
satisfação 73, 83-84
Searle, John 29-31, 115-116, 133n.13
semântica 83-84, 120-121
sentença 11-12, 71-72, 75-76, 79-83
   token 75-77
sentido 107-108
significado 10-11, 69
   dos conectivos lógicos (constantes) 31-33, 63-66
   e verdade 132n.7
silogismo 10-11, 42-43, 45-47, 191-192
   silogismo disjuntivo 56-57
singular, termo 11-12, 102-103
Strawson, Peter Frederick 91-92, 178n.18
Stubbs, Bispo 86-87
substitutividade
   dos nomes 109, 118-119, 126-127,155n.7
   das sentenças 155n.7
suposições, regra das 50
Sutra do Diamante 186-187
Suzuki, D.T. 184-187

Tarski, Alfred 83-86, 95-96, 99n.15, 16 e 17
Terceiro Excluído, Princípio do 128-129
tipo (*type*) 75-76
transitividade 176n.3

Urquhart, Alasdair 201-202

vagueza
   de enunciados 128-130
   de predicados 127-129
   de ordem superior 130
validade 16, 19-20, 45-46, 56-57, 137-139
variáveis 22-23, 58-60
verdade 10-11, 69-97
   funções de 17, 41-43
   graus de 87-88
   lógica 57-58, 136-138
   portadores de 73-79, 85-86, 91-94
   tabelas de 41-43, 47-48
   teoria coerentista 85-88, 99n.19 e 21
   teoria da correspondência 79-86
   teoria da identidade 83-84, 98n.10
   teoria da redundância 90-91
   teoria mínima 94-95, 100n.27
   teoria performativa 91-92
   teoria pragmatista 87-91
   teoria pró-sentencial 92-93
   teoria semântica 83-86
   teoria simples 98n.10
verifuncionais conectivos. *Ver* constantes lógicas

Walker, Ralph 99n.19 e 21
Waterman, Robert 181-182
Witt, Charlotte 203-204
Wittgenstein, Ludwig 32-33, 35-36, 82-83, 90-91, 97n.4, 126-127

Zen Budismo 184-185
Zenão (de Cítio) 41, 67n.6
Zenão (de Eleia) 67n.6